岩　波　現　代　文　庫

網野善彦
対談セレクション

2 世界史の中の日本史

山本幸司［編］

学術 473

JN043208

岩波書店

対談セレクション刊行にあたって

『網野善彦対談セレクション』は、網野氏の没後二〇年に際して、二〇一五年に同じく岩波書店から刊行された『網野善彦対談集』全五冊に収録された対談を、新たな観点から整理・取捨し、改めて現代文庫版全二冊として再編集したものである。

再編集にあたっては、より日本史固有の分野に近い話題で、日本史の問題点や再考すべき点について論じたものと、日本史を広く世界史的な視野から論じたものという二つの観点から対談を選び、1・2に分けて編成した。

網野氏が逝って、すでに早二〇年。そうした時の流れにつれて、網野氏の仕事や歴史学に与えた影響、あるいは社会史と呼ばれるような学問の動向について、ほとんど知らない世代も多くなっている。そうした状況で、たとえ対談集であっても、網野氏の業績の一端に触れ、そこから興味を抱いて、直接、著書に取り組むような人たちが増える一助ともなれば幸いである。またすでに網野氏の仕事に接した人々であっても、対談の場合は、相手とのやりとりの中で、著書では触れられていないような未完成の構想や、意想外の発想などが、思いがけずも示されるのに気づくことがあるかもしれない。

個々の対談の内容については解題に譲るが、一言お断りしておきたいのは、対談セレクションと銘打ちながら、第2冊の末尾に神奈川大学大学院における網野氏の最終講義を収録した点である。これは元となった対談集でも第一冊の末尾に収録したが、この講義は網野氏が学問論を含め、広い観点から歴史学に臨む立場を表明したものとして貴重であり、時期的にも網野氏の業績の中では最終期に属するものとして、対談全体を理解する上で役に立つとも考えられるので、敢えて収録した次第である。

二〇二三年一二月

山本幸司

凡　例

一　『網野善彦対談セレクション』は二〇一五年に岩波書店より刊行された『網野善彦対談集』全五冊に収録された対談・鼎談の中から取捨して、全二冊に再編集したものである。

一　タイトルは、初出時のものとした。

一　各対談・鼎談の冒頭に、対談者の紹介、初出情報、『網野善彦対談集』収録の際に底本として用いた版の書誌情報などを掲げた。

一　本対談セレクションの底本としては『網野善彦対談集』を用いた。

一　『網野善彦対談集』収録に際して底本にあった注記は取捨選択され、残されたものは本文中に（　）で示してある。

一　本文中に〔　〕で示した注記・補足は、『網野善彦対談集』および本対談セレクション収録に際して付加されたものである。

一　本対談セレクションの注を作成するにあたり、『網野善彦対談集』収録に際して付したものに増補・訂正等を行ったが、それについて個々に注記はしない。

一　『網野善彦著作集』(全一八巻・別巻、二〇〇七―〇九年、岩波書店)に収録されている論考は、【著作集1】のように示した(数字は収録巻数を示す)。

目　次

網野善彦　一九二八―二〇〇四年。東京大学文学部史学科卒業。日本常民文化研究所研究員、東京都立北園高等学校教諭、名古屋大学文学部助教授、神奈川大学短期大学部教授、同大学大学院歴史民俗資料学研究科教授、同大学経済学部特任教授を歴任。日本中世史を中心に列島の歴史像の変革に挑戦し、「日本」とは何かを問い続けた歴史家。
『蒙古襲来』『無縁・公界・楽』『日本中世の非農業民と天皇』『日本の歴史をよみなおす』『網野善彦著作集』(全一八巻・別巻)など、多数の著作がある。

阿部謹也◆網野善彦

1 中世に生きる人々

阿部謹也(あべ・きんや)　一九三五—二〇〇六。歴史学者。ドイツ中世史専攻。一橋大学で上原専禄に師事する。小樽商科大学教授、一橋大学教授、同大学学長、共立女子大学学長を歴任。
著書に『ハーメルンの笛吹き男』『中世を旅する人びと』(平凡社)、『中世の窓から』(朝日新聞社)、『阿部謹也著作集』(全一〇巻、筑摩書房)など。

●**初出／底本**　『月刊百科』一八一・一八二・一八三号、一九七七年一〇—一二月、平凡社／『網野善彦対談集』1

網野　私が最初に、阿部先生のご本を拝見しましたのは『ハーメルンの笛吹き男』(平凡社、のち、ちくま文庫)ですが、大変面白いというより、目をみはるような思いがしました。その後、お書きになったものに、大いに関心をもってきたわけですが、今度、平凡社でゆっくりお話を伺えるいい機会を作って下さったので大変喜んでおります。さてしかし、何を、どういうふうに伺ったらよいか……。

阿部　私はヨーロッパ史を研究しているのですが、日本史については無知で恥ずかしいくらいです。網野先生の『蒙古襲来』〔小学館【著作集5】〕を拝見して、いろいろ教えていただきました。これまで日本史関係の論文をよんでいても、私が関心をもっているような事柄に結びつくような感じをもつことは少なかったのですが、網野先生の『蒙古襲来』をよみながらヨーロッパ史研究の場合とかなり類似した問題があることが解って大変興味をひかれた次第です。その一つだけ申しあげますと、職人とか、あるいは、原始的な未開的なものが、あのあたりで転換している。ドイツという国も非常に古い要素をずいぶん残しています。

いままでのヨーロッパ史研究では、ヨーロッパにおけるヨーロッパ史研究でもそうですが、だいたい、ヨーロッパ史の中でも、どちらかといえば理性的に理解し得る事柄とか、あるいは合理的に理解し得る事柄、そのうえ、目に見える形になっている、あるいは法文になっている制度とか、というふうなものが扱われてきたと思います。

ところが、ヨーロッパ史の中でも、特に古い要素をかかえ込んでいるドイツなんかの場合は、そうならない部分がだいぶあるわけですね。そういったものは、民俗学とかあるいはその他の分野で、一八世紀頃からずいぶん研究されているんですが、そういう問題が正統的な歴史学で取り上げられないまま現在に至っているというようなことがあります。宗教、特にキリスト教というようなものが正面に出ていながら、その下にさまざまなものがあるのですね。ドイツ史においても一二、三世紀から一五世紀頃までの間に、未開的なものというか、そういうふうなものが、少なくとも正面からちょっと消えていくような感じを受けます。

職と封

編集部　一六世紀というと、宗教改革の前後の頃、ということになるわけですか。越えてからですか。

阿部　宗教改革というのは、もう一六世紀になるのですが、『蒙古襲来』を拝見していると、ヨーロッパ史についてもいろいろなイメージが浮びますが、まったく単純な比較をして文明論みたいになってしまっては具合が悪いんで、もし比較というようなことを考えるとすれば、こまかい個々の実体、たとえば職人のあり方とか、あるいは村のあり方、というふうにおさえていったほうがいいと思うのですけれども、そういうことも含めながら見ていくと、最初から大きな問題になって具合が悪いかもしれませんが、網野先生がお書きになった「「職《しき》」の特質〔をめぐって〕」【著作集3】を拝見し、さらに『蒙古襲来』で問題になっている初期の職人《しきにん》のあり方などをみますと、どうやら職[1]がひとつの重要なポイントになるような気がします。何かヨーロッパ史に日本の職に相当するものがあるかな、なんて思いますと、ないんですが、強いてあげれば、封《ほう》というものですね。日本では知行《ちぎょう》と訳されることが多いのですが。私は、あれはもっとさかのぼっていくと、案外、封という概念で実体のほうがつかまえられるんではないかな、という気がするわけです。

というのは、初期には、たとえば、職人の封とか、鍛冶屋の封とか、農民の封とか、いろんなものがずいぶん出てきます。そういうものがおよそ一二、三世紀には、騎士の封にほぼ統一されていってしまうわけですね。そのへんで法令化されてザクセン・シュピーゲルといった法書に定式化されてゆく。そんなことを漠然と考えていて、お教えいただけないかなと思っていたわけです。

編集部　少し、職の問題をめぐってお話しいただけませんか……。

網野　そうですね、前に、職の特質について書いてから、いままでに、少し考え方の変化がございまして、あの時期にはまだ、職と、職人、職能、芸能のような要素が結びつくというようなところまで考えが至っていなかったので、ただ学説整理みたいなことをやっただけにとどまりました。ただその後あれこれ考えていきますと、職の体制というのは、非常に広い意味で、請負《うけおい》の体制のような感じがしますね。

そのことと、芸能、あるいは職掌をどうつなげて考えたらいいかという点が、今のところ十分に整理ができていないんですけれども。

たとえば、一一世紀ごろには徴税請負の仕事そのものが一種の「芸能」になっている。『新猿楽記《しんさるがくき》』に出てくるように、「所能」というふうな捉え方がされている。ですから、そういう請負的な体制を、「職の体系」という言葉で表現してよいのかどうか自体、いささか最近では疑問も持ってはいるのですけれども。

ヨーロッパの鍛冶屋の封はどういうものなんですか。やっぱりこれは、鍛冶屋の職掌に対して与えられるものなんですか。

阿部　ええ。ヨーロッパの場合の封は、やはり職能について与えられるもので、本来は給料なんですが、その給料が金で支払えない、要するに貨幣流通があんまり活発でないという理由によると思うのですが。本来は農民の封もあるわけですけれども、農業というものは、一一世紀頃になると、そんなにむずかしい仕事ではない、誰でもできるんじゃないか、というようなふうになっていくと、これは芸能ではないというふうな形で、

(1)　職とは中世における公的あるいは私的な職分の委託・請負の単位であり、請け負った者は職務を遂行する代わりに、職務を通じて発生する収益(得分)は自分のものにすることができた。職を委託することを補任《ぶにん》といい、補任者と被補任者のあいだには上下関係が生まれる。この職を通じた人的支配関係の秩序を「職の重層的体系」といい、その頂点にあるのが天皇であった。職は、自らの意志で後継者を選んで相伝したり、時には売買することのできる「相伝の職」と、一代限りとして相伝を禁止されている「遷替《せんたい》の職」とに分けられる。

農民の封は、非常に早くから消えていって、名前としてはところによってはあるんですけれども、一般的にいえば農民の封は早くなくなる。その他の封は残る。

やはり、個人のある技能ですね。画家もいるし、料理人、それから刺絡師《しらくし》といって血をぬく技能などに対して封が与えられる。

ところが一二、三世紀になりますと、騎士階層の家士に、だいたい封が独占されていきます。それで法書でも、封・レーエンというものは騎士の給料である、というふうになっていくらしいんですね。

そのへんの話はちょっと、それ以上あまり詳しいことはわからないんで、いろいろ教えていただきたいんですが、農民の場合は、田堵《たと》(2)ですか……。

網野　まさしくそれとそっくりですね。

阿部　あれが、あのあたりから消えていって(3)……。

網野　ええ。「田堵」というのは一一、二世紀には職能ですが、のちに言葉も消えてしまう。それにかかわって制度的なさきほどの請負と関係する形で、名主《みょうしゅ》、名《みょう》が現われてきます。ですから農業、農業経営そのものを職能とするというのは、日本の場合ですと、だいたい一三世紀前半までということになると思います。それ以外の職能については、日本の場合、給与はやはり田畠の形をとって給免田畠を保証されているんですが、それが今おっしゃった封に当るものかもしれません。それを荘官や芸能民までふくめて保証するという体制が、大体一二、三世紀ぐらいにできるんじゃないでしょうか。

阿部　最初から世襲ですか、職というのは。

網野　どのへんまでさかのぼれるかはちょっとわかりませんけれども、かなり世襲的な印象が強い。一二、三世紀になると、実質的にはそうなっているような気はいたしますね。

阿部　しかし、原則的に世襲だったとしてもいいんですけれども、そうではなくて原則としては本来世襲的ではないのが、事実上世襲されていくということがあるんじゃないでしょうか。それとも、最初からというか、その職能が世襲されていってもちっともいいでしょうか。

---

(2)　平安時代中期に荘園や公領の田地を請作《うけさく》した者。原則として一年間限りで、未墾地や荒廃地などの開発のために徴募された。当初、田堵は各地の荘園・公領を請作するため、移動・遍歴していたが、荘園・公領の支配者による安定的な税収への期待のため、名主として取り込まれていった。

(3)　職人尽《しょくにんづくし》などの職人を紹介する形式の作品群から、一二、三世紀以降、田堵が姿を消す現象を指す。具体的には、一一世紀の作品『新猿楽記』では諸芸能と並んで田堵も見られるのに対し、一二、三世紀以降に成立した職人尽には見られなくなる。これは田堵が芸能と認識されなくなったことを意味する。網野善彦「中世都市論」(『日本中世都市の世界』ちくま学芸文庫【著作集13】)参照。

おかしくないということでしょうか。

網野　たとえば、鍛冶屋の鍛冶の技術とか、そういうものの技術そのものが、本来は世襲されていなかったが、ある段階から世襲になったのか、ということですか。

阿部　いいえ、そうじゃないんです。具体的には多分そうならざるを得ないでしょうし、ヨーロッパでもそうなんですけれども、しかし封の場合には――職のことはわからないんですが、一代限りというのが原則なんですね。それで領主が死んだ場合にはいっぺん切られて、また家臣が、封を受けているものが死んだ場合には一旦切られて、そしてもういっぺん手続きをする、という形になるんですが、事実上は世襲なんですね。

網野　なるほど。それは日本の場合でも同じで、職の世襲といわれても、事実上の世襲で、譲状《ゆずりじょう》によって相伝されますが、それが保証されるためには、必ず公権力による「補任《ぶにん》」の形式をとらなくてはならないですね。ですから、世襲が本質なのか、補任が本質なのかということは中世でも問題になっているし、現在でも職の本質に関連して議論になるわけです。しかし、建前としてはやはり、補任によって、職が保証されなくてはならないのが原則でしょうから、そういう意味で封とそっくりということにはなりますね。

阿部　たとえば日本の場合、名主職ですか、あれは職ですね。ああいうものは、たとえばヨーロッパの場合ですと、実際に鍬を取り、あるいは鎌を握って畑をするという仕事は、実際上は封の対象にならなくなるわけですけれども、とりしきるというか、経営をとりしきる職能というのは能力だからということで、農業経営そのものはかなりあとまで、封の対象になるということはあるらしいんです。要するに、領主館の代官職みたいな、荘司というような職能ですね。

それからもう一つ伺いたいのは、職は兼務してもいいんですか、あっちこっちの職を。

網野　はい、それはできます。

阿部　そうしますと、たとえば、封はもちろんできるんですけれども、これは、マルク・ブロック(4)がいろいろ書いていまして、乃木将軍が日本で死んだ、それは明治天皇に殉じたんだ。日本には、二君に仕えないという考え方があって、これはヨーロッパのレーエンの制度(5)とぜんぜんちがうんだ、と言ってるわけです。ヨーロッパの場合は、二人

(4)　Marc Léopold Benjamin Bloch　一八八六—一九四四。フランスの歴史家。主著に『フランス農村史の基本性格』など。リュシアン・フェーヴルとともに学術誌『社会経済史年報(アナール)』を創刊。この学術誌を中心に、人間社会の全体的・構造的な解明を目指す新しい歴史学を求める運動が起こるが、これをアナール学派と呼ぶ。

(5)　封建制と訳されるが、唯物史観における封建制(農奴制)とは異なる概念。ヨーロッパのフランク王国にみられる土地を媒介とする主従制度であり、日本における主従制とも比較される。

にも三人にも仕える。このような点が、日本とはちがう、という考え方が彼にあるんですね。

網野　もちろん職は兼務できるわけですが、今のお話で非常に大事なのは、職に関する重要な問題の一つとして、職の補任の関係と、いま言われたような主従関係とを重ねてしまっていいかどうかという問題がありますが、それと関係してくる点ですね。

ただ、いま言われた、二君に仕えず、という考え方ですね、これは私はかなりあとにでてきた考え方だと思いますね。中世の段階ですと、佐藤進一[6]さんが言っていらっしゃることですけれども、主従制には家人《けにん》型と、家礼《けらい》型という二つのタイプがある。そのうち家礼型の方は主人をえらぶ、二君に仕えるということを、むしろ当然とするような型なんです。

ですから、職の補任の関係は家人型の主従関係とは重なりませんが、今の家礼型の主従関係とはかなりかかわる可能性はあると思いますね。

特にさきほどの職人《しきにん》に関しては、特定の主人のみに仕えるのはごく限られた場合のように思います。たとえば鍛冶などのように、領主がどうしても技術を必要とするものに関しては、そういう場合もあり得ないとは言えないと思いますが、むしろ、諸方の職を兼帯するのが一般的、原則的な形だといってよろしいんではないかと思うんですね。禁裏大工、公方大工で祇園の大工だとか、天皇の供御人《くごにん》[7]であって、どこかの神社の神人《じにん》[8]を兼ねている、とかいうような形ですね。だから家礼型と重なるということもできると思います。

供御人と遍歴職人

阿部　その供御人との関係というものが、これまた先につながらないような、材料だ

---

(6) 一九一六—二〇一七。歴史学者。日本中世史専攻。東京帝国大学卒業後、同大学史料編纂所所員、名古屋大学助教授などを経て東京大学教授。のち名古屋大学教授、中央大学教授などを歴任。著書に『日本の中世国家』(岩波現代文庫)、『南北朝の動乱』(中公文庫)など。

(7) 天皇に直属して、天皇の飲食物を貢納する贄人《にえびと》。荘園公領内などに公的に給免田が与えられる領主的存在でもある。贄を貢進する代わりに、天皇に支配権のある街道・海・河川などの交通路において自由に行き来できる権利を有し、余った貢納品の独占販売権が与えられた。一一世紀初め頃より贄人たちは供御人として組織され、いくつかの関連官司で管轄されるようになる。なかでも天皇の家政機関である蔵人所《くろうどどころ》所管の御厨子所《みずしどころ》に所属する者が多かった。本来は食品の貢納が贄の本質であったが、のちに炭・水銀・櫛・燈炉など手工業品なども貢納するようになった。

(8) 神に贄を貢進するために神社に属する人々。神奴《しんぬ》として神に直属していると考えられており、供御人同様に荘園や公領などに給免田が与えられる領主的存在でもあった。また交通路の自由往来権や、貢納品の独占販売権が与えられる面も供御人と同様である。

けのことなんですが、拝見していて、たとえば、それに当るものがヨーロッパにあるだろうか、というふうな目でもって読んでるものですから、見えてきてしまうというところもあるんですけれども、たとえば手工業者の遍歴といいますか、これは、私が『月刊百科』の中に書いた(9)のは、都市が成立して以後のことなんです。それ以前については、やはり鍛冶屋なんかは遍歴していたわけですね。その遍歴については、日本のような遍歴職人の組織などはわからないんですね。その頃については、文書のあり方ということもあって、遍歴している職人についての資料もないし、研究なども一四、五世紀以降になるわけですね。

けれども、たとえばユダヤ人なんか、これは皇帝直属のカンマークネヒトとしてそういうところに直属して遍歴している。移動しながら金融業その他を営んでいるわけですが、他の臣民とは権利・義務が全く異っている。自由に往来するという特権を持っている職人ということですが、ただちょっとちがうと思うのは、ユダヤ人の場合は期限が最初切られるわけです。そのカンマークネヒトになるかならないかということが問題になって、なった場合には一年とか、それと必ず代償付きでして、これこれいくらいくら、というものを一年間に納める、それでその代り保護してもらうわけですね。そういう関係が多分、日本の場合にはないんじゃないか。要するに、皇帝から保護してもらわないと具合が悪いような条件というものがユダヤ人にはあったわけです。

というのは一〇九六年でしたか、第一回の十字軍の時にはっきり出てくるのですが、皇帝たちがみんなエルサレムに行ってしまった。そうすると、その間に、ドイツ国内――フランスにもありましたけれども、ラインの周辺でまず、ユダヤ人襲撃がはじまるわけです。聖地まで行かなくても、ここにも敵がいるということで、十字軍兵士になって行った連中のほかに、大襲撃が起こるのです。それでユダヤ人保護の問題が出てきて、が出てきて、外地にいる皇帝が、ユダヤ人を保護するという法令を出すのですが、ユダヤ人実行機関がみんな向うに行ってしまっているものですから、現実には保護ができなくて、そこでいろいろな問題が起こって、後に都市に保護権が移行してゆくわけです。

網野　日本の場合にもちょっとあとになると、今のように非常にはっきりした形をとってくるわけではありませんが、やっぱり同じような関係が、遍歴してる人たちと、定住民との間に起こってくることは事実だと思うんです。ただそれが、天皇に供御人がつながる原因とはいえないと思いますが、一種の保護を受け、特権を与えられるために、一定の代償を天皇に貢納するという点では、ユダヤ人とよく似ているし、一五世紀以降差別の対象になるものがでてくるのも似ています。ユダヤ人のそういう皇帝との関係が、

(9)　一九七五年四月号から七七年九月号まで一〇回にわたって連載された「中世庶民生活点描」。『中世を旅する人びと』(平凡社、一九七八年、のち、ちくま学芸文庫)にまとめられた。

いつ頃からできてきたかということは、はっきりわかるのでしょうか。

阿部　ユダヤ人の場合は、私がたまたま、あまり前のほうをやっていないというだけで、ある程度わかるんじゃないかと思います、調べていけば。今度、まったく他律的に網野先生の本から、そのことを思ってちょっと調べてみたところでして、かなり、ユダヤ人についての史料はあるんじゃないかと思います。その方面の研究はかなり進んでいますから、調べればあると思います。ただ、ユダヤ人以外の職人とか、日本で言えばいわゆる職人《しきにん》に当るような人たちについてはむずかしいかもしれませんね。都市が成立して以後ですとかなり史料もありますが。

さきほどの職の問題に戻ると、日本の場合、いつ頃から供御人というような形が出てくるのか、私はわかりませんが、ヨーロッパの場合は、封が問題になるのは、やはり、異民族侵入の頃から、ノルマン、マジャール、それからイスラム、このへんで保護を求める者と保護する者との間に封を媒介した関係が成立する、というのが一応通説になっているんですけれども。

編集部　網野先生、供御人というのは、どこまでを供御人の前身と理解するかですが、どうさかのぼっていったら……。

網野　古代史のことはよく知らないので、はっきりいえませんが、品部《しなべ》・雑戸《ざっこ》(10)にさかのぼることはできるでしょうね。日本の場合には、ヨーロッパとちょっとちがって、古代との連続性がありますから。ただ、品部・雑戸は賤視されているというのが通説だと思いますが、これはやはりわれわれの考えている「賤視」とはだいぶちがうんじゃないかと思うんです。「賤視」の意味が。

中世前期までの供御人は決して賤視されているとはいえないと思います。供御人という名称が出てきますのは、だいたい一一世紀の後半ないし一二世紀くらいからですが、一〇世紀以前の(11)贄人《にえびと》、寄人《よりうど》などとつながりますし、職能によっていろいろだと思います

(10)　律令制下において諸官司に配属された特殊技能をもった人々。租税の一部または全部が免除される代わりに、官衙における技術労働や生産物の貢納に従事した。品部も雑戸ももともに身分上は良民である。また天皇への贄を採取貢進する贄戸《にえこ》(鵜飼・江人・網引)は、品部の雑供戸として編成され、宮内省大膳職に属した。

(11)　「一一世紀以前の」の誤りと思われる。一〇世紀半ばから出現する寄人は、もともと権門に従属することで国家より臨時雑役を免除された国衙領に居住する公民を指す。権門が人的支配を梃子に寄人の耕作地を自らの荘園内に取り込もうとするのに対し、国衙側は居住地主義によって抵抗した。網野によると、延久の荘園整理令(一〇六九年)以降、荘園と公領の領界が明確化されるようになり、また寄人の人数も制限されるようになったことで、権門は非農業民を寄人として組織していくようになった。この寄人が神人・供御人などと呼ばれるようになる。網野「漁撈と海産物の流通」『中世民衆の生業と技術』【著作集9】、「中世前期の都市と職能民」『日本の中世6　都市と職能民の活動』【著作集別巻】など参照。

が、古代にまでさかのぼれるものは確かにあるとは思います。しかし、そういう人たちが、遍歴という生活形態をその時期からとっていたかどうかということになると、ちょっと私にはわかりません。「浮浪人」といわれた人々もさまざまだったようですから、いろいろ考えていく道はあるでしょうし、一〇世紀前後になれば、菅原道真の詩などからそういう人々の姿を多少はうかがえると思いますけれどもね。

すこし話をかえて阿部さんに伺いたいと思いますが、これまで私が勝手に作りあげてきたヨーロッパ像は、結局、若い頃から自然にでき上がってしまったようなものなので、これは多分日本人にかなり共通したイメージだと思うんですが。そこに、お仕事を拝見したり、さきほどのお話を伺ったりして、なんとなく先進的と考えてきたヨーロッパの中にもわれわれの知らなかった未開な要素がいろいろな形で存在していることを知りますと、いままで明治以来、最近まで、日本とヨーロッパが似ているといわれてきたのとは別の意味で、意外に、近い世界というか、非常に似ているところが多いと感じました。少し大袈裟に言えば、古代、中世、近世についてこれまで「世界史の基本法則[12]」といわれてきた次元とはちがう次元(本書対談4、注(7)参照)、むしろ「生活」それ自体のところで、アジア、アフリカ等々も含めて、別個の法則を追究していく可能性が、開けたような感じがして、たいへん興味深く、教えられたわけです。

さきほどの遍歴して金融業を営むユダヤ人の問題とも多少関係するんですが、日本の場合、金融・高利貸のような活動をさかのぼってみますと、どうも中世の最初は、聖《ひじり》と(13)関係があるような気がいたします。これは上人《しょうにん》ともいわれて、中世にはいろいろな形で出てくるわけですが、世俗との縁をいちおう切った「無縁」(14)の人間です。それが、最初はいろいろなものを保管する、預るという機能をもっていまして、その機能が発展して、一種の金融的なものになったのではないか。東大寺とか、東寺とかの大寺院で、古文書とか、聖教《しょうぎょう》とか、大事なものを保管する集団が、普通の学僧、衆徒とは別にいたようです。

そしてその人たちが、東大寺の場合、寺内の金融を活発にやっているわけです。一方、

(12)　スターリンによって図式化された歴史発展の法則。「原始共産制→奴隷制→封建制→資本主義社会」という発展段階を経て社会主義社会・共産主義社会へ至ると考えられた。一九四九年の歴史学研究会でテーマとして掲げられるなど、当時は日本の歴史にも「世界史の基本法則」が貫徹しているとされ、日本史の時代区分にどの発展段階を充てるかが議論された。

(13)　半聖半俗の民間宗教者で、呪力を身につけるための修行として山林に籠もったり遊行廻国を行っていた。各地で説教や唱導、絵解き、念仏などをして廻り、堂塔・神社・仏像・鐘・橋などの造立・修復などのための資金を募る勧進を行った。また彼らは東寺・東大寺・高野山などにおいて、聖方として組織され、寺の倉庫の管理を行った。これは納屋など、蔵のもつ神聖性と、聖の無縁性が結びついたためである。聖方の上人たちは、この蔵の保管物を原資に金融業を行うようになった。網野善彦「倉庫、金融と聖」【著作集12】参照。

例の勧進《かんじん》ですね。ヨーロッパではどういう形態があるのか、そのへんのところを伺いたいわけですけれども、日本の場合は、あっちこっちを遍歴して、喜捨《きしゃ》を得て歩く。その勧進もこの上人、聖の機能です。ものを預る機能、金融と勧進が同一の集団によって行われる。しかし、そういう活動に携わる人たちのなかに、中世の後期になると、多少の賤視の対象になる人々がでてきます。高野聖《こうやひじり》(15)の場合にも多少そういうことがあるのかもしれませんが、「願人《がんにん》坊主(16)」などは明らかに賤視されていますね。また、高利貸に対するある種の賤視もでてくるように思います。もちろん、実際の活動で利得を搾り取るという面があるので、そういうことからくる反発も当然ありますでしょうけれども、それだけではかたづかないものもあると思います。つまり、もともと聖や上人たちがなぜ金融や勧進に携われたか、というところに問題があるので、ある種のタブー、世俗から縁が切れている、無縁のタブーとでもいいますか、そうした性格の人でなければ金融・勧進はできない。縁があっては、安全に物も預れないし、いろいろな人から喜捨をもらえないわけです。そういうタブーを身につけている人は、ある局面では大変尊敬もされるわけですが、社会の構造そのもののいろいろな変化に伴って、それが逆に賤視にひっくり返る。こういう関係も、どうもあるような感じがするわけなんです。これは、ユダヤ人のように、遍歴する人々の場合にも同じことがいえるんじゃないかとも思います。

女性もこれと関係があるかもしれません。中世前期には、女性の高利貸が多いし、後期になっても商人には女性が多い。これは、女性の「無縁」的な、別のいい方をすれば「聖」なる性格と関わりがあるのではないでしょうか。女性に対する差別もこの辺から考えてみる必要がありそうに思います。

無縁の場所としての都市

網野　これはまた、都市の問題とも関係してきます。都市は、場所的にいって、一種の聖なる性格をもった場所といいますか、やっぱりある種のタブー、「無縁」の性格をもった場所が、一つの中心になって成立してくる。市庭《いちば》とか、境とか、みなそうした場

---

(14) 世俗権力の及ばない時間・場所・人。世俗における境界、あるいは聖と世俗の境界などが無縁と意識された。時間では節句、藪入り、祝祭日などのハレの日、夜、支配者の代替わりなどが挙げられる。場所では、寺社、山林、橋、河原、中洲、潟などで、こうした場所に市庭《いちば》(市場)が立てられることが多い。人では供御人、神人、寄人、漁民(供祭人)などの贄人や、遊女、傀儡、博打打ちなどの芸能民、そして聖・上人などの遁世僧などがいる。網野善彦『無縁・公界・楽』【著作集12】参照。

(15) 高野山に属し、弘法大師の霊験などを説いて高野山への参詣や納骨を勧めるため遊行廻国する聖(前掲注(13)参照)。中世末期には行商を行う者も現れた。

(16) 江戸時代に神仏への代参・代願を行ったり、門付け芸を行ったりして諸国を徘徊する乞食坊主。身分的には非人の扱いを受けた。

所です。阿部さんは『ハーメルンの笛吹き男』で、こうした人たちに対する賤視の理由を、非定住という点から説明していらっしゃるような気もするんですが、〔雑誌〕『知の考古学』〔一九七六年二月号、社会思想社〕にお書きになった刑吏〔「刑吏の社会史」〕の場合のように、聖なる仕事と賤視との転換があるとすれば、いまの日本の場合と比較できそうな気がします。話がどうもあっちこっち揺れ動きますが、たとえば居酒屋についてお書きになっていますね。あれを読んでおりまして、私は、日本のシュク(17)を思い浮べました。宿についても、宿駅の宿と、非人の宿が、果して同一かどうかという点にかなり議論はあるんですけれども、だいぶ見当外れなのかもしれませんが、居酒屋からふっとわいたイメージは、そういうことだったんですけれどもね。

そういう場所、そういう人々の集団の中に、近世以降のわれわれの感覚ではちょっと捉えにくいような、何か特異なものがあるというようなことは、ヨーロッパの場合には考えられないものでしょうか。

阿部　今のお話の前半について申しますと、私も『蒙古襲来』を拝見して、いわゆる未開のもの、原始的なものの残存とそれらをエネルギーとした動きが一方にあり、他方で定住化してゆく農民層、そして非定住民への賤民視などが生じてくる過程などの点で、世界史というか、日本とヨーロッパで共通のものを強く感じました。それで少し乱暴ですが職と封の問題なども考えたわけです。

後半の高利貸というか、金融業を営んだ人たちが、特に聖とか、勧進であったというお話は私ははじめて聞いたわけですが、それが何か特別なものを身につけているか、あるいは、聖なるものとか、それが、金融業などにたずさわる人間の特徴というんでしょうか。こういうことは、ユダヤ人以外の場合には、あまり、ヨーロッパでは私は知らないんですが。ただ、たとえばテンプル騎士団事件(18)というのがありまして、これはつぶされていくわけですが、そこでは大々的に、寄進された土地で所領経営や金融業を営んで、それで蓄財の結果つぶされていくわけです。そういうことは、事実としてはあるわけです。

最後の「無縁」的な聖なる性格をもつものとしての女性のお話は大変興味深いものです。ヨーロッパ史研究のなかでも最近はツンフト(19)のなかにおける女性の役割などに関心

(17)　近世に畿内や中国地方に居住する被差別民、あるいはその居住地を指した。雑芸などで生計を立てていたが、農業や酒造を営む者もいた。源流については諸説あるが、中世の非人宿にあるとするのが有力である。非人宿は平安時代末期より大寺社によって編成され、大寺社などから権限をゆだねられた僧体の長吏によって統括された。

(18)　十字軍時代に創設された騎士修道会。団員の資産をもとに金融機関を運営し、フランス王家にも資金援助を行ってきた。一三〇七年にフランス王フィリップ四世により突然の弾圧を受け、一三一二年に解散させられた。

が向けられるようになりましたが、今のお話のような角度で女性をみてゆけば、いわゆる聖女とか魔女をめぐる問題にも新しい光があてられるのではないかと思います。

網野　僧院といいますか、それが高利貸を営むというような傾向は、ヨーロッパの場合どうですか。

阿部　ええ、僧院というのは、結局一方の極には、それこそ、超俗的な、天国を志向するような面もあったわけですけど、日常的には、経済活動を活発に営まないとやっていけない。要するに大勢の人間をかかえ込んでいる。一つの修道院の中で、何百人も場合によるといるわけです。小さいところでも数十人いて、その連中が食べていくためには活発な経済活動をしなければならん、というのは基本になるんですね。まわりに農民や手工業者をまず置いて、そこで衣服の原料を作らせたりしながら、他方で修道院としての機動力を駆使して貿易をして、大きな富を築いていく。それが後には、単なる自家需要のためだけではなくて、仲継貿易になっていく、ということはあるんですが、ヨーロッパの学者のほとんど全部がキリスト教徒で、われわれの知識がその研究に依ってるものですから、まだ十分につかめない面があります。そういう人たちは、それが修道院の本質だとはいわないわけで、堕落していったというふうにいうのですが。高利貸を修道院がどの程度現実に行なったかどうかは、今ちょっとはっきりしません。テンプル騎士団がルイ王に二〇〇〇マルク貸したりしていますが、利息をとったかどうかはよくわかりません。ただテンプル騎士団に限らず、教会に「神の平和」の場所として身柄、財産、宝石などを寄託するという習慣は古くからあったようです。しかも修道会は各地に散在していますから、支店に振り込んだ金を本店で現金化するということも行なわれていました。聖や上人のお話と大変似ていると思います。本質的には同じですが、ヨーロッパでは組織的に行なわれていたようにも思います。しかし、居酒屋と非人宿というふうなことになりますと、調べてみないとわからないんですが、どうもそれはちょっとちがうような感じがいたしますね。

というのは、これはまた大きな問題といろいろ関連してくるわけですが、居酒屋というのはどこにでもあるわけです。旅行する過程にどうしても、馬の飼葉、エサを確保しなければならない。これは決定的に重要なことで、馬の飼葉と、それから宿ですね。それが都市になっていくという経過は、スラヴ地域にみられる時期があるんですね。けれども、どこにでもあるんですから、それが都市にならないところは、もちろんたくさんあります。居酒屋の研究というのはほとんどないものですから、わからないんですが、いずれにしても、都市が成立していく前提に、居酒屋的なものがなければできないこと

(19)　中世ドイツにおける同業者組合であるギルドのうち、手工業者によるもので、一二世紀後期より商人ギルドに対抗して結成された。一三世紀中頃には商人ギルドを制して都市の支配権を握っていった。

は確かです。要するに、そこに、誰かが通過して来て、ここに必ず、旅程の関係上泊る、という場所があるわけです。それがだいたい川のほとりとか、交通路の要衝にあって、そこにいろんな人間が居つくようになる。『岩波講座 日本歴史』の論文「中世都市論」(20)【著作集13】を拝見して思ったわけですが、遍歴する非農業民というか、それは遊手浮食というのでしょうか、その輩の存在が、都市成立の前提にある、というようなお考えがある。この段階はまさにヨーロッパでもそうだろうと思います。そこにたとえば商人層が集中したとかいうのが通説になっていますが、現実に作ったのはその連中のようです。その前に、こういういろいろな連中が集っているんですね。その点では同じというか、そういう前提があっただろうと思いますね。

しかしそのあとがちがうという面があるのではないか。結局、最初から賤視されていたのではないし、それから、さきほどの話に飛ぶんですが、賤視あるいは蔑視されるということを、農業との関連で非定住だけに求めても具合が悪いのではないかと思うわけです。

それはずっとあとのほうでは刑吏の問題のほうでつながるんですが、やはり、ある共同体というか、結合体ができて、たとえば、都市共同体ができてきて、そこに商人のギルドがまず生れ、そのあとで同職組合というものができる。それに対してまた下のほうができていくというか、要するに、仲間団体的なものができていけば、それに対抗する仲間団体を作っていく、というようなことが積み重なってはみ出してきたところで賤視とか、蔑視ができてきた、と今のところは考えるんですが、そういうことが現実に起こってくるのは、都市の成立以後なんですね。

もちろん、たとえば、職業そのものが、たとえば風呂屋とか、あるいは皮はぎのようなものは、非常に古い時代から賤視されているという記録はあるんです。それは区別して見なければいけないんで、キリスト教の観点からそう位置づけられている面があるわけです。さきほどの解釈まで戻ってしまえば、結局ヨーロッパ史というものを大きく見ますと、キリスト教が入ってきて掌握しようとしている過程であるととらえることもできるわけです。この千数百年の歴史というものを、キリスト教がヨーロッパの民衆の生活まで、全部、完全に根こそぎにしようとして、うまくいかなかった歴史である、というふうに言っていいと思いますが、その点では一六世紀くらいが一つの節になる。そこで半分あきらめてしまう。それで一八世紀くらいになればもっとあきらめて、二〇世紀には完全にあきらめる(笑)。

(20)『諏訪大明神絵詞』では、五月会で神官・氏人が脱いで積み置いた水干を、奉行人が「道々の輩にわかち与ふ」と、「白拍子、御子《みこ》、田楽、呪師、猿楽、乞食、非人、盲聾病痾の類、遊手浮食の族、稲麻竹葦のごとくに来り集り相争」った様子が描かれている。網野はこれらを遍歴する「芸能民」であり、都市民の源流であったとした。

その出発点というか、そのあたりで見ると、キリスト教が最初から、異教的なものを賤視する、異教的なものを抑えていく、ということはあると思うんですね。その点では、あとで楽士とか呪術師とかが賤視されたというのは、宗教的な理由があるというか、まあ政治的な理由ですが、それがあったんじゃないかと思いますね。

都市の問題になると、そういういろいろなものが、輩が集ってきているということまでは同じだと思うんです。それが、たとえば京都ですが、京都はあれは政権の所在地になっているわけですね。そういうところは、比較するのにはちょっと具合が悪いと思うんですね。というのは、自治は、いずれにしても確立し得ないわけですね、そういうところでは。ですから、もっと別なというか、政権の中心にならないようなところも見る必要があるのですが。

網野　ですから、堺とか、大湊（現・伊勢市大湊町）とか、日本史でいままで自治都市と考えられていたところが、一番比較はしやすいわけですね。

公界と平和領域

阿部　ええ、ただその場合に、公《く》界《がい》というふうな言葉ですが、それがどうもよくわからないというか、公界という場所の考え方、それがさきほどの金融なんかにつながっていく面が、無縁の者とか、既成の秩序に入らないもの、というところが、多分さきほどの遊手浮食の輩というようなところにつながってくるのではないかと思うのですが、そういう人たちがたとえば、都市というものを構成する実質的な構成員になった場合に、ヨーロッパの場合ですと、その中で変化が起こりますね。要するに、本来公界の住人なんだろうけれども、その中で市民権を得ていく階層というのは、上層部と、それから中層部、下層部、というふうにはっきり分かれていってしまう。そのへんが日本史の場合には……。

網野　いや、おっしゃる通りで、こちらで勝手に似せて考えているということになってしまうのかもしれませんけれども。ただ、いままでの日本の都市研究というのは、むしろどちらかというと、都市内部にも大商人と下層のものがいる――もっとも下層の人々のことは日本の場合もあんまりよくわからないんですが、だから都市の自治といっても、上層の商人とか、特権的な商人の自治なんだということを、いろいろな形で主張しようとしてたのだろうと思います。だからその点はおっしゃる通りなので、日本の都市の場合でも階層は分化していることはまったく同じでしょう。遊手浮食といっても、あれはやはり、ある角度から見た遊手浮食ですからね。必ずしも鎌倉時代に遊手浮食と言われたからといって賤視されているわけではなくて、まったく同一の集団が、一方では供御人であり、他方から見ると遊手浮食に見える、ということがあったと思います。そう考えれば遊手浮食の輩のなかにも当然、階層はあったはずです。長者や本供御人に対して、脇のものなどという区別は早くから見られます。

しかし、いま公界のお話が出たんですが、あれはある種の、原理というか、法理といいますか、いまのタブーにもつながるものを実は問題にしたかったのです。なにかそれをすぐ実態につなげて真空の無階層の場所や集団を想定しているように思われたようで、どうもいろんな意味での誤解を生んでいるらしいですけれども。

あれを書きましたあと、少しいくつか事例を探してみたんですが、今のご指摘の話からちょっとずれてしまうかもしれないんですが、たとえば、桑名という都市がありますね。戦国時代に十楽の津といわれていて、おそらく自治都市だったと見られています。その頃、一五、六世紀の頃も、禁裏料所だったことはよく知られていますが、いつ頃からそうなのか、じつはわからなかったのです。ところが、史料をひっくり返してみると、やはり源流は非常に古い。伊勢国、志摩国に内侍所《ないしどころ》の統轄する蔵人所《くろうどどころ》供御人集団がいます。これは伊勢、志摩の海辺で活動する海民集団だろうと思いますが、桑名もその根拠地の一つで、当時は静かな入江で蠣《かき》がとれたらしく、蠣を朝廷に貢納していたようですね。ですから、桑名はその流れをずーっと辿って、戦国時代まで、禁裏料所になっているんだろうと思うのです。そこで、その十楽の津ということの意味ですが、公界の場合とまったく同じだと思います。その近くの松阪も十楽の津と言われていますが、勝俣鎮夫[21]さんに教えていただいたところによると、どうもここには罪人が飛び込むと外からの追及ができないという慣習があったらしいんですね。縁切寺、無縁所と同じなので、そういうタブーをもった場がどうして存在し得たのか。いつ頃、どういう時点で出てきて、どう機能していたのか、などと考えている過程で、公界とか無縁とか十楽とかの問題が、天皇や供御人、遍歴する人々、そして聖、上人とつながるというところにまでいってしまったわけです。

ご本の中で、どこかに書いていらっしゃったところがあると思いますが、居酒屋も、やっぱりそこに飛び込んじゃうと罪人でも追及はできないんですね。

それから例の有名な、都市に農奴が逃げ込んで一年一日いると自由になるということ、あの慣習はどういう法理が根源にあるのかということを考えてみますと、さきほどの無縁の場、公界とまったく同じ原理があるように思えます。案外、ヨーロッパの居酒屋や都市のような場の持ってる性格と、いま述べてきたような日本の市庭や都市の持っている性格とに通ずるものがありはしないか、ということですね。

それから、さきに話にでた、居酒屋と宿の問題ですけれども、宿駅の宿も非人の宿も、やはり交通上の要地にあるように思いますが、非人の宿を一応別としても、宿駅的な意

(21)　一九三四―二〇二三。歴史学者。専門は日本中世史。岐阜大学助教授、東京大学教授、神奈川大学短期大学部特任教授、静岡文化芸術大学教授、同大学学長などを務める。著書に『戦国時代論』(岩波書店)、『一揆』(岩波新書)など。

味での宿はやはり、そこで飼葉を馬に与えたり、まさに宿泊の場になる。日本の場合ですと、そこに遊女を従えた女長者や女性の傀儡師《くぐつし》の集団がいるという具合なのです。これもやはり無縁の場所だと思うのですが、まあ、さきほど私が居酒屋から思い浮べたのは、そういう場のことなんですけどね。

阿部　わかりました。それですと、平和領域という言葉を使うんですね。フリーデとかフライオルトという言葉を。これは、もともと家長権、ムントと言いますが、家の長ですね。それに由来するとも言われています。家の中は平和領域である。これは一軒の家庭が現在ではそうだと言われているんですが、ずっとあとになってから、捜査令状を持ってくれば入れるようになった。一八、九世紀頃でしょうか、そうなったわけですが、それ以前は、たとえ捜査令状のようなものがあったとしても、それを持って来ても中には入れないというのが家の原則だったわけですね。たとえば村の中で、公衆浴場も平和領域だし、それから居酒屋もある意味でそうだということ。その根源には、多分家長権の問題があるんじゃないかと思うんですけれどもね。

網野　やや論争的になりますけれども、果して家長権だけでとらえられるでしょうか。家は日本の場合でも同じだと思います。まったく同一だろうと思います。姦通の問題についての勝俣鎮夫さんの研究[22]によりますと、家の中で、女房と相手の男が姦通しているのを斬っても、罪にはならない。逆に、またぜんぜん別の意味で、ある期間、家に外から入ってきた人間をしばらく家の中で保護しておくと、これは下人《げにん》だという主張がでてくるし、実際にそうすることができる。しかし、そういうことが可能になるということは逆に裏返せば、家に飛び込んで来た人間については外からの追及に対しては、拒否できるということにもなる。

これは無縁の場と同じなので、家は、今おっしゃったように平和領域という性格を明らかに持っているわけですが、居酒屋とか、浴場などのような、公共の場、公的な場が平和領域になる、ということと、家が家長権によって平和領域になるということと、どこでどうつなげたらいいでしょうか。

阿部　それはちょっと即答できないんですが、「家の平和」との関連からいいますと、平和領域としての居酒屋はやや複雑です。一方で、家長（主人）とその家族の「家の平和」は十分に尊重されますが、その「家の平和」は客には同様な形では及ばない。しかし他方で、居酒屋は交通を容易にするために、つまり人々の相互の交流を容易にするために、特に平和領域とされているとも考えられ、この場合の「平和領域」の根拠は家の平和の根拠とはやや違っているように思います。このあとの平和領域は、都市だけについていえば、水車小屋、風呂屋、鍛冶屋、穀物倉、塩倉、両替商、などにも及んでいま

(22)　勝俣鎮夫「中世武家密懐法の展開」（『戦国法成立史論』東京大学出版会）。

す。家というようなものの家長権ですね。その淵源をうんとさかのぼっていけば、たぶんゲルマン民族の家長権までいくと思います。その場合、たとえば王権ですね、王権の持っている統率権というか、支配権というようなものが、果して家の支配権というものと、元においてつながるかどうか、という問題もあるんじゃないかと思うんですね。

というのは、道路とか、川とか、森林、海辺、こういうふうなものは国王の支配権下にある、ということが非常にはっきり住民の意識にのぼってくるのは一二世紀中頃からで、事実上はその前からいろいろ言われているわけですが、法令になるのはその頃からですね。

居酒屋の問題についても、多分、そういう公道上にあるものとか、あるいは風呂屋の場合もそれはあるんじゃないかと思いますが、そこのところはちょっと、家の権力に由来するものなのか、それとも、まったく別個なのか……。

網野　別個かどうかは問題だと思いますが、どっちがより本源的なのか、ということになるかもしれませんですね。ただ、風呂屋は、日本でも穢れをおとす場、やはり「聖」、上人と関係があり、やはり「公界」でしょうね。倉も同じで、さきほどの「聖」「上人」は倉を管理する。「土倉《どそう》」は延暦寺の山僧が経営しているものが多いのですが、この山僧にもそういう性格があったのではないかと思います。だから、両替屋、金融業も同じですね。

平和領域としての都市

阿部　網野さんの言われた、公界につながっていく問題になると思うんですけれども、これは面白いなと思うのは、いままでのヨーロッパの中世都市研究ですと、非常にポジティヴに都市の自由というものを作ってきた、という考えがありますね。たとえば、自治をしき、その中に、市民を打って一丸とした空間ができた、というふうな考え方があるわけですが、これは日本の史学史の問題というよりは、むしろ近代史の問題として位置づけなければならない面があるわけですけれども、いずれにしても、そういう要素がなかったわけではないですね。要するに、貴族とか、あるいは聖職者の階層的世界の中で、都市の構成員は、少なくともその部分においては、商人なら商人の部分においては平等である、という世界がはじめてできたわけですから、非常に画期的なことであったし、革命的でもあったわけですね。

ただ、最初に形成される以前の姿を見ますと、そこに遊手浮食のような連中がいっぱい集ってきているということは前提になっているわけです。そういうエネルギーがなければ都市はまったく形成されない。形成された結果だけ見ますと、商人層がそれこそ商人法というものをしいて作ってきた、というふうに法制史的には言えますけれども。

実際、商人層が商人法を形成したあとの段階から見ますと、これは確認されて法として皇帝から承認を得た段階ですが、その前の段階は、まったく何の権限もない。要するに身分法上は隷農であったり、これはフィンクルのゴドリックでしたか、農家の次男、三男かなんですけれども、奴隷ではなくて、家では親の保有地を継げないんで、家を出て浜辺に打ちあげられる漂流物を集め、僥倖に恵まれて一夜で行商の荷をつくった。こうして、それが商人になって名をあげて聖人になるという有名な話があるわけなんですけれども、これはそういう連中が最初は都市を形成するエネルギーになっていくという意味では、少なくとも、そこに行けば、なんらかの追及をまぬがれることができた、という要素はあったと思うのです。しかもこの場合、浜辺についてはかなり国王の権限が及んでいる。シュトランドレヒトといって、漂流物(難破船)をとる権利は本来国王の権利であるとされていたこととつながっているわけです。ただそれが、最初から平和領域としてあったということは……。

網野　日本の場合でも、漂流物は「無縁」のもので、[23]勧進上人がそれをとって港を修理することもあるし、寺社の造営にも使われます。ただ、平和領域というはっきりしたものができてくるのは、日本の場合でも、室町・戦国期くらいだと思うんですけれども、ただ、ね。少なくともそれが文字にされるのはそのころのことだと思うんですけれども、ただ、その根底にある原理や原型みたいなものですね――これは非常に古くからあって、さかのぼればさかのぼるほどむしろ強力に社会に作用しているように思います。家長権といま言われたものも、もとは竈《かまど》の神からでてくるもので、もともとはこの原理に支えられているのでしょう。寺の門前や神社の境内などは、だから、のちのちまで平和領域というか、無縁・公界の場と思うのですが、私人の場合、私的所有の原理が働いて、とくに支配者、領主の場合は、私的支配の拠点になっていくことになります。こうなった段階の家長権と、いまの国王権とは、やはり異質なのではないでしょうか。

阿部　この辺の問題は、西欧でも一義的に答えられてはいない点だと思います。渡し舟のところに逃れてきた人間は、舟が接岸している間に追手が追いついたら、舟の前方にのせ、追手は舟の後ろにのせる。対岸につくと、へさきの人間を先におろしてから舟を一回転させてから追手をおろす、とされています。舟のなかは家と同じだとされているのです。しかし、平和領域と家長権の問題は、たしかにおっしゃる通り、そのまま結びつくかどうか問題だと思います。私たちはドイツ系の学問の影響を強くうけていて、

---

(23)　中世の海事法規である廻船式目の第一条には、乗船者のいない漂流船(寄船《よりぶね》・流船《ながれぶね》)は、その材木を漂着地の神社・仏寺の修理にあてること、ただし乗船者がいる場合は船主のものとすることが定められている。このように乗船者のいない漂流船は船主との縁が切れ、神仏のものになると考えられていた。廻船式目とは、当時の海事慣行が成文化され、各地で写されて「廻船大法」「廻船之定法」「船法儀」などといった名称で伝わる一連の史料群(『鎌倉遺文』第五巻、三〇六八—三〇七三号など)を指す。

ドイツ系の学問では、教会の平和領域すら神の家として家の平和と同質だとする考え方が強いようです。このあたりはいろいろ教えて頂いてさらに探ってみたいと思っています。

さきほどの「中世都市論」の最後のところですけど、公界とか、無縁の論理ということをおっしゃっている。それが非常に面白いですね。さきほどの最初の話に戻りますが、未開とか、原始の無所有とか、あるいは大地、ほんとうにあれは面白いですね。それは事実の問題としてそのままヨーロッパの史実に対応させたりすることはできませんが。それから江戸時代の、要するに苦しいほうの苦界ですね、それにつながっていく——考え方としては非常に面白いと思うんです。ただその場合、なんと言うんでしょうか、まったくわからないところをお聞きするんですけれども、大地そのものの自然の姿とか、あるいは原始的なものにつながる以前に、どうなんでしょうか、仏教の考え方、縁とか、有縁とか、無縁とかいうときに、仏教の考え方というものはないのだろうかと思うのですけれどもね。

網野　いや、全部仏教語だと思います。公界もそうですし、十楽もそうなんですね。無縁ももちろんそうだと思いますけれども。ただ、無縁という言葉は、鎌倉時代以来の時期にも、いま言いましたような意味で使われることは多いと思いますが、公界はまだ仏教語のままのようですね。これは大隅和雄さんの受売りになりますが、大隅さんは、仏教思想が日本人のものになったのは鎌倉仏教の段階ではない、仏教が完全に日本化するのは南北朝を越えてからだろう、ということを言われていたと思います。公界なんていう言葉も、禅宗系の仏教用語として日本に入ってきて、結局、日本の中に生きている慣習を表現する言葉として非常に都合がいいということで、日本人のものになる。十楽という言葉について、このまえ服部英雄さんから教えられて気が付いたんですけれども、荘園の名前に十楽名という名があるんです。これがどういう場所か、その場所が特異な性格でももっていれば、これはまた私にとって好都合なんですが、それはともかく、仏教の用語として使われていたものが、日本人の慣習を表現する言葉になる時期は、やっぱり南北朝以後ではないか。ですからそれ以前の段階は、必ずしも無縁とか公界とかいう言葉で表現されなくても、いろんな形でそういう原理が生きている、というふうに考えたほうがむしろいいのではないか。

さっき申し上げた聖と言われているような集団ですね――こうした人間集団、ないし個人でもよろしいですが、そういう人々の身につけた原理というのは、まだ公界人などとは言われていないけれども、それとまったく同質なんじゃないかという気がするんです。

ですから、言葉そのものは仏教的な言葉が使われているかもしれないけれども、まえにも言いましたように、実は原理としてはもっとはるかに古い、たとえば共同の倉庫をあずかる神官のもっている役割や、おそらく原始的な王権にまでつながりをもっているのではないでしょうか。

それから、共同体の広場のようなもののもっている特異な性格ですね。これは読みかじったんですが、ゲルマン民族で広場が一種の平和領域になっているそうですね。

阿部　ええ、そこで集会を開く。

網野　そういうふうな場所の本来的にもっている意味、そんなことを念頭に置いていたもんですから。そういう場所そのものを日本で古い時期にどういうふうに表現していたかというのは、ちょっと私もわかりません。対馬に天道地《てんどうち》というのがあり、山梨には道祖神場《さえのかみば》というのがありますが(24)、場の性格は同じだと思いますが、名前はあとからついたのでしょう。

まあ、いまのご質問に関して言えば、私は都市論を書いたときにはそんなことを考えていたわけです。

公界のなかの秩序

阿部　アジール(25)という……そのあたりの問題、要するに、さっきちょっと言いましたが、都市の成立の前段階には、同じ条件があったんだと思うんですけれども、ヨーロッパでも同じことで、たとえば中世の文書というのはほとんどラテン語なんですね。後になるとドイツ語その他の言葉も出てきますが——一二、三世紀以降ですけれども。マルク・ブロックに言わせますと、実際に取引をした連中はラテン語でやったはずがないと言うんです。それは日常語でやっているはずだ。ですから、ラテン語の文書を読んだら同時に、その背後に日常語で、実際にどう取引が行われたか読まなければならない、ということですね。そういうふうな考え方をすると、それこそ、その当時の日常的な言葉の問題だけではなくて、いろいろな問題を掘り起こさなければならないから、たいへんだけれども、方法はそうだろうと思うんです。

ですから、いまおっしゃった、たとえば公界という言葉、これは漢字で書かれていて、中国の仏教とか、そういうところから来たものだから、この言葉の背後で、古来アジール的なものが、日本人の生活の中でどういうふうなものとして意識されてきたか、とい

(24)　いずれも無縁の性格を持つ聖地。天道地は天童地・天道茂《てんどうしげ》とも呼ばれ、対馬独特の信仰である天道観音の礼拝所であった。道祖神場《さえのかみば》は村の境で悪霊・疫病を祓う道祖神を祀る場所で、小正月にどんど焼きが行われた。

(25)　逃亡する犯罪者、債務者や奴隷などが逃れる避難所のことで、ヨーロッパでは家・墓地・教会がそれにあたる。アジールに逃げ込んだ者はそれまでの縁が切れるため、追跡者もそれ以上手が出せなくなる。アジールの歴史は古く、世界中のほとんどの民族にその痕跡がみられ、日本でも中世に寺社や市場などの「無縁」の場がアジールとされた。

うふうなことが面白いと思うんですね。それがまた江戸時代になって、苦界というか、身を沈めるような形になっていくということも、これはほんとうに面白いテーマだろうと思うのです。

ただ、ヨーロッパ史のほうから見て、そういうふうなものをヨーロッパの中に位置づけようとするときに、ヨーロッパの学問が、歴史学も含めて、はっきり言ってしまえば市民の学問としてできてきたことからくる限界がはっきり意識されていないといけないのではないかと思っています。要するに、市民の学問というのは、その都市にでき上がった、遊手浮食の輩からできてきたはずなんですが、実際は都市の上層部の中のまた上層部が学問を作ってきて、その学問の延長線上にわれわれがいまして、それで過去を見ているものですから、そこでどうしても、遊手浮食の輩の存在を見ないで、市民の立場でもって歴史を構成していく。そうするとヨーロッパ社会というものは、何か非常にリジッドに固まって形成されたものとされ、たとえば商人層とか、あるいは都市というものも厳然としてあって、貴族層もあって、それで、たとえばそこから落ちこぼれた人間はどこに行けばなんとかなったか、というふうなことはあんまりわからない。山に逃げるというふうなことはあるわけです。日本でもあるようなんですけれども、山に逃げていくということが、ポツリと、民俗学者の書いたものなんかに出てくるわけで、具体的に山に逃げた人間がどうなったかということはわからない。これは、ヨーロッパの学問の性質、市民学問の性質だろうと思うんですけれどもね。

そういう意味では、ヨーロッパ史から見ていると、いままでの常識ですと、なかなかうまくこれに対応する考え方を見つけることがむずかしいんですが、方向としてはあるんじゃないかと思うんですね。

居酒屋なんかについても、いまおっしゃったような、そこでの平和領域を支えるものは何か、というふうなことについては、これまであまり考えてこなかったものですから、今日お答えできないんですが、そういう目で見直していけば解明する道はあるんじゃないかと思います。

網野　罪を犯したものが飛び込んだ場合、追手が捕えられないということを読みまして、これだこれだと思ったんですが。

阿部　しかし同時に、居酒屋の主人が捕えてしまうこともあるわけですね。

網野　そうですね。ですから、私のさきほど申しあげた公界にしても、公界の中に入った人間の中には、階層が厳然とあるんだろうと思いますし、駈込寺《かけこみでら》にしても、これは近世の江戸時代のことですけれども、駈込寺に飛び込んだ連中も、飛び込んだ女性たちの間に、どういう原理かはよく知りませんが、厳然たる階層があるのだそうです。戦国時代の無縁所にしても、牢屋の代用品だった一面もあるでしょうからね。ですから、そういう場が、何か真空状態みたいなものでないことははっきりはしていると思うんですが、ただ、外の世界、それと区別する原理といいますか、それがあることだけは、どうも確かなようですね。

阿部 そうですね。たとえば駈込寺に飛び込んできた人間の年齢順ではなくて、あるいは飛び込んできたときからの年数順ではなくて……。

網野 いや、私それはちょっと調べてみないと……。

阿部 いや、これはまったく想像ですが、たとえば、牢屋の中で牢名主になっていく層はどういう層かということ。これは中に滞留した年数もあるでしょうけれども、実際に世俗の秩序とは別な、たとえばうんと重罪を犯した者は牢内で高い地位につく、そんなこともあるのかもしれませんけれども。

網野 真面目な話、牢名主なんていうのは考えてみる必要がありますね。江戸時代の牢屋なんかまさに、戦国期の無縁所のもっていた一面が体制内に位置づけられたと言ってもよい場所なんでしょうから。遊廓も同じだと思いますが、おそらくそうしたところでは、世俗の原理で上層のものが入ってきても必ずしも威張れないということはありますでしょうからね。別の目で、中の階層を支えている原理を考えてみるということも大いに面白いかもしれませんね。

阿部 世俗での秩序を多分逆転したような形で秩序ができている可能性もあるわけですね。そこからまた教わって、世俗の方を見直そうということも……(笑)。

ヨーロッパの方を見ますと、牢というものが社会に害をなした人間を閉じこめるとされていますけれども、本来は犯人を追跡者の実力行使（復讐）からしばらくの間守るという面ももっていたわけです。

さきほどの公界に話が戻るのですが、殺生《せっしょう》禁断の思想というふうなものができてくるわけですね。たとえばそこで、「悪」というふうな考え方が出てくる。面白いんですが、ちょっとわからないからお聞きしようと思っていたことは、たとえば、その中で魚を獲ったり、獣を捕まえたり、そういう殺生を仕事にしている人たちの中に、萬《よろず》の仏に疎まれて後生わが身を如何にせん、(26)というふうな考え方が出てくる。もっと前にさかのぼりますと、悪というふうなものは、近世的な意味での悪とはつながらないものをもっていて、むしろもっとエネルギーがある、大らかな、陽気なものだというイメージがあるようですが、それがもうこの頃から差別につながるわけですけれどもね。それが出てくるということ。その場合、これもまたヨーロッパ史の眼でちょっと見るわけですけれども、そうすると、これに当るものは何だろうかなと思うと、やはり差別の問題もあるわけですが、うんと大きくとると、この場合は、やはり異端とか、正統という考え方に比べて見る。

(26)『梁塵秘抄』巻第二「雑法文歌　五十首」二四〇歌。

そうしますと、ちょっとちがう面があるなと思うのは、たとえば、悪の根源を断つ政治なんていうものが出てくる、そしてその中で、殺生禁断思想が、叡尊《えいぞん》(27)でしょうか、そのへんの人たち、坊さんが、政治に加担する形でその思想を広めていく中で、実際に加工業というか、殺生を仕事としなければならないような人たちが、いま言ったような——これは網野先生の本の引用なんですが——萬の仏に疎まれて、というような考え方をもってくる、内面的にもつわけですね。言い換えれば、社会的な力というものが厳然として宗教と政治の方から押し寄せてきたときに、それが倫理的なものになってくると同時に、個人的な反省になってくるというふうなことは、どうなんだろうかなということですね。

というのは、ヨーロッパの場合には、異端と言われている思想は出てきます。そしてまた、そういうふうな意識がないわけではないと思うんですが、なんというか、確信犯というか——悪い言葉で言えば。異端と言っても、自分は異端と思ってないわけですね。正統だと思っている。ただ、殺生についての考え方が多分ちがうんだろうと思うんですけれども、こういうふうに動物を殺し、そして皮をはいだりしていくということが、自分の内面的反省になっていくということは、よくわからないんですけれども、どうも形に表われた限りでは、あんまりないような気がするんです。

それが死刑執行人になりますと、出てきます。ずいぶんあとになるとかなりはっきり出てきますが、動物の場合は実際にはそういうものは、われわれの目がちょっと届かないのかもしれませんが、もし出てきたとしても、すーっとほかの事象とつながらないような形であるような気がするんですけれども、その辺のところはいかがでしょう。

網野　いや、これは僕もちょっと……思想史のほうはまったく自信がありませんので。あの本を書いたときには、何か思想のことも書かないといかんと言われたものですから、仕方なくにわか勉強で書いたところがありまして、ちょっと、まともなお答えはできそうもありません。ああいう今様《いまよう》のような苦悩をバックにして、法然、親鸞が出てくるんだろうと思いますが、彼らはやはりある種の異端とも言えるのではないでしょうか。

阿部　それが、殺生禁断思想なんていうものに結びついて、内面的な反省にまでなりますと、なかなか回復し難い要素があると思うんです。ずいぶん長い間、何百年も、そういう要素がこの頃に出てきたような印象を持つわけです。

網野　たしかにあの歌謡は、体系的な思想ではないとしても、内面的にレベルの高い、

(27)　一二〇一―九〇。鎌倉時代の律宗僧。醍醐寺で真言宗を学ぶが、空海の「仏道は戒なくしてなんぞ至らんや」という遺戒を読んで、戒如に師事して戒律を学ぶ。正しい戒律に則って受戒すべきとして、東大寺にて仲間と改めて受戒した。その後、西大寺を拠点にして殺生禁断、慈善事業、非人・癩者の救済などを行い、また蒙古襲来時には祈禱を行った。鎌倉の極楽寺を開山した忍性《にんしょう》は弟子。

いまおっしゃったように、ある意味ではたいへん心を打つものが実際あるわけですが……。それが鎌倉仏教のようなものを生みだしていく背景になってくるんだろうと思うんですけれども、ただ、すべて庶民がああいうふうな内面化したものをもっていた状態であったのかどうか、これはほんとうのところ私にはわかりませんけれども、非定住民に支えられたという一向一揆の問題などを含めてこれからも考えてみたいと思います。

未開から文明への転換

網野　ただ、話をそらせるようで恐縮ですが、刑吏の問題はたいへんこれも面白かったんです。最初はむしろたいへん大切な聖なる仕事と言ってもよい性格をもっていたものが、逆転するというのは大変興味深い。さっきの話に戻ることになりますけれども、日本でもそうした逆転が起こる。その時期ですね。私はそれを、日本の社会から未開のにおいが急速に消える南北朝期と考えたのですが、これは石井進(28)さんから批判されました。木村尚三郎さんの仕事と比べられるわけですね。そういう未開から文明への最終的な転換という点では木村さんと似ているが、ヨーロッパの方には農業革命があるけれども、お前の方にはそれがないじゃないか、というわけです。

私は実は、南北朝の内乱という、全国をまきこんだ大規模な戦争が、十分その転換の契機になりうると思う。なにも農業生産力の高まり、技術革新だけに問題を還元する必要はないんで、むしろ南北朝の動乱という六〇年にもわたる戦争で、最大の生産力である人間が非常に多数、命を失ったことを考える必要があります。実際にあの内乱で、後醍醐という妙な男が出てきて、非農業民のエネルギーを急速に浪費しちゃったということが実際にあったと思うんですね。しかも、前後と比べてみて、この内乱のときほど大規模な軍勢が東北から九州まで動きまわったことは日本史上でもないと思います。しかもテンポがかなり速い。だから、ああいう戦争そのものが社会の構造的な転換のきっかけになると考えても、まあ、おかしくはないんじゃないかというふうにいまは思ってるんですけれども。あるいは間違いかもしれませんが、こういう戦争の問題はもっともっと考えてみる必要がある。そこでいまおっしゃったことに関連して、一二、三世紀の時期、たとえば刑吏なら刑吏をとってみて、その立場が逆転する要因はどこにあるのでしょうか。都市の成立とか、いろんな要因と全部からんでくるんでしょうが、転換のきっ

(28)　一九三一―二〇〇一。歴史学者。専門は中世史。東京大学卒業後、同大学史料編纂所に入所。同大学教授。国立歴史民俗博物館館長、鶴見大学客員教授を歴任。中学の頃より柳田國男に師事し、東大国史学科に進学したときは、柳田が「民俗学界は今後の支柱となるべき人材を国史に取られた」と嘆いたという。網野との出会いは東京大学在学中であり、網野との対談・共著も多い。著書に『中世武士団』（小学館）、『鎌倉武士の実像』（平凡社）、『石井進著作集』（全一〇巻、岩波書店）、『石井進の世界』（全六巻、山川出版社）など。

かけになっている一番大きな要因は、ヨーロッパの場合では、やはり農業の転換ですか。

阿部　いや、私はそうは思わないんですけれども、刑吏の場合は非常にはっきりと出てくるわけで、あれが一番つかまえやすいということがあるわけですけど。というのは、最初は、いまおっしゃったように、聖なる、司祭の仕事として位置づけられたものが、一三、四世紀頃になぜ賤視されていくかということ。もちろん農業の問題はぜんぜん関係なくはありませんけれども、やはり都市ができていくということ、その中で特に、都市の諸階層、商人のギルド、手工業者のツンフトというものができていって、そこでもうすでに、仲間以外の者は差別するという原則というか、基本的な考え方ができていると思うんです。これはそもそも都市ができたときに話は飛んでしまいますが、日本とちがって城壁を作るわけです、必ず。城壁を作ってその中で暮すわけですね。人口はだいたい二千人から、せいぜい四、五千人がいいところで、それ以上大きいところもありますけれども、だいたいそんなものです。そしてその中で、朝になると門を開け、夜になると閉めるという形で暮していますと、外のものと内のものの区別が非常にはっきり出てきます。外の者に対して、「われわれ」という意識ができてきて、同時に都市の内部で、市民権を持てない者と持てる者の区別が生じてきますから、そういうものが最初からあるわけですけれども、それが都市が形成されるということの内容なんですけれども、外の人々と、下の人々に対して、都市共同体というものが意識的に作られていく。そのときに、「われわれ」という意識が出てきて、その「われわれ」の内部が分裂していくわけですね。それで都市の中でも、ギルドとか、ツンフトとか、いろいろな仲間団体ができてくるわけです。それが都市の中においては多分、賤視とか、蔑視とかいうものを作っていく社会的な前提だろうと思うんです。

ただ、刑吏が一二、三世紀に賤視されていく条件というのは、完全に解明したわけではもちろんなくて、ただの試論なんですけれども、それはやはり、その中で領邦というか、地域的な一円的な支配圏が形成されてくる、ということがあるんじゃないかと思うわけです。

その頃に、それ以外にいろんな条件を探すことは、実際上無理なような気がするんです。そこで、都市に対して領域の一円的な支配を貫徹するうえでは、どうしても武力闘争というようなことが現実に起こらなければならなくて、実際にやられているわけです。そういう中での都市の内部での処刑――これは、森とかなんかとちがうんですね。都市の中での処刑というのは、非常に陰惨な場面を生むわけでして、都市の外部でやってもそうなんですけれども、大衆が、観客がいっぱい出てくるわけですね。その中での公開処刑ですから、そういういろんな条件が重なっていると思うんです。特に、都市文化の成立が一種の教養の市民化をもたらすようになりますと、処刑に対する感覚が大いに変化してきます。これは、はじめに申しました一二、三世紀以降ヨーロッパで未開的なものが背後に退いてゆく、ということと裏腹の関係にあるわけです。

いずれにしても、領邦国家形成期の戦乱、闘争、公開処刑の日常化が条件としてあったと思います。そういうふうに見ますと、南北朝の内乱をきっかけにしてものの考え方、感じ方が大いに変るということは十分に考えられると思いますが。

農業革命が賤視とかかわるというためにはいくつかの媒介がいると思うのですが、木村〔尚三郎〕さんの本のどこに書かれたのか不勉強なんですけれども。

網野　いや、賤視ということではなくて、『中世の森の中で』〔堀米庸三編、河出書房新社〕や『岩波講座　世界歴史』〔第七巻〕の論文〔「古典的封建制の成立」〕で、農業革命、集村化、領域的支配の成立ということで、農業社会にヨーロッパが確実に入り込んでいった時期を強調されていますね。ですから、当然いまのお話の都市の成立とも多分同じ問題になっていくのだろうと思うんですけれども。

阿部　『蒙古襲来』の中で、時頼あたりからでしょうか、本所一円領に軍役を課すとか、そういう事態が出てくるということを拝見していますと、あのあたりから、武士のほうの支配権を固めようとする傾向が非常に強く出てくるわけですね。そういう条件は多分平時にはなかなか出せないだろうと思うんです。これは、ヨーロッパの場合に非常に早く出てきたのは、ノルマンとかイスラムの侵入の中で、城壁を作らなければならないということがあったからだと思いますが。

これはまた話は飛んでしまいますが、日本の場合は、福岡とか、長門、平戸のあたりで終ってしまったわけですけれども、ヨーロッパの場合のノルマンというのは、あんなに大挙して押し寄せてこないで、二、三艘の船で、せいぜい一〇〇人か二〇〇人がさーっと来て、内部まですーっと入って来て掠奪して川沿いに帰る。こういうことが何十年も続く。非常に長いこと続いて、大勢でいっぺんにやってくるというのではないんですね。そうすると、そういう日常的な侵入に対しては日常的に防御しなければならないということがあって、外敵の侵入に対して、さきほどの封の問題を含めて、保護者を求めるわけですね。とにかく孤立していたんでは生きていけない。農業もみんな潰滅してしまうし、収穫も取られてしまうということで、どうしてもああいう非常に変則的な都市ができる。あの頃としたら非常に異常な組織だと思いますね。自然に恵まれている条件の中で、せまいところでぎっしりと住まわなければならない、というふうに作られたものが都市ですから、あれはやはり、そういう盗賊騎士も含めた外敵の侵入ということを前提にしないと考えられないと思いますね。

ところが日本の場合には、そういうことはあまり大きくはなかったのではないかと思いますね。

網野　そうですね。モンゴルの場合でも、東国のほうから見たら、だいぶ遠い世界の話だったように思えます。もちろん幕府の首脳部や、西国に下向を命ぜられた御家人たちは別でしょうけれども、一般の庶民にまで直接に影響を及ぼしてくるようなことは、東の方では考えにくいんじゃないかと思いますね。その点ヨーロッパとは日本の場合はずいぶん条件がちがうなと思いますね。

阿部 惣村《そうそん》(29)の成立もだいたいあのあたりでしょうか。

網野 大きな流れとしてはそうだと思います。あの時期くらいからぼつぼつその流れが出てきまして、それから南北朝を越えたくらいに出てくるわけですね。

阿部 そうすると、これはまったく素人の思い付きだけですけれども、全体として見ていきますと、ただの予測というか、推定だけですと、一方で武家のほうでの所領の一円化というような動きが起こってきて、その下のほうにおいては惣村というような動きが起こってきていて、もちろん外敵の侵入ということも一つのショックになっていく場合に、いろいろな形での結合体、これはもう血縁的な形ではないですね、地縁的な結合体ができてくる時には、どうしても賤視とか蔑視ということが起こらざるを得ないような要素があるんじゃないかと思うんですね。ですから、極端なことを言いますと、職業の内容じゃなくて、どういうグループが仲間を作り、どういうグループがその社会の中での上位にいたか、ということで賤視の対象が変ってしまうというようなことも感じたんですけれども、どうでしょうか。

網野 地縁的な惣村ができ上がることと、非定住民に対する賤視とは、これはまず関係があると考えて間違いがないと思います。

寄進の論理と無縁地

阿部　最初の問題に戻るわけなんですけれども、寄進をする場合に、本券を棄却する。そして寄進をする。焼却して破棄するとかですね。「本券なし」（笠松宏至[30]）という論文ですね（『日本中世法史論』東京大学出版会）。それを網野先生が敷衍された、そのあたりが面白かったんですが、要するに、無縁地とし、それでその仏神領の強化がはかられる。その考え方が多分、さきほどの公界の考え方につながっていくんだろうと思うわけですが、その場合、なぜそうするのかですね。そこのところがちょっとわからないというか、な

---

(29)　中世後期に発生した村落の自治組織とされている。史料上、「惣村」の語は畿内近国での出現が多い。勝俣鎮夫は、惣村成立の指標として、共有財産があり、年貢の徴収を請け負う地下請《じげうけ》が成立し、惣掟《そうおきて》を定め、自ら刑事裁判を執行する自検断《じけんだん》が成立していることを挙げている（「惣村の成立」『戦国時代論』岩波書店）。

(30)　一九三一―。歴史学者。専門は日本中世史。東京大学文学部卒業後、同大学史料編纂所所員、同大学教授を経て、神奈川大学大学院歴史民俗資料学研究科教授など。著書に『日本中世法史論』（東京大学出版会）、『徳政令』（岩波新書、のち講談社学術文庫）、『法と言葉の中世史』（平凡社ライブラリー）など。

ぜそうしなければならないのかですね。うんと素人っぽく考えますと、これはヨーロッパ風に考えてしまいますから仏教とちがうかもしれませんが、世俗的な前所有者がいたんでは具合が悪いということがあるのか。そこから、寺社が買ったという形では具合が悪いということなのか。

網野 いまおっしゃった、世俗的な前所有者がいては具合が悪い、つまり世俗の縁で、それが——たとえばそれと敵対した者が——前の縁にからんで、寺社領になったところを侵害してくるというふうなことがあってはまずい、ということはあると思いますね。

その論理というのは、さきほども言いましたが、金融も同じで、ものを預ける場所、預かるほうからいうとそれを安全に預かれる、あるいは相手から言うと安全に預けられる場所というのは、要するに世俗の縁と切れてないと安全にならないわけですね。

阿部 逆になるんですけれども、たとえばヨーロッパの場合でも、世俗の領主や国王に限らず、土地や物をどこかに預けなくてはならんというときには、教会に寄託または寄進するのが一番いいとされています。そういうふうな考え方が、金融の問題にもあったかもしれませんね。いずれにしても修道院における金融業の問題は考えてみなければならないと思います。

ただ寄進ですね——寄進ということの意味が日本とどう違うのかが問題だと思うのですが、ヨーロッパの場合は、寄進する場合に、現代語で言うと、シュティフテンという言葉を使うわけです。シュティフテンというのは、財団を作るとか、教会に灯明を寄進するとか、あるいは書物を寄附するとか、たとえばアレキサンダー・フォン・フンボルト「財団」などもシュティフトゥングという。あるいは奨学金なんかもシュティフトゥングです。

これが何のためかというと、シュティフトゥングというのは本来は、自分の魂が救われるということが目的で、その自分の魂を救うために、教会にこれこれの金や財産を出すということ。その代償というのはだから、自分の魂を救うために、具体的には、一〇年間この金が続く限り祈ってもらう、という形で寄進するらしいんですね。その形としては、たとえば、修道院の尼さんに、一週間にいっぺんお風呂に入ったあとビールを一杯ずつ寄進する(笑)とか。そうすると尼さんのほうは、一週間ずーっときちんとして暮していしているわけです、建前としては。それが一週間にいっぺんお風呂に入ったときにビールが一杯飲める、そのときにやはり自分のことを思い出してもらえるだろう、という非常に俗的な発想なんですがね(笑)。

そういう場合の文書をシュティフトゥングス・ウアクンデと言います。寄進する場合に、仏教思想とはちがうんですが、やはり霊魂の救済というふうな考え方が、先のほうの問題としては少なくともあるわけです。ただ、その文書の有効性を保証するものが、ヨーロッパの場合ですと、この寄進は自分一人の意思ではないということですね。自分の親者縁族、あるいは領主の場合ですと、自分の家臣の誰々の諮問を得てやった、ということが必ず載るわけですね。それがどこからくるのかはわからないんですけれども。そういう文書の書き方というものがある。たとえば「本券なし」という場合に、どうなのかな、と思うんです。証人というのはもちろん出てくるんでしょうが。

網野　その問題は、笠松宏至さんの研究[31]で明らかにされた、「仏陀施入の地は悔返すべからず」という法理の問題とも関係してきますね。そのへんを比較すると、きっと面白いものが出てくるだろうと思いますがね。あそこであげた例では、親類縁者が一応全部名前を連ねています。この地を無縁の地にするんだということを全員が言っている。ただ、いまおっしゃったようなはっきりした意味合いをもっていたかどうかはちょっと、まだ不勉強なのでわかりませんけれども。

阿部　また最初に戻るんですけれども、この土地を無縁のものとして寄進をするというときに、仏教的な考え方を一応のちに入ったものとして、それ以前の段階に戻ったとして考えた場合に、全土が天皇の所有地であるという考え方とはどうつながるのでしょうか。そもそも私有地という考え方が最初からなかったとすればですね。

網野　つまり、無縁の地と天皇との関係ですね。たとえば鎌倉時代、無縁所というのは天皇や将軍の祈禱所が多いようです。また、さきほどの桑名と禁裏料所との関係にもそれが現われている。山野河海や関渡津泊のような場はやはり、鎌倉期までは天皇の支配権の下にあったと思います。そこでさきほどお話に出ました家長権と、天皇あるいは国王の高権の性格のちがいがどこにあるのか、ということともおそらくかかわる問題でしょうね。まえにもちょっとふれましたが、家長の権利、家支配の権利と言われているのは、具体的には屋敷地に対する権利として現われますね。いままでは、屋敷地は私有地の根拠であり、私有権のもっとも強いその源泉とも言うべきところだと言われていたわけですが、その考え方をもうひとつ掘り下げてみる必要がありはしないか。つまり、そういう「私有権」を支えているもっとも根本の論理はなんだったかということで、つきつめていくと、これもまた無主の原理にいってしまうのではないか。これは佐藤進一さんの言われていることですが、足利尊氏と直義が主従制と統治権の原理を分割している(32)わけですが、安堵は統治権の方に入っているわけですね。つまり、御恩・奉公ということがよく言われますけれども、安堵は直義、新恩給与は尊氏になっています。だから本領安堵の「安堵」というのは、これは主従制と関係ない。むしろそれとは異質の原理

(31)　笠松宏至「仏物・僧物・人物」（『法と言葉の中世史』平凡社ライブラリー）。
(32)　主従制的支配権と統治権的支配権とは、佐藤進一が室町幕府の政治権力の特質を表現した概念である。前者が私的な主従関係による人格的支配であるのに対し、後者は第三者の立場から裁判などによって御家人たちを調停し、彼らの権利を保証する公的・領域的支配である。佐藤『日本中世史論集』（岩波書店）。

である、ということになる。これを指摘されたときにはっとしたのですが、「堵」という言葉の意味はもともと田堵の「堵」と同じで、垣内《かいと》のような屋敷地のことですね。そうすると、この問題を追究していくことが一つの鍵になるのではないか。

このへんのところは、どう展開したらいいかまだわかりませんけれども、これまで主従制的な関係は家父長的支配というか、家長的な権利の及んでいる場所という方向から考えてきた。人間に対する私的所有にしても、土地に対する私的所有にしても、その延長としてみる見方が一般的ですね。それももちろん事実でしょうが、肝心の根拠地、本宅が主従制原理と異質の統治権で、安堵されなくてはならなかったとすれば、どういうことになるか。多分、屋敷地自体の本来の無縁的性格と、天皇の統治権、国王の高権とが対応していると言えないこともない。これはまったく今後の問題でしょうが、屋敷地の「本源性」について、この佐藤さんの指摘を考えると、いままでとはちがった方向から考えていくこともできるんではないかとは思いますね。

阿部 安堵という言葉は堵《かき》ですか。

網野 普通はそう理解されていますね。

阿部 その中における権利というものが、統治権的なものに、たとえば保証されているというか、やはり一定の領域というものが、印象としてはあるわけですか、ある「カキネ」という具合に。

網野　おそらくそうなんだろうと思います。戸田芳実さんが、卯の花のにおう垣根にかこまれた本宅を考えておられるのは(33)、たいへん面白いことだと思います。ただ、それは具体的な実体でなくとも、その延長ということでかなり伸縮性はあると思いますが、常識的にはいまおっしゃった通りでしょう。武士の場合、本領というものはものすごく大事なことなんですね。やっぱりなんとしてもそれは確保しなくてはならない。ただそれを保証しているのが、主従制的な関係の保証ではないということのもっている問題を、佐藤さんはもともと考えていらっしゃったんだと思うんですけれども、案外まだ問題にされていない。僕はどう処理していいかまだわからないので、もうちょっと勉強してその辺の論理をきちんと組み立ててみたいと思っていますけれども。

阿部　そういう古い時代までもしさかのぼるとすると、民間信仰というか、そんなものの方も考えないと、わからないような問題かもしれないですね。

網野　と思いますね。

阿部　ヨーロッパの場合でも多分、キリスト教以前にさかのぼると、どうしてもそういう問題を入れてゆかないとわからないんではないかと思います。

(33)　戸田芳実「律令制からの解放」(『日本中世の民衆と領主』校倉書房)。

歴史学を支える自生的な動き

網野　われわれというか、私などの持っているヨーロッパのイメージは、いろんなフィルターを通して見ていたイメージなんで、そういう意味で阿部さんのお仕事から非常に新しいヨーロッパ像というものを考える手掛りを与えられた気がします。

　そこで、別の問題になりますが、お仕事の中で私が非常に感動して読みましたのは、歴史協会の動き[34]です（『月刊百科』一九七六年一一月号）。日本の場合にも、あのように自生的な、歴史学を支えるような民間の動きがなかったわけではないんだろうと思うんです。しかし、日本におけるアカデミズムの確立の動きとの関係で、ヨーロッパの場合とは違って、アカデミーの歴史学とそういう動きとの間に、かなり深い断絶が生れた時期があるんだろうと思うんです。前にもちょっと、別のところでしゃべったことがあるんですが、山中笑《えむ》（共古《きょうこ》）[35]という民俗学者がいるんですね。柳田國男さんとの「石神問答」に出てくる人で、『炉辺叢書』に『甲斐の落葉』（郷土研究社、東京堂書店（発売））という本を書いているんですが、その人は「東京人類学雑誌」の古くからの恒常的な投稿者だったんです。それは、考古学というか、土俗学というか、必ずしも分化していない。しかし非常に面白いものを書いています。『甲斐の落葉』はそれをまとめたものなんですね。もちろん、その頃はまだ日本の考古学、人類学自体が学問的に固まっていない時期なんで、言語学、民俗学、歴史学などがみんなごたごたのままやっていた頃ですが、その時期に山中さんは恒常的な投稿者だったんです。だから山中さんの死んだ年、昭和三年には必ず何か記念すべきことをその雑誌がやっているだろうから調べてほしいと、山中さんを研究している義兄(中沢厚)からたのまれまして、全部その雑誌をめくって見たんです。そうしたら、ある時点から、大正末年ごろだったと思いますが、その雑誌の性格ががらっと変ってしまいましてね。それまでの地方からの短文、雑報などがきえて、数値を駆使した学問的なものになってくる。山中さんももう投稿しなくなっていて、おどろいたことに、いくらめくっても、それ以前の雑誌では非常に活発な投稿者だった山中さんについて、その死んだ年に、追悼の言葉らしきものはひと言も見つからないんですね。これはおどろきました。この雑誌の性格の転換についてその後しらべてはいませんが、日本のアカデミズムがここで成立したんでしょうね。歴史学でも同じことがあったと思うので、日本の場合、アカデミズムが、江戸時代の学問などにもつながる山中さんのような学問を切りすてて成立したところがあると思うんです。福田徳三、中田薫、喜田貞吉

(34) 一八世紀末から一九世紀にかけて、ドイツのほとんどの町において、古文書館を中心に歴史協会が作られていった動きのこと。そこでは現在でも専門家と民間人との区別を問わず、郷土の歴史研究が行われている。

(35) 一八五〇―一九二八。メソジスト派の牧師で、静岡・山梨などで伝道した。また柳田國男とも親交のある民俗学者でもあった。

の時代はまだちがうと思うので、多分、大正ではないでしょうか。その意味で、いろいろなところで阿部さんがお書きになっている、ドイツの地域史研究の動き、歴史協会や古文書館のことなど、非常に感銘深く、また大変考えさせられました。

ただ、さきほどのような話とも多少は関係はすると思うんですけれども、最近では日本史の場合、地域の問題が大きく前面に出てきて議論されるようになっているんですが、沖縄とか、アイヌは一応別として、日本民族はなんとなく最初から一つだという前提でいろんな議論が進んでいるところがありましてね、この感覚はかなりヨーロッパとはちがう。ヨーロッパの場合ですと、最初のフランクがドイツ、フランス、イタリアに分かれたというようなことがありますが、日本の場合、東国国家とはいっても、東国民族あるいは北陸民族という発想は余りない。実際東国は、十分に国家形成力を持っており、もし東国だけをとりあげて、東国民族史という視角で歴史を書いてみたら、時代区分論にしても、国家論にしても、すこし違った考え方がでてくるのではないかと思います。そういう国家形成力まである程度持っているような集団を考えてみると、日本の場合でもいくつかはあげられるのではないでしょうか。北陸もそうかもしれませんし、九州もそうだろうと思いますし、そんな角度からの議論もようやく出はじめているように思われますが、まだ必ずしも煮つまってきたとは言えません。

阿部さんのお書きになった歴史協会のような動きは、もっぱらドイツの場合でしょうけれども、ほかのヨーロッパの国の場合にも、だいたい同じようなことがあったのでしょうか。あるいは、とくにドイツの特色、一九世紀に歴史の世紀を生み出してくるドイツの特色と考えたほうがよろしいわけですか。

阿部　民間の歴史協会的なものは各国にあると思うのです。フランスが盛んですし、イギリスなんかも非常に盛んなんですね。ただちょっとちがう性格があるのかもしれませんが、これはイギリスについて知ってる人から聞いた話なんですけれども、たとえばリンカーンシャーとかヨークシャーとかで地域史を研究している人は、そこの生え抜きの人ですかと質問しますと、そうではなくて、そこにたまたま、たとえば高等学校の教師になって赴任して来た人もそこでやっている。そういう人々は、これがそのまま人類史につながるという意識で研究をしているようなのですね。各地域史がそのまま人類史につながるという。たとえば、これは歴史家ではないのですが、ギルバート・ホワイトという人の『セルボーンの博物誌』という本がありまして、大変有名なものなんですが、これは一七八九年に出た本で、四〇年くらい牧師さんがセルボーンという一小村で鳥類を観察した観察記録を生物学者にあてた手紙という形で本になったものですけれども、自分の村のセルボーンでツグミの生態を見ているとか、あるいは、イシチドリというのは、イシの間にいる時はじっと目をふせていて、もしばったりと目でも合わない限りは見つからないとか、そんなことをあっちこっちに書いてて面白いんですけれどもね。

こういう研究を一小村について続けてどうなるかというと、これは必ずこのままの形で人類博物誌につながるという確信があるのです。この人は副牧師なんですけれども、これがあんまり恵まれないというか、副牧師から生涯ずっと上にあがれなかったんですが、自分の研究についてはそういう意識を持っている。

ドイツの場合は、歴史協会について見ますと、そういう素直な感じ方とちがうんですね。もうちょっと屈折している。これは、一九世紀の初頭に、フランスの占領を受けたり、資本主義の成立期に鉄道や工場の建設によって文化財が散佚してしまう、といった危機感に支えられていたのです。アングロサクソンとちがって、いろんな種族が混合してできている国であることもあって、これは日本でもあると思うんですけれども、お菓子をひとつとってみても、クリスマスのクッキーというのは、これはハンブルクでなければだめだ、と言う人もいますし、お菓子についてはまったく一致しないわけですね。バタークッキーを食うのは野蛮人だとか(笑)、そういうように、偏見と言ったら偏見ですが、実は非常に素朴な郷土意識にもとづいた誇りがある。もともと顔付きもちがうんですね。百科事典を見ていると、ヴェストファーレンの人間の顔はこういう顔だという典型が、男女一対で出てくるわけです。そういうことも多分あるかもしれませんが、政治的にはフランスの支配下で、いったいどこが主導権を取って国家統一をするかというようなことが問題になっていた時期ですから、たとえば、プロイセンのあの方式でやろうかということも問題になっていたし、その他のバイエルンは独立しようかとか、そういう中での歴史協会ですから、そのままの形で人類史になるという意識は、イギリスほど素直な形ではなく、いくつかの屈折があったと思います。フランスの場合も、パリが傑出した学芸の首都で、その他の地域はパリを模倣するという形になっていたという点でも、ちょっとちがうような気がしますね。

日本の場合は、わからないんですが、尼崎市史編修室に文書館ができまして(現在は尼崎市立地域研究史料館と改称されている)、最近そこの小野寺逸也さんという方ですが、その人の話によりますと、尼崎というところは、むしろ工場労働者として入ってくる人がいっぱいいて、その人たちが尼崎はどういうところかということで調べようと思って文書館にくるということですね。ドイツの場合もそうなんです。一九世紀の初めに、歴史協会ができてきた一つの理由には、あっちこっちで工場が建設されてくる。古い遺跡がなくなっていくということもあるんですけれども、それだけじゃなくて、そこに高アパートができてきて、その土地の出身ではない人たちが集って来て住む。そこで、軋轢が多少あるわけですね、新参者だとかなんとかいうことで。それでその人たちに、この郷土の歴史というものを教えなければならない、というような意図があった。だからある意味で資本主義の形成とつながった問題があって、尼崎の話を聞いて、なるほどと思ったわけです。

文書館のあり方と地域史

網野　なるほどね。日本の場合は、一段階ずれたところで、同じような状況が出てきて、現在進行しつつあるわけですね。それで今のような動きが起こっているのでしょうが、しかしドイツのように、住民の運動として文書館ができるというのとはまだちょっとちがうところがあるような気がいたしますね。もちろんドイツでも住民というのは、外から来た人を含めてでしょうけれども、日本の場合は、県史や市史を編纂するとき、中央の人間をどのくらい呼んでくるか、そこの土着の人たちをどのくらい入れるかということで、いまだに軋轢があるんじゃないでしょうか。ですから現在つくられている県史、市史には、もちろんそれ自身は立派な成果が生れているし、その過程で文書館、歴史館もできて、住民、地域にプラスになっていることは確かだと思いますけれども、住民自身が本当に自らの問題として文化財、史料の問題を真剣にとりあげて、文書館、博物館、歴史館をつくるという点になると、いくつかよい例はあるとしても、日本の場合にはまだまだのように思いますし、これから解決されていかなければならない問題が多いと思いますね。

阿部　古島敏雄(36)先生から聞いたことがあるんですが、日本の地方史というか、各市史とか町村史の刊行にピークがあると言うんですね。大正天皇の御大典のときと、紀元二千六百年と、明治百年だということ。これはちょっとヨーロッパ史では考えられないピークなんですね。住民の意向でというか、エネルギーで出てきたものがほとんどないというふうにおっしゃっていましたけれどもね。

こうしたことの具体的な理由はどこにあるかということになったんですけれども、やはり、法制が、特に民法が明治のあたりで、旧来の法とはぜんぜん変ったということがある。いわゆる学問もそうなんですけれども、これは大隅さんでしたか、例の学生社の『シンポジウム日本歴史・南北朝の内乱』のなかで怨念というような言葉を使われていましたけれども、幕末の頃いろいろな民間学者たちが蓄積してきたものが、あそこで無視されるような形になって、それでアカデミズムが入ってきたということの怨みみたいなものがあるとおっしゃっていたんですが、現実に、たとえば水利権なんかの場合には古い慣行が生きているかもしれませんが。ヨーロッパの場合に、文書館員の権威があるのは、現実に古い過去が生きているということですね。都市の中で、この土地を売買しようと思って、もし争いが起こると、それは役所なんかに行くんではなくって、文書館で調べるわけですね。いったいこの土地は元々誰の土地だったか、ということを調べれ

(36)　一九一二―一九五。農業経済史学者。東京帝国大学農学部を卒業後、東京大学教授を務めるかたわら、一橋大学教授を兼任。のちに東大農学部長を経て、専修大学教授。著書に『日本農業技術史』(時潮社)、『地方史研究法』(東京大学出版会)など。

ば、全部ある限りでは保存されていて、それで文書館員が裁決を下すということ。民法というか慣習法みたいなものが文書として蓄積されてきているのが、現実に文書館で機能している。そういうことがないと、ただの学問のための場になってしまう。学問のための場になっている文書館は、やはり、普通の人から見れば、ちょっと縁が遠いということですね。利害につながらない。そのへんで、明治の頃に大きな変化があったということですね。

網野　そうですか、ヨーロッパの文書館というのは、そういうきわめて具体的なところで民衆とつながりを持っているわけですか。

阿部　そうなんです。私がいたのは、ゲッチンゲンの文書館で、これは死んだ文書館と言われているものです。どうしてかというと、これは一三〇九年に創立され、騎士修道会が自分の文書館として作ったわけです。日本の場合もそうじゃないかと思うんですが、あらゆる権利というものを文書で主張しなければならないということがあったわけですね。世俗世界で公証人というものが非常に大きな力を持っていた。そういう文書があらゆる権利の要にあるということがあって、どんな組織もみんな文書館を持っている。これは一三〇九年に設立されて以来一九四五年までケーニヒスベルクにあったんですけれども、それが西ドイツに移されてくると、新しい文書はもう入ってこないわけですね。プロイセンというラントの文書館ではなくなりますから。ところが普通の文書館ですと、新しい文書がどんどん入ってくる。最近ですと、新聞、雑誌、フィルムですね。マイクロフィルムだけではなくて、映画とか、そういうものも入ってきて、文書館員がそれを選定するわけです、どれを捨て、どれを入れるかということで。膨大になってきて、それが今は悩みなんですけれども、現実の政治とかかわって生きているわけですね。

単に土地の売買だけではなくて、自分の家の家系を調べるというのが、素人というか、ごく普通の人が文書館を使う場合の一番の関心事なんですね。そこで家系学というような学問があって、そういう人たちがそこで学ぶわけです。

網野　日本でもそういう現象はあるようですよ。いま古文書研究会をやると、どこでもたいてい成功するんですね。なぜそうなるのかというと、やはり家系調べが一つあるらしいですね。定年で会社をやめた人たちなど、何か次にする仕事はないか、ということを考えると、自分は何故ここにいるのか、ということになるらしい。これは聞いた話ですが。しかし周辺を見ていても、僕自身ときどき、そういう質問を受けることが多くなりましたから、多分ほんとうなんだろうと思いますけれども。そこでまず、自分の家系がどういう家系かということになる。自分の家に古文書を持っておられる方なら、一応引っ張り出してみるけれども読めない。それで古文書を読みたいということになるわけで、そういう方々が、古文書研究会や古文書を読む会などに来られる。ほかにも、家庭の奥さんも多いし、学生ももちろんいるから、大変盛会になるんですね。

ところが日本にはそれに本当に組織的に対応できる施設は、まったく不十分にしかありませんね。あるいは、中世ないし近世を含めても日本での土地問題等々の紛争の処理の仕方がドイツなどとちがうのかもしれないというような感じが、お話を聞いていながらしましたけれども……。

もちろん、明治のときの断絶は大きいでしょうね。ただ、漁村の場合などは、明治や戦後の改革をこえて、地先の漁場の使い方などは、古くからの形態が残っており、古文書も、それとの関連もあって、沢山残っていると思います。戦後、日本常民文化研究所が中心になって、水産庁から予算をもらい、漁村の古文書を採訪したのですが、(37)その仕事に携わっていてつくづくそう思いました。ただこの仕事は、水産庁が予算を切ったので、中途半端に終り、借用した文書をお返しできず、ずいぶんご迷惑を現地の方におかけしたのですが。いまでも高名な中世・近世史家が、「漁村には史料がない」などと言ってあっさり漁業史を切りすてられるような状況ですから、こうした古文書を保存して、本当に庶民の生活につながりをもった文書館をつくり出すためには、まだまだ時間がかかりそうな気がします。

阿部　苗字の研究なんていう形では、日本でも、いろいろ送ってくる書物の広告などを見ると、研究と言えるのかどうか知りませんけれども、膨大にありますね。

網野　まあ、いろんなものが出てきつつあることは確かですね。

阿部　それが地域史になるかどうかですね。

網野　そうなんです。それを組織化して、ある程度取捨選択しながら組織化して、全体を発展させていくようなシステムが、日本の場合まだまだありませんね。ですから苗字とか、地名、それから言葉なんかにいたしましても、いろんな古い言葉があっちこっちで生きている。これも佐藤さんが書いていらっしゃることですけれども、侘傺《たてい》（困窮すること）という言葉が方言の中で生きているとか、名古屋では、考えるということを勘考すると言いますが、あれも古い言葉ですね。そういう、生きている古い言葉や苗字、地名を各地域で、それぞれ組織的に研究していくような動きが本当に出てこないと、日本の歴史学もなかなか本物にはなれないのではないかと思います。この方面のお仕事を拝見していてそのことを強く感じたんですけれどもね。

阿部　どうなんでしょうか、それは大学の方から作っていく力が出てくるようなものなんでしょうか。

網野　いや、そうじゃないと思いますですね。大学も自分自身の歴史を語る記録や史料を公開しようとしないし、学会も弱みはかくしたがる。もっともっと根の深いところ

（37）網野善彦「戦後の日本常民文化研究所と文書整理」（『歴史と民俗』一三号）【著作集18】、越智信也「「漁業制度資料調査保存事業」と日本常民文化研究所」（『歴史と民俗』三〇号）、網野善彦『古文書返却の旅』（中公新書）【著作集18】などを参照。

から出てこないと、むずかしいことだと私は思います。ぼつぼつそういう力もわきおこっているとは思いますが、なぜなかなか出てこなかったのか、また、なぜなかなか出てくることができないのか、ということ自体、われわれの考えてみる必要のある問題がいろいろと沢山あるだろうと思います。

「もの」と歴史的感覚

阿部　ちょっと関連するかもしれないんですけれども、ご存じかと思いますが、同志社大学の三輪茂雄さんという工学部の方から『石臼の謎』(産業技術センター、技術書院(発売))という本をいただいて、読んでいて思ったんですが、そのあと手紙もいただいた中で、いま産業技術の問題を考えていくときに、決定的に重要な問題は職人の問題だということなんです。それはどういうことかといいますと、現場の工場で働く大学卒の人は、物を実際に作ったことがないような人たちが大半を占めている。もちろん石臼は現実には作られていないんですけれども、ぜんぜん物を作ったことがない人たちが、現場で物を作っているために、たいへんにミスが多くなってきて、仕事が粗くなってきている。それで石臼製作の技術をのこすために、石臼を彼は自分で作るわけですね。同志社大学の構内でたくさん石臼を作ってる。それを誰かやらなければならないということで、彼が率先してやっているということのようです。

そういう、物を作るということの基本的な習練が、大学の中で、工学部でももう現実になくなってしまっている上に現代の技術ができている、ということを非常に憂えておられたわけです。

少し話がとびますが、ドイツにはじめて行って三カ月目のことですけれども、明日はエクスカーション、遠足があるということなんです。日本の大学のゼミ旅行のことを想像したものですから、カメラ一つぶら下げてついて行ったわけです。カッペンベルク〔ノルトライン＝ヴェストファーレン州ゼルム市南東部〕というところにお城があるんです。フライヘル・フォン・シュタイン〔一九世紀初頭のプロイセン王国首相、ハインリヒ・フリードリヒ・フォン・シュタイン〕が、引退してからそこに一六年間住んでいて、そこで死んだんですが、そのシュタインの古文書、手紙類が全部あるわけですね。そこで、いきなり大きな部屋に入れられて、文書をまず手に取らせて読まされるわけです。パッとみんなに配るんですね。私はドイツに行ってまだ三カ月なのに、目の前に来たものを見て、まず順番に報告するわけです。この文書の形式は何か、と教師が聞くわけです。これは勅令であるとか、手紙であるとか、案文であるとかいうふうに答えるわけです。年数は、と聞くから、年数を答えるわけです。誰から誰へか、と聞くわけです。内容は……というわけです。それを最初見て、年数だけはわかったんです（笑）。アラビア数字ですから。ロシア皇帝のアレキサンダー〔アレクサンドル一世〕からゲーテにあてた手紙とか、そんなものの現物をそのまま渡すわけです。

それで、隣にきれいな女の子がいましたので、あんたわかるか、と聞いたら、ぜんぜんわからない(笑)、と言ったので安心したんですけれどもね。二〇人ほどいて、きちっと教師が満足する答えを出したのは三人ほどなんです。それは新入生みたいな学生ですけれどもね。

そういうふうに、最初に文書にさわらせて、そして読ませていく。同時に、城のなかをまわって、シュタインの持っていた、ほんとうにすり切れてしまったようなカバンをみたり、十字架がずーっと並んでるところでは、小さな十字架から大きな十字架まで、名前を全部言わせるんですね。アンドレアス十字架であるとか、何々十字架、ということで。要するに、物を教えるということ。それを見ていて非常に羨ましいというか、こっちはもう穴があったら入りたいような気持ちだったんですけれどもね。そういうふうに現実に物を手に取って、もし一般の普通の人でも、これが何々だということで、手に取ってみて学べるということがあると、もしも地縁的なつながりがなくても、やっぱり一種の歴史的感覚をつちかうことになると思いますね。

網野　佐藤進一さんの教えをうけた水野柳太郎さんという方からよく聞くのですが、佐藤さんも同じことをやっていらっしゃったようですね。お寺に学生を連れて行かれて、巻物をダーッとひろげて、自分の好きな文書の前にすわらせる。みんなやさしそうなのを取る。仮名なんかやさしそうだからと思ってすわると、ちっとも読めない。だいたいまず読まされる。そのあと、これについての文書学的なレポートを出せということになる。やさしい短い文書のほうがむずかしいんですよ（笑）。

いまおっしゃったことのなかで、職人の問題はほんとうに大切ですね。私なんか鋳物《いも》師《じ》のことをやっているけれども、一度動員の頃に鋳物の鋳型作りをやりましたけれども、なにも鋳物のことは知らない。そういうやり方では、ほんとうの職人の世界というのはわからないんでしょうね。

阿部　その本を読んで感銘したのは、職人にいろいろ過去の慣行について聞くのですが、昔のことですから記憶してないわけですね、もう長いこと石臼を作ってないし。ポツリポツリと話が出てきて、つなぎ合せてもどうもイメージがわかない。ところが、石臼を自分で作ることになって作り方を教わると、作ってゆく過程で、いろんな話が出てくる。要するに、手の動きとか、足の動きとか、疲労とか、そういうものから記憶がよみがえってくるわけですね。どうも外国の古い時代のことをやっておりますと、そういうことができないものですから、四苦八苦することになるのですね。

編集部　長時間、お話しいただきまして、どうもありがとうございました。わたしどもは単行本のほかに百科事典の出版をやっていますので、理想の百科ということを考えますと、どうしても「ことば」や「もの」や「生活習俗」といった、一見断片的な項目をつうじての全体史への肉薄といったことを考えないわけにはまいりません。それも、それぞれの文化領域の相対的に独自なすがたによってつかまえた構成でなければ、全体史とは言えないだろうと思います。しかし、このことは言うはやすく、行うのはむずかしく、百科事典編集者の孤独な夢だとも思っていましたので、おふたりの、中世の日本と西欧という異なる文化領域についてのお話のなかで、全体史への夢をすこしずつ現実化するための、大変貴重な示唆をあたえられ、ほんとうに楽しく聞かせていただきました。

（一九七七年三月一七日）

川田順造◆網野善彦

2　歴史と空間の中の〝人間〟

川田順造(かわだ・じゅんぞう)　一九三四―。文化人類学者。東京大学大学院修了後、パリ第五大学で民族学博士を取得。埼玉大学助教授、東京外国語大学教授、広島市立大学教授を経て、神奈川大学日本常民文化研究所特別招聘教授。一九八二年に阿部謹也・二宮宏之・良知力とともに雑誌『社会史研究』を創刊。網野は同誌創刊号・二号・五号に「海民の社会と歴史」を寄稿している。著書に『無文字社会の歴史』(岩波現代文庫)、『曠野から――アフリカで考える』(筑摩書房)など。

●初出／底本　『読書のいずみ』一六号、一九八三年三月、全国大学生活協同組合連合会／『網野善彦対談集』1

異質の世界への関心、モシ族とのつきあい

網野　お目にかかって今日で二回目ですが、ずっと以前からお知り合いだったような気がします。

と申しますのは、川田さんのお書きになった『無文字社会の歴史』(岩波現代文庫)は私にとって非常に共感するところが大きかったご本でしたので、それ以来、お書きになられるものはなるべく読ませていただくように努めておりました。

それからごく最近お書きになられた『子どもの館』一九八三年三月号(福音館書店)の文章(「母の声、川の匂い——ある幼時と未生《みしょう》以前をめぐる断想」)を拝読しまして、川田さんの学問がどのように生まれてきたのかについても多少分かったような気がしました。

川田　そう言われるとお恥ずかしいのですが……。

網野　そこでも多少ふれておられますが、まずアフリカに目を向けられるようになった理由をお話しいただけないでしょうか。

川田　『子どもの館』の拙文にも書きましたが、基本的には自分や自分に似たものからの脱出ということでしょうね。なるべく自分とは違っている人たちのところへ行ってみたかった。

けれども、「自分とは違っているようにみえる人たち」のいるところとして、アフリカに関心をもつようになったもっと直接のきっかけは、岡正雄[1]先生との出会いだったと思います。岡先生は去年(一九八二年)一二月に亡くなられましたが、ご自分ではアフリカに行かれたことはないのですが、アフリカに強い関心をお持ちで、私が東大に新しくできたばかりの文化人類学の学生だった頃、都立大の教授だったのですが、東大にもアフリカの民族誌の講義をしに来ておられました。

あの頃、アフリカ研究者と言われるほどの人は日本にいなくて、岡先生は学生の顔を見ると〝君、アフリカをやれ〟と勧めておられました。その頃、岡先生が教えた世代にアフリカニストが何人かかたまって出ました。都立大にいた村武精一さんとか高橋統一さん、山口昌男さん(2)——あとからアフリカを離れた方もおられますが——、それから東大では、私とか長島信弘君、阿部年晴君など、岡先生の直接間接の薫陶によってアフリカに興味を持つようになった人たちだといえると思います。

はじめ、私は日本と違う所ということでメキシコにも大変興味がありました。とくにアステカ文化に関心があったんですが、乾燥地帯で灼熱の太陽の下でトウモロコシを作ったり、人身御供《ひとみごくう》をやったり、どぎつい図像をこしらえている、その激しさに惹かれていました。それが、岡先生の影響もあってアフリカに興味を持つようになったわけです。

(1) 一八九八—一九八二。民族学者。一九二五年、柳田國男とともに雑誌『民族』を刊行。一九二九年、渋沢敬三の援助を受けてウィーン大学へ留学。民族学を学び博士号を取得。同大学客員教授として日本学研究所を主宰。戦後は東京都立大学、明治大学教授、東京外国語大学アジア・アフリカ言語文化研究所所長を歴任。著書に『異人その他』(言叢社、のち岩波文庫)がある。
(2) 本書対談3、対談者紹介参照。

当時は日本語で書かれたアフリカの研究書などありませんでした。文化人類学研究室の図書室にあった数少ない外国の文献を読んでいたのですが、その中にウェスターマンという人の『アフリカの歴史』(D. Westermann, *Geschichte Afrikas*, Greven, Köln, 1952)という概説書がありました。その本の中にモシ族の王様が泥の宮殿、レース編みのような素晴らしくきれいな宮殿なのですが、その前に座って、大勢の臣下の礼拝を受けている、まるでお伽の国みたいな写真があったのですね。

きっかけになったのは、その一枚の写真だと思いますが、こんな夢のような所があるのなら自分もそこに行ってみたいと思ったのです。ある人間がある学問をするについては、いろいろな偶然が重なってそうなるのだと思いますが単に理屈の上で辻褄を合わせるというのではなくて、やはり何か感情的に突き動かされるものが必要なのではないかと思いますが、それ以来、二〇年余りのモシ族と私のつき合いが始まってしまったわけです。

私がある時期つよくもっていた日本文化に対する関心とのかかわりで言えば、ひとつには、日本と連続したところ——例えば、東アジアや東南アジアの文化を研究するのも一つの行き方だと思いますが、私の場合は全然違った所に行ってみて、人間とは本当に違うものなのか、それとも研究を続けていけば共通の地下水脈に突きあたるのかを、自分で確かめてみたいと、思い上がった考え方かもしれませんが、そう思ったわけです。

現在自分たちがもっている生活形態や価値観から少し隔たったものを通して人間を考えようという点では、歴史を研究されている方の中でも、中世や古代を研究されている方とは何か共通するものを感じることがあるのです。私も網野さんのご本を拝見して共感することが多くありますし、お目にかかっても物の見方のようなものに違和感がないというのもその辺の共通点があるからではないでしょうか。

人間の生活や考え方というものは、今あるようなものがずっと続いてきたわけではなくて、ずいぶん違ったものがあった。それらを通して現在を逆照射すると、いろいろなものがかえってはっきり見えてくるということはたしかにあると思います。私の場合は、空間的に違ったものを探しに行ったけれども、網野さんの場合は、時間的に違った所に旅立ったと、これは私の勝手な推測ですが、中世史に関心をお持ちになった動機といったものは……。

歴史学への関心と〝模索〟、〝民俗の力〟との出会い

網野　私が歴史に関心を持ったのは全くの偶然のことなので、いつも学生諸君から、「なぜ歴史学をやっているのか」ときかれるのですが、答えに窮するところなのです。

私の学生時代は戦争中ですが、私自身はまあ当時の流行に乗った勉強をしていただけで、旧制高校生のだれでも読んだ哲学書を読んだり、ドイツ語が第一外国語だったもの

ですから、ニーチェとかカント、ヘーゲル等々を、わかりもしないのにドイツ語で勉強しようなどと思っていたくらいで、歴史を専門に勉強しようなどと思ったことは旧制高校のころにはまだ考えていなかったわけです。歴史が好きだったことは確かですが主体的に中世を選んだ、などという格好のいいことは全然ないんです。

戦後もそのつづきで、ヘーゲルだとかランケ、マイネッケなどを読んでいたのですが、高校の先輩にあたる中世史の永原慶二[3]さんたちが、わざわざ高校にこられて〝今頃そんなものを読んでいたのでは駄目だ〟ということで、いろいろな本を紹介して下さったわけです。大塚久雄[4]、高橋幸八郎、丸山眞男[5]などの方々の本をはじめ石母田正《いしもだしょう》[6]さんや藤間《とうま》生大《せいた》[7]、松本新八郎氏などの戦前に出た論文を次から次へと貸して下さった。これはやはり大変面白くて、ぐんぐんひきつけられていった。そこに石母田さんの『中世的世界の形成』(伊藤書店)が出版されるのですが、この本の中に何か迸《ほとばし》るものがあって強く心をゆすぶられ、その中に引きずりこまれ、なんということなしに、その真似をして中世史に入りこんだということなので、川田さんのように異質の世界へ、などというはっきりしたものは全然ないのです。そういう意味では、当時の私には、はっきり言って「自分」が全くなかったんです。だから実際には石母田さんや松本さんのシェーマを借りて事実をそれにあてはめているだけなのに、なにかそれで歴史学を研究しているようないい気になっていた。いまでもそのころの三、四年のことを思うと慄然としてきますし、穴があったら入りたくなるのです。

ただいろいろなことがあり、ある時点で、こうした自分が、本当に虚しい、全くなにも内容がないのだということを一、二の人の批判を通して、豁然《かつぜん》と気がついたのです。

(3)　一九二二—二〇〇四。歴史学者。専門は中世を中心とした日本経済史。東京帝国大学文学部在学中に学徒出陣。終戦後、同大学大学院で学ぶ。東京大学史料編纂所所員、同大学社会科学研究所講師、一橋大学教授、日本福祉大学客員教授、和光大学教授を歴任。著書に『日本封建社会論』(東京大学出版会)、『日本の中世社会』(岩波書店)など。旧制東京高等学校時代に網野が参加していた「歴史研究会」に、永原ら復員してきた先輩たちが指導にきたことがきっかけで、網野は日本史を専攻するようになったという。

(4)　一九〇七—九六。経済史学者。法政大学・東京大学・国際基督教大学教授を歴任。著書に『共同体の基礎理論』(岩波現代文庫)、『近代欧州経済史序説』(時潮社、のちに増訂して講談社学術文庫)など。マルクス経済学を基礎にウェーバー社会学の方法論を取り入れた独自の学説は「大塚史学」と呼ばれ、日本経済史や社会学に大きな影響を与えた。

(5)　一九一四—九六。政治学者、政治思想史学者。戦時中は日本近世の政治思想を研究し、荻生徂徠から本居宣長に至る思想展開に近代意識の萌芽を見出した。戦後は積極的な言論活動により、日本型ファシズムや天皇制などを批判し、戦後民主主義を主導した。一九七一年、それまで勤めてきた東京大学を早期退職。著書に『日本政治思想史研究』(東京大学出版会)、『現代政治の思想と行動』(未来社)、『忠誠と反逆』(ちくま学芸文庫)など。

今まで白だったと思っていたものが全部黒だったことに気づき、黒だと考えていたものが真白だったことを知ったといってもいいので、一旦はどうしてよいかわからなくなってしまいました。

川田　それは学問の上のことですか。

網野　安良城盛昭《あらきもりあき》氏の太閤検地論(8)の出現とか、学問も大いに関係していますが、当時、勤めていた日本常民文化研究所内部でのいろいろな問題とか、現実の政治や学会の問題とかさまざまな個人的なことが絡んでいます。

川田　いつ頃のことですか。

網野　一九五三年の半ばをすぎたころです。

そのときの経験ですが、読んだと思っていた本でも全くなにも覚えていない、ということがあるものだ、ということを知りました。私はさきほどいいましたように人に薦められた本は何でも読むといった主体性のない学生でしたが、大学時代の初めころまでのそういう時期のものの方がまだ少しは身についているんですね。

ところが、大学を出たころ、人のシェーマにのっかって、ものを見はじめた時期が一番いけないんです。つまり、自分のシェーマに都合のよいことを本の中で確認しているだけなんですね。だから、沢山読んでいるつもりになっていたのですけれども、自分は人の見方を真似していただけなんだとハタと気づいた時には何も残っていないんですよ。

(6) 一九一二―八六。歴史学者。専門は日本古代中世史。東京帝国大学文学部を卒業後、新聞社勤務などを経て、法政大学教授。一九四六年に『中世的世界の形成』(伊藤書店、のち岩波文庫)を刊行。伊賀国黒田庄を舞台に生きる人々を史料にもとづいて生き生きと描写しつつ、古代から中世への変革過程を理論的に論じたこの著作は、当時の学界に衝撃を与えた。網野も『蒙古襲来』執筆中に、同書を座右に置いて参照したという。その他の著作に『歴史と民族の発見』(東京大学出版会)、『日本の古代国家』(岩波文庫)など。

(7) 一九一三―二〇〇五。歴史学者。専門は日本中世史。東京帝国大学卒業。同大学史料編纂所に勤めたのち、松山経済専門学校教授、専修大学教授を歴任。「南北朝封建革命説」を提唱し、悪党を封建革命の根底を担った新しい勢力としてとらえた。著書に『封建的農地所有の成立過程』(伊藤書店)、『中世社会の研究』(東京大学出版会)、『中世の社会と思想』(校倉書房)など。

(8) 一九五三年、安良城盛昭(一九二七―九三)が東京大学経済学部を卒業した年に、太閤検地に関する学位論文を『歴史学研究』誌上で発表し、学界に「安良城旋風」と呼ばれる反響を捲き起こした。当時、日本常民文化研究所で安良城と一緒に仕事をしていた網野は、所内の研究会で報告を聞き、石母田正・松本新八郎・藤間生大ら、網野が信奉していた研究者たちの理論を見事なまでに痛烈に批判するその内容に強烈な衝撃を受けたという。ただし、それは史料に基づいた実証という点では大きな問題を孕んでいた、とのちに網野は評している(網野「歴史としての戦後史学」【著作集18】参照)。

本当になにも覚えていないんです。

だから私は、それから結局全部最初からやり直しです。二五、六歳の頃でしたが、読んだつもりだった本や前に集めた資料をもう一度ひっぱり出して読み直すことから始めなくてはならなかったのです。丁度その頃、私は常民文化研究所におりまして、自分の採訪した霞ヶ浦の文書を整理していましたので、虫がくってカチンカチンになった古文書を一つ一つヘラであけて読むという仕事からやり始めたんですが、本当に自分の勉強を始めたのはこのときからですから、私はいわばかなりの晩学なんですね。そのとき、偶然一番最初にぶつかったのが、霞ヶ浦の漁村史料なので、今度それを『社会史研究』(日本エディタースクール出版部)の2号[9]に書かせていただくつもりなんですが。

霞ヶ浦には江戸時代に霞ヶ浦四十八津という大きな漁民の組織がありました。大きいといってもアフリカなどに比べればちっぽけなものだと思いますがね。私が調査で歩いた頃には、霞ヶ浦の漁民が全員一カ所に会合して霞ヶ浦の漁業のあり方を決めるなどということはちょっと考えられなかったのですが、そういう自治組織が古くは存在していたんです。さきほどいったような観念的だった時期にも、もちろんこの組織について知ってはいたんですが、あらためて古文書を読み直して、この組織の活動を辿ってみたとき、なにか心を打たれるものがあったんです。四十八津は江戸中期には生命がだんだんなくなって江戸末期には滅びてしまいます。そして昭和にはもう誰一人としてその存在すら覚えていない、民俗の世界からも完全に消えてしまったんですね。それにはそれなりの理由もあるのですが、ただそのとき私は、この組織の背景に、江戸時代を遡る何か非常に大きな力があったのじゃないかという気がしたんです。

それまで私は、歴史は進歩し発展するものだと考えてきましたし、今だってそのこと自体を否定するつもりは毛頭ないのですけれども、ただ今では滅びてしまってまったく忘れられてしまったこの組織、歴史の〝進歩〟という点からみればとり上げる価値もないようなこの組織が過去に非常に大きな機能を持ち、強い生命力を持っていたのではないか、その力の源泉をいつかはっきりさせてみたいと思ったんですね。非常にちっぽけで人にお話しできるようなことではないのですが、それが私の勉強の出発点だったわけです。

ところが常民文化研究所をやめて江戸時代の史料を見る機会がなくなってしまったので、今度は卒業論文でやった中世の荘園の古文書をもう一度見直し始めて、結局中世史をやることになってしまったということで、今の言葉で言えば「ダサイ」というか、何ともパッとしない経緯なんですね。

(9) 網野善彦「海民の社会と歴史(二)――霞ケ浦・北浦」(『社会史研究』第2号)【著作集10】参照。

〝学〟の形成への途と〝読書〟、〝人〟、〝思想〟

川田　初めの頃非常に身になった読書というのはどういうものだったのですか。

網野　本当に身についた読書を始めたのは、さきほどの二五、六歳のころからですね。例えばマルクスにしても、それまでなにかいろいろと読んではいたのですが、この時点からもう一度全部読み直そうと思って、選集をはじめからボツボツ読んでみたのですが、現在の私の出発点になっているのはこの時の印象ですね。

先ほどのお話を伺って、川田さんは先生に恵まれていらっしゃると思いましたが、岡先生という方は大変立派な方だったのですね。

川田　そうですね。ご自分ではあまり本をお書きになりませんでしたが、先生ご自身、文化人類学がとくに研究対象としてきた、アフリカなど文字のない社会の文化と不思議な親縁性をもつ、天成の「オーラル・カルチャー」の人、つまり声による伝えあいの達人でしたね。そして声で話しあう中で相手に示唆や刺激を与えるのがお上手で、弟子を育ててゆく、対話と座談の名手でしたね。

よく思うのですが、私の先生にあたる人は、世代からいってもそういう世代にあたることになるのかもしれませんが、大正教養人といったタイプの人が多い。私の文化人類学の直接の恩師だった石田英一郎先生(10)、大学での関わりはありませんでしたが、学生時代から私淑して薫陶を受けた谷川徹三先生や飯塚浩二先生、そして岡正雄先生、亡くなられた古野清人先生と、これらの先生方には、何か共通点があるのですね。ひとつには、生活とか文化の原型みたいなものに対するイメージがあるのではないか。生活においても教養においても「古典」をもっているといっていいのかもしれません。

私の場合、物ごころのついた頃にはすでに戦争でしたから、母が言っていたような昔は良かった、といった感覚ははじめからない。いわば戦争下の「非常時」が物ごころついてからの常態で、食べるものもろくになくて、たえず空襲があって、ゲートルを巻いたまま防空壕の中で眠ったり、学校へ行ってもたいていは空襲警報が鳴って途中で家へ帰ってくる。戦争が終わったときに、もとの「常態」に戻るという意識はなくて、はじめて体験する戦争下でない生活というのはどういうものなんだろうか、と不安でもあった。

それと私は例の墨ぬり世代なんですよ。戦争が終わったのが小学校の五年の時で、新しい教科書などまだありませんでしたから、先生が教壇の上から何頁を開いて何行目から何行目まで墨をぬりなさい、という。これは素晴らしい道徳教育だったと思います。

(10)　一九〇三―六八。文化人類学者。戦後、東京大学教授として、同大学文化人類学教室の開設にあたる。のち東北大学・埼玉大学教授、多摩美術大学学長などを歴任。著書に『河童駒引考』(筑摩書房、のち岩波文庫)、『桃太郎の母』(講談社学術文庫)、『文化人類学ノート』(河出文庫)など。

学校で先生の教えることが、時の権力の都合で如何に変わるものかということを実際に体験させてくれたのですから。学校で教わること、本に書いてあることへの信頼はなくなるし、「古典」どころではない。

あとで思ったことですが、やはり日本というのは文字の文化ですね。文字に墨をぬればそれでなかったことになるのですから。アフリカのような声の文化では考えられないことです。モシ族のように、何百年も王制をもってきた社会でも、村での夜の昔話で、王様をだましたり、からかったりする話をしてみんなたのしむのですが、これに墨をぬれといっても、みんなが話していることには墨はぬれません。

つまり、私自身は戦争前の価値観といったものはないし、信用できるものはないといった焼け跡世代の出発だったわけです。けれども戦後、アメリカ進駐軍などの物質的な豊かさをまのあたりに見せつけられて、結局自分たちはこれに負けたんだ、という考えがつよかった。物質的豊かさへの憧れといったものは、みんながある程度共通にもっていたんじゃないかと思います。

その一方で、学生時代に、スターリン批判や六全協、ハンガリー事件など一連のことが起こるまでは、大学生の中には、社会的な理想を、あとで考えてみて幻想であったにしても、理想を追求し、それに向かって努力するのを当然とする空気がたしかにありましたよね。いまの若い人たちのように、物質的豊かさの中でしらけているのではなく、物質的な貧しさの中で、あるいは貧しかったからこそともいえるかもしれないと思うのですが、理想を求めていたところがあった。旧制高校の弊衣破帽という程ではないにしても、身辺の物質的な貧しさの中での思いの高さというか、シニカルなライフスタイルというのが、まだ大学生の中にひろくありましたね。

私はそういう世代の学生だったのですが、教えを受けた、影響を受けた先生方というのは大正リベラリズムといった生活の原型を背負って生きてこられたように思いますし、学問もある意味では教養主義的ですね。どの先生も和漢洋の素養がものすごくある、要するに生活の上でも知識の上でも「古典」を持っていた。

そういったものにある意味では敬服しながら、同時に反発もあって、自分の学問的な生き方が出てきたような気がします。すでにあるものとしての「古典」はとうてい考えられなかったけれども、新しい「古典」を自分なりに模索したいと思ったということでしょうか。そこから、人間の問題を考えるのに、個人の内面におりてゆくのでなく、「人類」の中に、ひとにも自分にも共通するものがあるのかどうか探ってみたくて、大学ではじめ志望した生物学や民俗学(民族学)からだんだん人類学に向かうことになったのだろうと思います。

網野さんが直接教えを受けたり、影響を受けた先生方の世代というのはどういう……。

網野　私の場合、中学から高等学校にかけてがまさに戦争の最中でしたから、戦争・

戦後体験は川田さんとちょっとずれているのでしょうね。

旧制高校の寮はもともと比較的に自由な面があったのですが、私の場合は、もう半分以上、兵営化していましたから、その片鱗しか知らないんです。先ほど私は流行と申しましたが、例えば西田幾多郎《きたろう》とか和辻哲郎などの本を読んでいないと周りからおくれてしまうような気分があって、わけもわからず読んでみた程度ですね。それでも勤労動員中も、なにかと濫読はしていましたが。

ただ、戦後の読書の中で衝撃を与えられたのは、さきほどもいったようにマルクスやマルクス主義的歴史学、大塚史学等々の本だったことは確かで、大学の一年生の半ば頃まではそういうものばかり一生懸命読んでいました。ただ、それ以降は自治会の委員になったので、学生運動ばかりやっておりましたが。

ですから、学生時代に大学の教室で川田さんのように、生涯をきめるような強い影響を受けたということはないんですね。ただ、宝月圭吾先生(11)が荘園の現地調査につれていって下さったこと、そのときはじめて被差別部落に行ったことは、強い印象として残っていますし、それが荘園の勉強をあらためてはじめたときに、よみがえってきたということは間違いありません。

石母田さんについてはさきほどいった通りで、自宅までたびたび押しかけて行ってお話を伺ったりしましたが、これは全く私の側の問題ですけれども、石母田さんのシェーマを借りていた自分がつくづくいやになったこともあって、ごく最近まで、ご無沙汰をつづけてしまったのです。ただ、勉強をやり直しはじめてから、人に教えられて、川崎庸之《つねゆき》先生(12)のご本や論文をあさり読みました。人間の生き方を深く深く追究することにこそ本当の歴史学の課題があるのだということを、このとき、知った思いがしたのです。最近、先生の著作選集（東京大学出版会）が出ましたが、もう一度読み返させていただいて、私など足元にも及ばないことをあらためて痛感した次第です。それから恥ずかしいことに大学時代は全く授業に出なかったのですが、佐藤進一先生（本書対談1、注（6）参照）はたまたま名古屋大学に来ていただいて、六年ほどご一緒にいることができて直接いろいろと教えていただけたのです。こんなに幸せなときは私にとって前後にないといってもよいと思います。同じように、名古屋大学に私をよんで下さった弥永《いやなが》貞三先生(13)か

(11) 一九〇六—八七。歴史学者。専門は日本中世史・古文書学。東京帝国大学を卒業後、同大学史料編纂所史料編纂官、東京大学教授、東洋大学教授を歴任。著書に『中世量制史の研究』（吉川弘文館）、『中世灌漑史の研究』（畝傍書房）など。卒業論文提出後も就職の決まらなかった網野に、日本常民文化研究所を紹介した。

(12) 一九〇八—九六。歴史学者。専門は仏教研究をふまえた日本古代史。東京帝国大学卒業後、同大学史料編纂所に入所。同所教授ののち、和光大学教授。著書に『天武天皇』（岩波新書）、『記紀万葉の世界』（御茶の水書房）など。

らも随分いろいろ教えていただきました。弥永さんとはそのときが初対面といってもよかったのですが、鋳物師《いもじ》や蔵人所《くろうどどころ》の勉強をはじめたのはそれがきっかけですね。

ですから、私は大学の教室で教わったことを通じて勉強したというのではなくて、みんな教室の外や大学を出てしまってから、いろいろな先生から教えていただいたことになります。これは決していいことでもなんでもないので、恥ずべきことなのですが、ただ現在の学生諸君は、教室で教えられることに多少期待をかけすぎているという感もなきにしもあらずですね。勉強は大学だけでなく、本当にその気になればいつでも、どこでも、できるものだと思うのですが。ただ例えば古文書をどう読むのかというような、多少とも技術的なことは大学で習うことはできるでしょうけれども、学問の出発点はやはり極めて個性的なものだと思うので、その人にしかない学問、その出発点があるわけですね。それはもちろん、大学で教えてもらえるものではない。当然、それぞれ自分で苦労して見つけ出すほかないんだ、ということをよく学生諸君に言うのですけれども。

ただ、私の若い頃に比べて、今の時代の方が難しくなったことは事実だと思うんですね。これほど技術が極点まで発達してきた状況は、僕らの若い頃には思いもよらなかった。そういった状況に技術を生み出した人間がたじろいでいるのが、現代の重大問題の一つでしょうね。

私たちの若い頃は、先ほどおっしゃったように、マルクスにしろ社会主義にしろ、自信をもってその普遍性を主張できるような気持ちでいましたし、もちろん、その有効性は決してなくなってはいないと思っているのですけれども、ただこれまでの人間の知恵だけで、今の技術の驚くべき発展を統御していけるのか、ということが問題になるような時代に来ていることは間違いない。核や遺伝子組み換えのことを考えただけでも、それは明らかなことでしょう。

しかし、人類の経験の蓄積の中でこれまで気がつかないままに切り落としてきてしまったことは随分あるのだと思うのです。全く卑小な例にすぎないけれども、霞ヶ浦の事例だってそこに通ずるものがあるかもしれない。

ともあれそういった意味で、歴史の中に埋もれたものを含めて、人類の叡知や生命のすべてを注ぎ込まないと、この現状を打開する道はなかなかひらけないような気がするわけです。

川田　そうですね。

---

(13)　一九一五―八三。歴史学者。専門は日本古代中世史・古文書学。東京帝国大学卒業後、同大学史料編纂所に勤め、名古屋大学教授、東京大学史料編纂所教授、同所所長、上智大学教授を歴任。名古屋大学時代に、網野を同大学に誘った。著書に『日本古代社会経済史研究』(岩波書店)、『日本古代の政治と史料』(高科書店)など。

無文字の世界と〝声〟の世界

網野　その意味で川田さんのお書きになったものの中で非常に心を動かされましたのは、『無文字社会の歴史』です。そうした無文字の世界の中で生きていた人間の歴史の方が、文字の世界のそれと比べて人類の歴史の中で遥かに大きい、という当然のことをこの御本を読んであらためて考えさせられました。その世界の中には、われわれの気がつかなかった豊かな知恵が蓄積されていることを知ったわけで、『サバンナの手帖』(新潮社〔のち講談社学術文庫〕)なども含めて、お仕事から非常に強烈な印象を受けているわけです。

川田　人類のさまざまな部分が、それぞれの叡知を持ちよって、協同してこれからのことを考えていかなければという点では、今それがどうしても必要になってきているわけですし、一時代前までのように西洋文化が近代以降に達成したものが人類の最高の到達点で、他の文化はそれにならうべきだ、といった強迫観念が崩れてしまった。そういう点でも、時機が来ていると思うのです。世界のいろいろな文化ともかなり自由に交流ができるようになって、人間の持ち得る多様性について偏見なしに考えられる時代に、今ようやく差しかかっていると思います。

例えば文字の問題にしても、このあいだ、『サバンナの音の世界』というレコードアルバムを出したのですけれども(LP二枚組、解説書付。現地録音、構成・解説川田順造。東芝EMI製作)、私にあれをつくろうという気持ちにさせた大きな力は、文字も電気もない社会に生きる人たちの声の輝きに対する感動でした。

あのレコードをきいた人が、とっても声がきれいだねと言ってくれたのですが、声を専門にしている芸能人ではなくて、ごく普通の人、子供とかおばあさんの話とか歌を集めただけなのです。

文字というのは、ことばから声を、息を消してしまったところに成りたつので、それによって空間の中に持続性を獲得するわけですが、一方、いまわれわれの社会で全盛の電化された声も、声から息を奪ってしまって、大きくしたり、遠くまで伝えたり、あるいはカセットテープのように持ち運びできるようにしているといえます。そのために街はだんだん騒がしくなって、もの売りの肉声のきれいな声もなくなり、テープに代わっている。

電気を通した声というのは騒音性が大きいのですね。チリ紙交換などは声の暴力だと思いますけれども(笑)、あれがなぜうるさいかといえば、一つは、肉声ではなくて電化された声だということ、もう一つは、しゃべるからうるさいのですね。「ちりがーみ、こうかーん」とだけ言うか、チリンチリンと鈴を鳴らすだけで十分だと思うのですが、「ご家庭内でご不用になりました古新聞、古雑誌……」としゃべりまくるから、大脳が言語としてきいてしまって、他のことをやっている妨げになるし、騒音性もあるわけです。

歌手にしてもワイヤレスマイクを口に含まんばかりにして歌っていて、昔の歌手にとっては必要条件だった声量などというものはほとんど必要なくなってしまった。あれは電気を通した声の刺激性やパンチが求められているんだという人もいますが、そうなれば何をか言わんやです。

私がサバンナできいた声には、夜集まって昔話をする声もありますが、露天で、月明りや星明りの下のかなり広い所に、一〇人か二〇人が集まってやる。ですから大きな声、よく通るしっかりした声で話さなければならない。それがむしろ彼らにとっての声の普通な状態なのです。

ただ、それを私が録音してレコードにするということは、電気を通した声にしてしまうということで自己矛盾なのですけれども、それ以外に日本に伝える方法はありませんから仕方がないのですが、本当は、生きた声というものは一回きりでサバンナの夜空に消えてしまうべきものなのです。それが生きた声の生命というものだと思うのです。

昔話にしても、テキストとして出来上がったお話というものはなく、またモノローグでもない、その座に集まった人たちが声を出して協同して、一回ごとにちがう「語り」として創っていくものであるわけです。

その昔話を翻訳して活字にするように求められたことがあったのですが(「生きている民話——西アフリカ・モシ族①②」『子どもの館』一九八二年九月・一〇月号、福音館書店)、それが苦痛というより不可能なわけです。ことばの翻訳そのものも難しいのですが、お話の生きた楽しさは、その座にいる人たちがすでにその内容を知っていて、その上で言葉をバレーボールのようにやり取りしながら、声として実現していくことなのですね。ですからお話というのはきくたのしみだけではなくて、話すたのしみも随分と大きいわけです。

農閑期には夜な夜な、村のどこかの家の庭に集まって、夜の更けるのも忘れてお話をするのですが、みんな自分の番を待ちかねるようにして話すのですね。

一体どれくらい話せば種切れになるのか、みてやれという気持ちになったのですが、二〇〇を超えてもまだまだ続くので、少し怖くなってきました。人口二〇〇人たらずの小さな村でですよ。結局四〇〇余り出たところで、雨期の農繁期にもなってやめたのですが、続ければまだまだみんな話したでしょうね。

もちろん、類話はたくさんあるのですけれども、一回ごとに声で実現される話というのは全部違うもので、それは落語のようにプロがモノローグとして語るものとは違って、聞き手が潜在的な話し手でもある。みんなで話をつくりあげていくことが楽しいので、そういう即興性もある声の楽しみが現実に生きている社会なのですね。

電気も水道もないから、そういったことが楽しみとしてあるのですけれども、テレビを受動的に眺めている社会よりも、ある意味では豊かな社会だと実感するんです。

網野　私は農村で生活したことはないのですけれども、戦争中は灯火管制で電気がありませんでしたから、都会でも真暗だったですね。本当の暗さ、電気の全くない暗さを我々の世代は案外と知っているのかもしれませんね。そのせいかもしれないけれど、川田さんの作られたレコードをきいていると、サバンナの夜の空の色など実際には全く知りませんが、あの声をきいているうちに、それをなんとなく感じさせてくれるところがあります。

夜の世界、昼の世界――異質の世界

川田　昔話は昼するものではなくて夜するものだ、ということは世界のいろいろな社会にかなり共通することなのですね。アフリカでも、昼間、話をすると、母親が死ぬとか身内に不幸があるということで、夜するものだということになっている。

夜というのは本当に暗いのです。かまどの明りや月明り、星明りの中で話をすると、暗がりの中で声が触発するイマジネーションの世界というものは、もの凄く豊かだということがわかります。

モシ族の場合も、自然と文化、山と里、野と家のように、人間が住んでいる領域と、荒野の領域というものの区別があるんですけれども、これが昼と夜で境界が変わるのです。

昼間は村の境が人間の住んでいる領域で、その向こうに人間の力の及ばない野獣だとか、荒野の精が跳梁跋扈している世界があるわけです。しかし夜になると、荒野の世界というものが村の中、家の中の人間のすぐ後ろまでひろがってくる。荒野の精霊が人間の居住区域に入ってきて悪さをしたりする。お話の中の野獣や精霊が夜の闇に混じって本当にやってくる世界なのです。その中でみんなで生きた声でお話するわけです。

それを文字にして読むということになると、明るくないと文字は読めない。ですから、闇と音がつくり出す世界と、光と目で見えるものがつくり出す世界とでは、理解されるものに随分と隔たりがあるような気がします。

網野　同じことをヨーロッパの中世について、阿部謹也[14]さんが指摘しておられました。日本でも中世以前には同様の状況があって、夜の世界と昼の世界では大きな違いがあったのだと思います。

笠松宏至さんがこの点を「夜討ち」(『UP』98号、東京大学出版会[15])という論文でふれておられます。夜に田を刈ることは昼のそれよりもはるかにきびしく罰せられるし、夜討ちも大犯とされるのですが、一方で夜討ちは「武者の芸」であったことにも、笠松さん

---

(14)　本書対談1、対談者紹介参照。
(15)　のちに網野善彦・石井進・笠松宏至・勝俣鎮夫『中世の罪と罰』(東京大学出版会、のち講談社学術文庫)に収録。

は注目して、昼とは異質な世界の意味を考えているわけです。

川田　そうですね。夜の話の世界では動物と人間が一緒に混じりあって、話をするわけですからね。

モシ族というのは非常に男性上位であり、年長原理とか社会的序列が非常にやかましい社会なわけですが、夜のお話の座というのは昼間の秩序というものが全く無効になる世界で、言技《ことわざ》だけが価値をもつ世界なのですね。男も女も年寄りも子供も、誰にも気がねなく話ができる世界なのですね。ただ、おもしろいことに、昼の秩序の権威者である老人の男は、めったに夜のお話の座には加わりませんし、自分で話すことは、まずないといってもいい。ここもまた、夜の闇の中で、女と子どもが声でつくりだすアジールといっていいかもしれません。事実、このお話の座では、昼の秩序では許されないような反道徳的なことや、王様をだましたりやっつける話がおおっぴらに楽しまれるのですから。

網野　アフリカもヨーロッパ、日本もお話を伺っていると、共通の昼と夜との関係があることがよくわかりますが、この辺にも今まで普遍的な世界史の法則とか言われてきたものとも関わりがありましょうが、やや別の次元〔本書対談4、注(7)参照〕で、人類の社会に共通した法則のようなものを考える緒口があるように思えますが、いかがでしょうか。これは阿部さんと話したときにもでたことなのですが。

中南米でも同じようなことがあるのではないでしょうか。

川田　昼間の世界というのは明示的な世界で、これに対して夜の世界というのは、ものの境界が曖昧になって、寓意や暗喩《メタファー》が豊かに息づく世界なわけで、こういう観点からみると、文字のない社会の、同じ言葉の領域でも、日常の話というのは明るい、意味のはっきりした世界であって、それに対して歌というのは言葉の韻律的特徴を大きくすることによって心情的に相手に訴えかけるもので、言葉が元来持っていた理性的な意味作用というものをむしろ解体する、ロゴスの解体みたいなところがある。

女性と〝アジール〟性——歌、市

川田　その点でおもしろいと思うのは、無文字社会でも、いわゆる歌をうたうというのは女の領域なのです。

月の明るい晩には、娘たちが集まって踊り出す。電気のない所では満月に近くなるとあたり一面霜が降りたように真白で明るくて、眠るのが勿体ないのです。そういう時に、月の光に浮かれたように娘たちが集まって、誰に組織されたのでもなく自発的に踊り出すのです。その時に歌をうたうのです。

僕は歌というものは、メッセージの上から言うと最も固定反復的なものと、自由即興的なものが共存している領域だと思うのです。固定反復的というのは、例えば、自分で意味が分からなくても歌をうたいます。話す時に意味の分からないことを話すことは苦痛ですが、歌なら言葉の意味が分からなくても平気で歌える。その反面、歌というのは真情吐露という側面があるわけで、韻律的な約束にのせて自分の思いをのべる、ということが世界でかなり普遍的にあると思うのです。

月の下で踊る娘たちがうたう歌にも幾つかの定型がありますが、それに自分でバリエーションをつけて、親への不満や村の中で威張っている若者の誰彼へのあてこすりの言葉が即興的に触発されるのですね。

また、女性の作業歌ですが、例えば女性の孤独な作業の歌でレコードにもいれましたが、粉ひき歌があります。回転原理を利用した石臼ではなくて、前後に押したり引いたりしてひく、たいそう辛い作業なのですが、そういった単調な肉体の動きの繰り返しの中で心にわだかまったものが全くの即興で歌になって出る。

こういった女性の作業歌は世界のあちこちにあるわけですが、アフリカの場合でもおもしろいのは、かなり大きな声で歌っているのです。狭い小屋の中で歌っているのですが、夫にきかれればいいと思いながら歌っているのです。

網野　歌にすると効果があるということですね。

川田　そうですね。この歌でも、私は日常的な言葉と歌にされた言葉のちがいということを考えさせられるのです。

普段はとてもおしとやかなおかみさんなのに、歌の中では随分とひどいことを言います。例えば、〝わたしの父さんはわたしをつかまえてわたしのことなんか好きじゃない男のところに嫁がせた、だからわたしは歌っているんだ〟とか、〝ここでは水も自由に飲めやしない〟とか随分とひどいことを言います。

網野　ほお。

川田　しかし、それが夫の耳にはいったとしても、夫は怒れないという暗黙の約束があるのですね。それはきかれることを前提にしたモノローグなのですね。

網野　なるほどね。

川田　こういう歌をモシ語で、「イーシールガ」つまり「あてこすり歌」というのですけれどもね。

網野さんや阿部さんはアジールということに関心をもって研究されていますが、この歌などは声がつくり出すアジールとみることもできるような気がするわけです。

網野　日本の場合でも、歌の世界では女性の方が圧倒的に優勢な気がしますね。「梁《りょう》塵秘抄《じんひしょう》」にしても女性の歌が多い。「閑吟集《かんぎんしゅう》」にしてもそうで、やはり声を出して歌うのはやはり女性が優勢なのではないでしょうか。

「あてこすり歌」というところまではちょっと分からないけれども、今のお話はとてもおもしろかったですね。

女性の〝無縁性〟ということには、いまでも多少こだわっているのですが、おそらく女性の性そのものと関係するのではないでしょうか。ただ日本の場合、中世以前だと必ずしも父系社会と言えるかどうかという面もあって、女性が全く抑圧され切っていたかというと必ずしもそうではないと思うのですが……。

川田　その点はアフリカも同じですね。制度的には男性上位だけれども、かなり女性の自由が認められている部分もある。

これは網野さんが研究されておられる市《いち》の問題にも関係すると思うのですが、市に女性が多いということはアフリカの場合も同じです。これについては『サバンナの手帖』という本に詳しく書きましたが、市で商いをする人には二通りあって、一つはその土地の住民で、自分が生産したわずかのものを売りにくる人たち、もう一つは、売って利益をあげるためによそで仕入れ、かなりの距離を運んでくる専業の商業者で、これは男性の仕事です。前者は女性が圧倒的に多い。

モシ族の場合、女性が結婚してもヘソクリ畑というものを持つことが公認されていて、余暇を利用して生産したものを市に持っていって売る、その売り上げに対して亭主は指一本ふれることができない。

ですから、ある意味では市というものは女性の解放の場であって、そこでは男性上位の秩序が解体されて、女性が生き生きとしているわけです。市は単に売り買いの場だけではありませんから着飾って行って一杯やって、みんなとおしゃべりをし、ふだんとは変わったものを食べて帰ってくるといった、一種の社交の場でもあるわけですから。そういった点では、女性が必ずしも全面的に抑圧されてはいない。

網野　日本の市でも同じことがいえると思うんですが、市が女性の解放の場であるということが、ふつうの社会が男性優位の世界になっているので、とくに市がそうなる、つまり男性との関係から女性の市における位置をとらえうるのか、それとも市という場そのものの性格が女性の性そのものと関わりがあるのか、ということが一つの問題だと思うのですが……。

市とアジール——王の支配、天皇の支配

川田　市の問題に関して、網野さんが阿部さんとの対談でペルーのことを話しておられましたが(『対談 中世の再発見』平凡社ライブラリー)、あれは本当に同感で、要するに正札のない社会で物を売ったり買ったりするということは言葉を通しての一つの芸なのですね。本当に熱烈にやり取りをする。それが楽しみみたいにやる。ある意味ではたいそう合理的なことで、物の値段というものは単なる原価計算だけではなくて、買い手が今それをどのくらい必要としているかとか、ふところ具合がどれほどか、それから、売り手の方がどれほど売りたがっているかとかといったいろいろな要因で決まってくるわけ

ですからね。正札販売でなくその場のやり取りで決めれば、大変にキメ細かく物の値段が決まるわけです。

網野　そうだと思いますね。阿部さんとの対談でも話に出たのですが、定価の決まっている社会というのは人類の中では、少数派の少数派で非常に特異な社会なのですね。

川田　ものを売り買いする時に熱い言葉のやり取りがある取り引きと、その逆にひとことも言葉を交わさない沈黙交易というものも、西アフリカにあるわけです。これは、直接には会話の通じない異部族同士が金と岩塩といった交換をする。この場合、ある場所に塩を持ってきて置いて姿を消す、そうすると今度は金を持ってきた人が現われて交換したいだけ金を置いて姿を消す、塩を置いた方が出てきてそれに満足すれば金を取り塩を置いて帰っていくというやり方で、これはひと言も言葉を使わない。

前に書いたことがあるのですが、熱い言葉のやり取りの西アフリカから三年半ぶりで日本に帰ってきて、セルフサービスのスーパーに行った時、これは現代の沈黙交易だと思った。ひと言も言葉を使わなくて済むわけですからね。

これは実際に言葉は使わないけれども、ある約束に立った物の交換であり、そのルールをお互いに守るという前提がなければ成り立たない。

網野　確か『サバンナの手帖』で書いていらっしゃったかな。海の民と山の民と平地の民の交易――日本ではそういう民俗は、いまは残っていないけれども、古くはかなり普遍的にあった習俗だったようですね。

本来、異質な世界でなければ交易は起こり得ないわけですね。しかし異質な世界でありながら相互にある黙契があって、それが交易を成り立たせているということ自体、一つの問題だと思うのです。国家のような秩序とは全く別に、その成立以前に起源を持つ人間と人間の間の交流が、自然の流れの中でできているのだろうと思いますが。

川田　そうですね。

網野　それから、少し横道にそれるのですが、市の立つ場所は、町のできる場所でもあるわけですが、確かニジェール川の中洲にできる町がございましたね。ジェンネでしたか。こういう町のできる場所は、日本の場合について追いかけてみますと、やはり特異な性格を持っているんですね。例えば、和泉の堺や伊勢・志摩の堺の鳥羽などは境にできている。中洲にも市が立つわけで備中の新見の町はそこにできています。中洲に市や町が出来るのは堺と同じで、どちらにも関係のない一種の〝無縁の場〟としての聖地の意味があるのではないかと思いますが。

川田　西アフリカの場合、地理的条件から言って中洲というものがそんなにあちこちにあるわけではないのですけれども、大きな市が栄えるところというのは、少なくとも自然条件の面から境界である、これははっきり言えます。

例えば、トンブクトゥの場合は砂漠と川、および南のサバンナ地帯との境界ですね。

それからもっと南——今はガーナという国に入りますが、そこのサラガという町は、サバンナ地帯と森林地帯の境ということですね。

ただ、大規模な、つまりローカルではなくて長距離の交易ということになると、やはり専業の商人集団が出てくるわけで、そういった連中が市を核とする都市的なものをつくる中心になる。彼らと王様といった土地の権力者との結びつきが僕はおもしろいと思いますが、アフリカの場合ですと土地の権力者は、騎馬の戦士もいますが基本的には農耕民を基盤にしている。商業とか都市形成者の性格を全く持っていない。

ですから、そういう権力者にとっては商業とか都市、市の活動を担っている者はよそ者ではあるけれども、彼らは保護し、しかも自分では直接介入しないで間接に利益を受けるといった、つかず離れずの関係が至る所でみられるわけです。

権力者は軍事力などを持っているわけですから、市といったものを潰そうと思えばできるわけですが、それをやったのでは自分の得にもならない。トンブクトゥにしてもジェンネにしてもサラガにしても、かなり長い寿命を保った広い通商圏をもつ交易都市は、政治的な都には一度もなったことがありません。政治からは距離を置いて独立性を保っている。モシ族をはじめとして西アフリカの多くの社会で、王様が市に足を踏み入れることはタブーという社会が非常に多い。

これについて、土地の人の意識された説明では、市というものは卑しい場所だから王様は入るべきではないとか、人混みの中に王様が入ると無礼が起こるとか言いますが、やはり市が、世俗権力さえ超えた、一つの神聖な公の場だからなのだと思うのです。市に武器を持ち込んではいけないという禁止はひろくみられますし、市での喧嘩や流血沙汰は厳しく罰せられる、というより、血を流した場合は市の聖なる場所に生贄をして謝らなければならない。ですから、王様に対してとか、他の人に対しての罪ということではなく、公の場である市の神聖さを汚したことに対するお詫びをしなければならないということがあるわけです。

網野　『サバンナの手帖』を読んだり今のお話をうかがったりしてつくづく思うのですが、日本の場合は、土地が狭いということやいわゆる島国であるということがあって、市や境界について、アフリカと本質的に同じ特質があることは確実だと思うけれども、現象的にみると、それと天皇との関わりが古代からあるようにみえるんですね。中世でも、国同士の境界の争い、例えば摂津と播磨の国境の争いについて裁決を下すのは、西国は天皇、東国は幕府と、東と西とでは違うわけですが、境界や市には、個々の領主を超えた権威が必ず関わりを持つわけですね。しかも、それが天皇を実質的に支える基盤の一つにもなっている。しかし、川田さんのご本によればアフリカの商人自身の独自な秩序は、アフリカが広いだけに非常に強力だったようにみえるので、トンブクトゥのような町もこの秩序に支えられて、いかなる王権の王都にもならないことになっているのだと思います。

日本でもこうしたことがないわけではない。それどころか、「倭寇《わこう》」の世界、海の秩序は日本の王権─天皇、幕府や中国、朝鮮の王権も関与できなかったと思いますし、日本列島内の自治都市にも同じような動きがあることは確実だと思うんです。そこに日本やアフリカを超えた人間の共通した生き方、あるいは住まい方、そこからおのずと形成される秩序のあり方が見られるわけですね。しかし、こういった側面の問題について、歴史学はこれまであまり意識的に追求してこなかった。そういう人間の生活のあり方、生き方などの世界の諸民族の実態に即して比較・研究して、そこに人間の本質に通ずる非常に大事なもの、前に人類の叡知といったものを掘り下げ発見し、人類の法則をさらに豊かにしていくということをやってこなかったので、それが今後の大きな課題になるのではないかと思うのです。

天皇制存続の基盤の相対化

網野　私は、紀元節復活とか、天皇に敬語をつけるのを強制するとか、南朝年号を使わせるとか、最近のいろいろな動きからみて天皇の権威を復活させようとする動きが明らかに重大な段階に入りつつあると思います。

それだけに、日本人がなんで今まで天皇制をズルズルと引きずってきたかということを明らかにするのは、現実の政治の問題としても非常に重要な意味を持っていると思うんです。その場合、ヨーロッパだけでなくアフリカや中南米の場合と比較してみることは、天皇の存続の基盤を相対化する上で非常に有効なんですね。こういう地域では、日本の天皇のように市や境界、都市、そこに生きる商人や職人になんらかの支配を及ぼして永続できるような権威はありはしないですね。

そのような意味で、民族を超えた人類全体のいろいろな問題を生活そのもののレベルにまで即して考えた上で、その中での諸民族の個性をとらえ直すことができれば今までの歴史学がとらえてきた「国民性」とは違う次元で、人類史の中での日本あるいはアフリカの諸民族の個性をとらえ直すことができる。それはまた、先ほどの話のサバンナの声を電気を通してしかきけないという、もどかしさに関わる問題をも打開する見通しにもつながりはしないか、ということですね。

戦前、戦中の世代の一人として――川田さんはあるいはそれから自由になられているのかもしれませんが――どうしても天皇制に対して執拗にこだわらざるをえないわけです。

実際いま言いましたように、最近は戦前的な天皇制を意識的に強調し前面に押し出す動きがあまり表に出ないところで、着々と進行しているわけで、そういった問題に対処するためには、これまでのような古代・中世・近世・近代という歴史の発展のとらえ方だけでは、おそらく十分、対処し切れないのではないかと思うわけです。

川田　そうでしょうね。

網野　そういった意味で、アフリカや中南米までふくめて人間の生き方、生活の次元に関わる問題の比較研究を進める必要があると思います。いろいろな学問の相互の交流が前よりずっとやり易くなってきていますし、そうしたこともっと活発にやる必要があるのではないでしょうか。

川田　私は宮本常一《つねいち》(16)先生に晩年に接する機会があって、ずいぶんいろいろなことを教えていただきました。素晴らしい方ですが、一度、私たちがやっているアジア・アフリカ言語文化研究所の研究会で宮本先生も出席されていて、私が西アフリカの王権とイスラム化について報告したことがあります。

西アフリカの王というのは基本的には農耕文化の上に立った王ですけれども、それが北アフリカ経由でイスラムを採り入れる――全面的にイスラム化することではなく、――王が心底からイスラム教徒になってしまえば、彼は土地の農耕民の、農耕儀礼も行なう王ではありえなくなりますから――イスラムに近づき、高度に洗練された物質文化とも結びついた北アフリカのイスラム文化を摂取していくことによって、臣下に対する権威も増していくという過程をその研究会で報告したのですが、それをおききになった宮本先生が「何だ、日本の天皇の仏教受容と同じじゃないか」とおっしゃったのですね。

私はびっくりしましたけれども、仏教を受け入れた時の天皇の対応の仕方とよく似ているということを指摘されたわけです。

声のもつ〝力〟

網野　唐の律令を受け入れる時も似ているのではないでしょうか。今年(一九八三年)の『思想』(岩波書店)の一月号に早川庄八さんが大変おもしろい論文(「前期難波宮と古代官僚制」)を書いておられます。本来なら律令国家が確立して官僚制が形成されてからの都の宮殿の方が大きくなりそうなのに、実際には大化の初期の前期難波宮の宮殿が馬鹿に大きい。これが考古学の発掘ではっきりしてきたのですが、なぜそ

---

(16) 一九〇七―八一。民俗学者。生活用具に関心を寄せ、民具学を提唱した。大阪府天王寺師範学校(のちの大阪教育大学)卒業後、小中学校教員を務めるかたわら、近畿民俗学会で活躍。一九三九年、渋沢敬三のアチック・ミューゼアム(のちの日本常民文化研究所)の研究所員となる。戦後の一九四九年、水産庁が日本常民文化研究所に委託した「漁業制度資料調査保存事業」に参加。若き日の網野も同事業に参加している。また同事業により収集された古文書の返却事業に取り組み、のちに同研究所に戻る網野に返却事業を託した。一九六四年、武蔵野美術大学教授。著書に『海をひらいた人びと』(筑摩書房)、『忘れられた日本人』(未来社、のち岩波文庫)など。

うなるのかということなんです。

早川さんは、日本の場合、唐と違って官僚制の形をとっていても、官職よりも位階の方に重要な意味がある。その位《くらい》は天皇との距離、しかも「朝庭⑰」の庭における天皇との肉声的な距離のちがいによってきまるといっておられるんです。

そして、官僚制の固まっていない大化初期には「朝庭」に百姓まで集まって、天皇の肉声による訴訟の裁決をうけた。だから沢山の人が集まる必要があったので大きな宮殿が造られたというんですね。実際、臣下に位階を授ける時、叙位のときには、かなり後まで天皇の肉声が関わりを持っているようですね。

このような庭―広場と、首長と人民の関係は日本のどこの地域でもおそらくあったに違いないと思います。訴訟を首長が裁決する時には肉声で行ったのでしょうね。それが、天皇の支配が成立すると大規模な集中した形で現われるわけですが、のちの地頭の裁判などでも同じようなことがあったのではないでしょうかね。このような肉声による支配は、これからの大きな問題として考えられなくてはならないと思います。

川田さんのお作りになったレコードを聞いてみますと、王が自分の肉声を発すると必ずそれを復唱する人がいるようですね。これは日本でも同様だったのだと思いますが、日本の場合、文字の世界に入っても文書の形式にまでそれが大きな意味を持ってくるんですね。

天皇や貴族、武家や僧侶のなかで、ある地位より上の人の場合、ふつうは自らは文書を書かない。そうした貴人の意思を承る人間―奉者が必ずいて、その人が文書を書くわけで、奉書という文書の様式ができるのです。御教書もその一つですが、中世の場合、この奉書の様式が非常に広く用いられているわけです。また、貴人に答える方も直接貴人に充てるのではなく、いわば貴人の声を復唱する人に充てて答えるわけで、面と向かって話をしない。これを披露するというわけで、文書の場合は披露状というわけです。いずれにしても、貴人、首長の肉声は人民を支配する上でかなりの力を持つわけですね。

川田　以前、声の二面性ということについてジャン＝ジャック・ルソーのレコード(『音楽家ジャン＝ジャック・ルソー』東芝ＥＭＩ(EAC-80487))の解説に書いたのですが、ルソーは『言語起源論』(岩波文庫)の中で、一場の会衆みんなによくきこえるように話せない言語は奴隷の言語だ、ということを書いています。

(17)　宮都朝堂院の中庭、大極殿前方にある広場を指す。「ニハ」は本来は神である王と民衆との対話の場であり、共同作業の場(狩庭《かりば》、網庭《あみば》、稲庭《いなば》、草庭《くさば》、塩庭《しおば》)、外部と交流する場(市庭《いちば》)、芸能が行われる場(舞庭《まいば》、乞庭《こつば》)、そして公の場(朝庭)として認識されていた。網野善彦『中世的世界とは何だろうか』(朝日新聞社)の「庭」、同『歴史を考えるヒント』(新潮社)の「商業用語について」など参照。

確かに、声で議論するというのは民主的で平等な行為ではありますが、同時に声の呪縛というものがある。ヒトラーはそれをよく知っていて、もしあれが文章で書かれていて冷静に読めば呪縛は受けなかったろう。また、ヒトラーの演説をきいた人も、後から考えてみると一体何を言っていたのか思い出せなかったと言いますが、そういった声の呪縛といった面と、声によってそれから自由になるという両面があると思いますが、呪縛から自由になる面では、やはり文字というものが、それによって表わされる思想に、冷静に主体的に働きかけて考えるという点では有効な面があると思いますね。

ただ、これだけ文字が尊重されてきた社会でも、例えば、裁判の判決は単に書いたものを配ればいいというものではなくて、ある資格を持った人がある場所で声に出して読むということが決定的な意味を持つわけですね。

そういう点で声の持つ力というのは、今おっしゃった朝廷での天皇の声と同じような意味を持っているのではないかと思いますね。

網野　最近は服装・衣裳の研究がだんだんさかんになってきております。私はこれは大変よいことだと思いますが、服装にも同じようなことが言えますよね。

つまり勝俣鎮夫さんが『一揆』(岩波新書)で詳しくふれておられますが、日本の百姓一揆の時に全員が非人の服装をして登場するわけです。蓑笠をつけ、古俵を担った同じ格好で一揆する百姓たちが何千人も一斉に蜂起する、それも当時は抑圧され差別されていた身分の非人の服装をつけて現われるわけですから、これはおそらくもの凄い威圧感を権力者、支配者に与えたのだろうと思います。

ところがこれを裏返してみれば、鉢巻きも異形という点では蓑笠同様の異形なんですね。ヒトラーの声と同じく、ああいった常人と違った姿をさせることによって戦争中、われわれは、戦争に向かって組織されたという事実もあるわけです。

しかし、支配者は非人の服装、蓑笠を人民につけさせることはできなかったと思いますので、百姓が一揆のときにそれを自発的につけたことに私は重大な意味があると考えるのです。こういう衣裳の意味も、ときと場合によって変わってくることに注意する必要があると思うんですね。

そこでちょっと川田さんに伺いたいのだけれども、天皇にあたるアフリカの王が発する声と、先ほどの抑圧された女性の発する声が、声そのものの質で、どこかに差がないのかということなのです。

レコードをきいていると、王とその代言人(日本では奏者にあたる人)がしゃべる声の質が明らかに違うんですね。王の方が低く、奏者の方が高い。高い方はレコードのほかの部分にでてくる女性あるいは老母、子供たちの声と共通しているところがあるように思いました。

そういった声の質の問題があると思うのです。例えば、村山道宣さんが「おらび声」

を追究しておられます(18)。これは聞いたことはまだないですが、神の世界との関わりで発せられる、かなり異常な高声のようです。中世の文献でも「微音」に対して「高声」という声がある。儀式でもこの両方が区別されて使われるようですし「高声」の方はときと場合によって狼藉として禁じられることもありますが、一方、越訴《おっそ》のときは、「高声」でせよ、という法令もみられるんですね。おそらくこれも訴訟の庭での、肉声の問題と関係すると思うんですが、こういう声がどういう質を持っていたかですね。

川田 それはおもしろいですね。是非考えてみたいと思います。

網野 そこに、民族をこえたある普遍性あるいは法則性が見いだせるかどうかということですね。

高い声だけでなく、文字のない世界での低い音の意味についても同様です。これはもっと深い次元でいろいろな分野の問題につながってくると思いますが、音声学や音楽史、心理学にまで関わるような問題が出てきはしないか、とも思うんですが。

川田 そうですね。今の声の低さ高さ、ということから言うと、あのレコードの中にも王様の名前を讃えるものが出てきますが甲高い声なのです。

下の身分のものが上の身分のものをほめ讃える時には、非日常的な声として甲高い声を使いますね。けれども、上の者は下の者に向かって甲高い声は出さない、ということはいえるのではないかと思いますね。

網野　音の世界だけでなく、もちろんにおいや視覚の世界にも同じ問題があると思うので、そういう世界の問題を深くほり下げて考えなければいけないのではないかと思います。

川田　そうですね。そのときにやはり私は、声が高いか低いかという一つの性質とか要素だけをとりあげて広く比較するのでなく、ある一つの文化の中で、声の高低ということが、音の他の側面との関係で、あるいは文化の他の側面との関係で、どのような意味をもっているかということをまず検討すべきだと思うのです。

文化を研究する場合、研究者の恣意性と言いますか、主観による対象の勝手な切り取りの危険が非常に大きいわけで、そういった危険を避けるために、あくまでも対象に即してみる。対象全体の中の一部として理解する努力がどうしても必要だと思いますが、今のお話は私にとって非常に重要な課題で、今夜からでも考えてみたいと思います。今、丁度その分析をしているところですから(「口頭伝承論(Ⅰ)」『社会史研究』第2号、日本エディタースクール出版部、一九八三年五月)。

---

(18)　村山道宣「おらび声の伝承――声のフォークロア」『環東シナ海文化の基礎構造に関する研究――壱岐・対馬の実態調査』文部省科学研究費補助金研究成果報告書。

人間文化の多様性をみる眼——表層の世界と深層の世界

川田　話は戻りますが、レコードなどにしてアフリカの奥地の人の声なども簡単にきけるようになった便利さについてですが、文化人類学のような遠隔の地に出かけていくことを仕事にする研究をやっていて、その便利さが含む両面を考えさせられます。

一九世紀の初めにトンブクトゥに行くことを一生の念願にして、大変な、それこそ命がけの苦労を重ねた末にようやくたどりついて、帰って手記を書いて死んでしまった、それで一生を棒にふったようなフランス人がいます。

その時代には、そこに行きつくことが非常に難しかったからそれだけの価値があったわけですけれども、いまは飛行機で団体の観光旅行で行ける。楽に行けるようになれば情報量が増える面もありますが、そのことによって見落とされるものも随分多いと思うのです。一生かけて苦労した末にたどりついて発見したという見る側の問題、それから、見える対象自体も今のように世界的にコミュニケーションが発達してしまうと、行って本当にショックを受けるような、全く違った世界というのはだんだん少なくなってきたと思うのです。

それはヨーロッパにしても同じことです。私は一九六二年に、大学院生の頃、はじめて日本を出て、船でインド洋を渡って一カ月かかってフランスに行ったのですが、そうすると本当にアジアの東の端からようやくノートルダムの見えるところに来た、という実感があるわけですけれども、今は飛行機でひとっ飛びで、パリのことは『アンアン』や『ノンノ』でよく知っていて、何のショックも受けない。

逆に漱石や鷗外の時代のヨーロッパ体験といったものは私のよりももっと強烈だったと思いますし、文久の訪欧使節の場合は更に強烈だったと思うのです(芳賀徹『大君の使節』中公新書)。こういう変化は世界のテクノロジーの発達とコミュニケーションの増大によって、あと戻りできない形で変化してきているわけです。

ただ、それだけに、表面的なショックや、もの珍しさを越えて丁寧にものを見る目とか心が、これからはますます必要だと思うのです。

表面的には世界は随分、均質化されたように見えるけれども、実際には、戸の開け方ひとつにしても、歩き方にしても、ものの食べ方にしても、随分深い所で違いがあると思うのです。

ですから、表面的な一様さを越えて、人間が持っている多様性というものを丁寧にみて、違うことの意味を感じとって、人間が互いに違うということを大事にしてみんなの共通の財産にしていくことが随分と大事じゃないかと思います。

網野　全く同感です。私は一〇年ほど前に対馬に行きましたが、その時は、玄界灘を五時間かけて船で渡っていきました。波は荒いし、船も小さなものでしたから、乗客は皆フラフラでした。

ところが先日、対馬に行った時には飛行機で、福岡から三〇分ぐらいで空港に着いてしまうわけで、何と近くなったのかと感じましたが、さらにいえば対馬から朝鮮まではわずか一〇〇キロから五〇数キロ、対馬から朝鮮はよく見えるんですね。ですから、戦前の対馬の人は釜山に買物に行っていたそうですが、飛行機で行ったら一〇分ぐらいの距離だと思いますね。しかし、対馬と朝鮮半島との間は、縄文時代以来、文化が異質なのだというのですね。素人目ではこれは全く不思議なことです。これはおそらく事実なのだとは思いますが、しかし、現在そこに国境があるという事実に全くよりかかることなしに、九州と対馬の間で文化が切れないで、どうしてそこで切れているかということを考古学者や人類学者に説明してほしいと思うのです。

それから、この問題と表裏の関係にあるのですが、日本の場合、昔から単一民族で文化が均質なんだという牢固たる常識がある。ところが細かくみていくとものの感じ方にしても、社会の構造にしても、地域によって非常に違いがあることは明らかなんですね。とくに東と西では顕著だと思います。

実際、そうした地域の違いを背景として、この狭い日本列島にも国家が二つ以上あったことは間違いありません。ただ、それを何となく均一と思わせていた要素は前近代では水田と米だったわけですが、それは支配層の制度を支えていたもので、庶民の生活はきわめて多様だったのだと思います。同じように、技術の急激な発展が日本はもちろん地球的な規模での均一化、等質化を進めている、それに対して、ただ単に多様さだけを対置しただけでは、うっかりすると偏狭な国家主義を支えることになるし、前にも話にでた技術の極度の発展に伴ういろいろな問題、人類の危機といってもよいような状況を完全にのりこえることはできないと思うのですが、しかし、まず何より、そうした多様さを地球的規模で全面的に花を開かせなくてはならない。これは全く同感です。そして同時に、その根底にある人類に共通した普遍的なものの力を、本当によみがえらせる必要があるのではないでしょうか。

日本に即しても同じで、地域の多様さを明らかにして、その中にひそむ可能性や力を当面深くさぐる必要がある。それを通してはじめて、日本人、日本民族の本当の認識ができるのではないかと思うんです。まやかしの「愛国心」がまたまた横行しようとしていますからね。その点からもこのことは大変大事なことだと思うんです。

川田　表面的な共通性の中に差異を感じとるということは、第一に感受性の問題だと思いますし、そういう感受性のやわらかさはとても大切にしなければならないと思います。最近、もう人類の中だけでは刺戟が足りなくなったとでもいうように、『E・T』などがはやっていますが、以前にも『猿の惑星』とか『未知との遭遇』など、「地球外もの」の映画をみたときにも感じたことですが、人間の想像力は何て貧しいんだろうとつくづく思います。

二日酔いのカエルみたいなE・Tにしても、手と足が二本で頭が一つ目が二つあって、「未知との遭遇」では、異物と交流するのにヨーロッパ音階の音の通信でコミュニケーションが成立するわけですね。ああいったものは娯楽映画だから、ほんとうにショッキングなことはやらないたてまえなのかもしれませんが、人間に考えられる「異なったもの」というのはせいぜいあの程度なのか、その想像力の貧しさは、私が子どもの頃読んだ海野十三の「火星兵団」以来たいして変わっていないという気がします。

ただ逆に、アフリカのモシ族のところで、同じ地球人同士だけれども、つき合っていけばいくほど、さっきも少しお話ししたような声や語りの世界、今日はご紹介できませんでしたが奇想天外な昔話など、ショックを受け、自分のもっている文化をあらためて考えさせられるようなことに出会うわけです。モシ族とつき合っていると、人間の想像力というのは何と豊かなんだろうと思わざるを得ない。同じ人間同士だからこそ、そういう衝撃が深いのだと思うのです。

ですから、地球人に飽きてE・Tとの接触を求めるよりも、同じ地球人同士で感受性をもう少し細かく働かせた方がむしろ〝未知との遭遇〟はできる、というのが私の結論なのです。

網野　地球人同士もそうだと思いますし、日本人同士でも全く同じだと思いますよ。

（一九八三年二月三日）

山口昌男◆網野善彦

3　歴史の想像力

山口昌男（やまぐち・まさお）　一九三一―二〇一三。文化人類学者。東京大学文学部国史学科卒業後、東京都立大学大学院社会科学研究科、同博士課程へと進む。一九六三年ナイジェリアのイバダン大学講師、東京外国語大学教授、静岡県立大学大学院教授、札幌大学学長などを歴任。

著書に『文化と両義性』（岩波書店）、『天皇制の文化人類学』（立風書房、のち岩波現代文庫）、『「敗者」の精神史』（岩波現代文庫）、『山口昌男著作集』（全五巻、筑摩書房）など。

●**初出／底本**　『思想』七三一号、一九八五年五月（のちに『知のルビコンを超えて――山口昌男対談集』人文書院、一九八七年に収録）／『網野善彦対談集』1

はじめに

網野　『思想』の一九七六年一二月号にルゴフ（ル・ゴフ）[1]の「歴史学と民族学の現在」が紹介されて、これも我々にとって非常におもしろかったけれども、それに関連して山口さんが「歴史人類学或いは人類学的歴史学へ」（『思想』同前）という論文を書いて「日本の歴史学の陥っている知的停滞と頽廃」を強調して「社会経済史を中心に構築され蓄積されて来た歴史研究のパラダイムは破産した」と宣言した。つまり、かつて石母田正《いしもだしょう》氏[2]が学問に対して与えたような衝撃力を現在の歴史学は全く失ったという発言をされた。この発言は歴史学の「無効宣言」と受け取られたから、当然ながらその後、歴史学の側からの強い反発をうけたと思うんだけれども、しかしそうして反発しながら歴史学のほうも結構この発言に対応して動いてきた面がある。戦後の歴史学、「マルクス主義史学」と実証主義史学の「不生産構造」「惰性と老化」を強調して、民俗学や人類学の新しい理論への積極的な対応を説いた黒田俊雄氏[3]の「歴史科学運動における進歩の立場」(『歴史評論』三三四号)はその好例ですが、その黒田さんが昨年(一九八四年)一二月の『思想』に「「国史」と歴史学」という論文を書いています。この論文でも黒田氏は、「非歴史的な観点・方法」との対話を大いに深める必要がある。積極的に自分はそれを肯定すると言っているわけですね。今日の対談もその流れの中に位置づけられることになるのだろうけれど、むしろ黒田さんと山口さんとの対話が行われた方がよかったと私は思うんですがね。

それはともかく黒田氏は、これから歴史学がやらなければならないこと、当面の課題を三つあげている。その一つは「分析や叙述の用語や概念」の再検討だったと思います。黒田氏は「国史」学的な偏りとして「皇室」「神道」「僧兵」や「帰化」「神仏習合」などをあげていますが、私はこれだけではなく、マルクス主義史学の用語までふくめて再吟味の必要があると思うけれども、それにしてもこれは非常に大事なことで、これまでの歴史学で常識になってきた用語に歴史学自体が規定されて、盲点や誤りをたくさん生み出しているのは大問題だと思うので、全く同感ですね。もう一つは、「島国的発想の克服」。これを黒田氏はこの論文では非常に強調している。これも大賛成ですね。これが第二。三番目は、「社会史」を「民衆生活史」と言い換えて、「基層文化」は変らない

(1) Jacques Le Goff　一九二四―二〇一四。アナール学派第三世代を代表するフランスの歴史学者。専門は中世史。一九六九年にフェルナン・ブローデルのあとを受けて、エマニュエル・ル・ロワ・ラデュリ、マルク・フェローらとともに、『アナール』誌の編集責任者を務めた。また一九七二年にはブローデルの後任として高等研究実習院第六部門長に就任。同所を社会科学高等研究院として独立させることに尽力した。

(2) 本書対談2、注(6)参照。

(3) 一九二六―九三。歴史学者。専門は日本中世史。京都大学を卒業後、神戸大学助教授、大阪大学教授、大谷大学教授などを務めた。日本中世の国家権力が公家・寺社・武家など諸権門の競合対立と相互補完によって成り立っているとする「権門体制論」を提起した。のちに「非領主制論」と位置付けられる黒田の視点から、網野は東国・西国論という新たな視点を展開している。著書に『日本中世封建制論』(東京大学出版会)、『日本中世の国家と宗教』(岩波書店)など。

という見方を退けて、民衆生活にも「発展」がある。それをこれまでの「一国史的発展段階論」の公式によるのではなく、独自にとらえる必要があるとしているわけです。この辺は「社会構成史」との関係で問題になるところで、具体的にはズレがでてくるでしょうけれども、考え方としてはとくに私も異論はありません。ともあれ山口さんの論文発表後一〇年ぐらい経ったいま、いろいろ紆余曲折はあったけれども、黒田氏にも代表されている戦後歴史学の一つの流れは、ここまではっきりと山口さんの問題提起にこたえる姿勢を見せはじめているわけです。

ただ黒田氏は自分を「外道」だと言われたこともあるので、その主流だとは決して思っていないでしょうけれども、こうした対応が戦後歴史学の流れの中からもあらわれてきているのが現状だと思うんですね。この段階で、あのときに歴史学の「無効宣言」、戦後歴史学の頽廃を糾弾した山口さんの見解をまず聞くところから話を始めてはどうかと思いますが、いかがですか。

山口　そうですね。あの時はネガティヴな反応しか出てこなかったから、くさってしまいました。私は言い過ぎたことを反省しております(笑)。

網野　そう簡単に反省しちゃまずいですよ(笑)。

山口　いま黒田氏を例にあげられたですけれども、この問題は、言いにくいことを言ってしまうと、歴史学におけるマルクシズムの有効性というのをどのぐらいのところでおさえるのかというところにかかると思うんですね。要するに歴史学は時間を前提として成立している。だから時間とか変化ということを抜きにして歴史学は語れないということと、単一の時間だけを前提として発展とかそういうふうな問題を肯定して、そこから社会像をつくりあげてくるというマルクシズムの方法は、あの時点でどれだけ有効だったのかという点ですね。それを修正して、しかもその部分もマルクシズムも捨てないで、しかしいわゆる社会史と言われているものとどれだけ折り合いつけようかというのが黒田氏のもっている一種の柔軟性だと思うんです。

だから、ごまかしがあると言えばごまかしがあると思うわけですね。マルクシズムの時間的な観念の構造に対する徹底的な再批判をやらないで、社会史そのものを、ただ表層と深層だけに分けるとか、変わる時間と変わらない時間だけでやっているというふうに、問題をすり替える恐れがありはしまいかという感じがするんです。

この点はたしかに、網野さんのもっているかつての理論が過去を引きずっている泣きどころでもあると思うんですね（笑）。「農民というのは闘争して自らを変革していかなくちゃならない、変革の主体にならなくちゃならない」という表現は、最近は余り見受けなくなったけれども網野さんが長い間こだわってきた表現の一つであるから（笑）。農民中心の歴史観という問題、それをもう一回相対化する必要が、最近だんだん感じられてきているということは、網野さん自身の仕事の中から出てきていると思うんですね。

いままでは若狭の太良荘《たらのしょう》をめぐる徹底的な分析をされて、しかしそれをも相対化するような供御人《くごにん》や職人《しきにん》の歴史というものに網野さんが移行しているということ自体の中に、実際に歴史学がどういうふうに変わってきたかということが、ちょっと位相はずれるけれども、しかし非常に示唆的に現われているんじゃないかと思います。

ただ黒田氏の場合は、京都の日本中世史学の理論的なリーダーとして、日本史研究会[4]を中心とした雰囲気を統一しながらも、しかし弁証法的唯物論の線もはずさないというところに、それなりの苦労があると思うんですね。

一方、このところもう一つの小さい論争が社会史の問題をめぐって行われているでしょう。それは、塚本学氏[5]及び、どちらかというと塚本氏が共感している鹿野《かの》政直《まさなお》氏たちのような、一種の柔軟性というものがどうしても歴史学の基礎として必要だという点と、厳密な法則性を追求する以外に歴史学の本来のあり方はたどるべきではないという佐々木潤之介氏との間で交わされている論議。これはやはり終戦後の歴史学の中で石母田氏がもっていた二つの面を両者がそれぞれの形で継承しながら、論議がなされているのではないか。一種の法則的厳密性ということは石母田氏の一つの核ですし、それからもう一つ、氏のもっている柔軟性、新しい資料とか、そういうものに対応していく力の大きさというもの、モデルを常につくりかえていくというところもあるわけですね。ですから、石母田氏がもっていた二つの面というものが分かれて、いま論点になっているんじゃないかという感じがちょっとしたんですけれどもね。

網野　山口さんとしては、いまどう思っているわけ？　それを言ってもらわなければ議論ができない(笑)。

現在の状況については、一応おっしゃる通りだと思うけれども、問題は石母田氏を越えて歴史学の根本問題というか、そもそも人間をどう考えるかという問題にまでなっていると思いますよ。それはともかく、黒田氏の場合とは違う道筋からかもしれないけれども、私の場合も、もちろん私の理解している限りでですが、マルクス主義の有効性は依然あると思っているし、マルクスの思想は立派なものと思っています。だから私は依然として、マルクス主義者だと自分では思っているわけです。

歴史学の用語・概念を疑う

網野　さきほど山口さんはマルクス主義を単一の時間軸だけでものを考えていると言

(4)　一九四五年、京都帝国大学出身者を中心に設立された学術団体。会誌は『日本史研究』。

(5)　一九二七―二〇一三。歴史学者。専攻は日本近世史。東京大学文学部史学科卒業後、愛知県立高校教諭を経て、信州大学教授、国立歴史民俗博物館教授。著書に『生類をめぐる政治』(平凡社選書、のち講談社学術文庫)、『近世再考　地方の視点から』(日本エディタースクール出版部)、『徳川綱吉』(吉川弘文館)など。網野とは大学で同学年だった。

われましたけれども、それが奴隷制、農奴制、資本制という単系的な発展段階説をさしているならば、「天下国家」を論ずるマルクス主義のほうでも、それをそのまま通用させようとは考えなくなってきたといっていいと思いますよ。黒田氏が今度の論文で、「一国史的発展段階論のいいふるされた〝公式〟」といっているのもそのことをさしているのでしょうね。

　私はこれは人間が人間を支配する仕方の論理的な序列として有効だと思っているのですが、その中で農奴制[6]という概念が一番わかりにくい。奴隷制はよくわかるんで、これは人間をまさに物そのものとして所有するわけですね。資本制もよくわかるんですが、農奴制については、概念そのものからして再検討する必要があるし、時間軸の中で、ある社会をとらえる規定としても幅がひろすぎて大変わかりにくい。だいいち、「農奴」という翻訳語そのものに、一種の「日本的」な偏差が入っているような気がするものですから。原語には「農」という意味はないでしょう。slaves ということになるのかな。ドイツ語にも「農」という意味は入っていないですよね。それを何で、「農奴」と訳したか。いつごろから学術用語として「農奴制」という言葉を使うようになったかということ自体考えてみる必要がある。そこにはもうすでに、「水田中心史観」とまでいえないにしても、明らかにすべてを農業中心に考える偏差が入っていると思うんですよ。多分マルクス主義者が訳したのかもしれないし、ロシア文学の翻訳あたりからきているのかもしれないけれども。調べてみる必要がある。

山口　それは、要するに農民が強制的に土地に固定された状態を、職人とか放浪の芸能民の立場から言っている言葉ではないわけですね。

網野　ここ三カ月ばかり、日本評論社の『講座・日本技術の社会史』第二巻の担当部分の仕事に追われて塩業と漁業――つまり海民ばかり追いかけていたから、とくに強く感じるのかもしれないけれども、「農奴制」では海民は切り落とされてしまう。確かに船を占有している海民で、領主に支配されている海民はいるけれども、これを「農奴」なんて言えないですよ。土地を何ももっていないんだから。無理して「海奴」とか「漁奴」なんていえば、笑われるだけですよね。

だから日本の中世や近世の社会を全体として具体的にとらえる場合に、いまの点だけをとってみても「農奴制」という規定だけでは、十分な有効性をもち得ない。なにかもっと違った規定を考えなくてはいけないように思うんですね。それを隷属民といいかえただけでも一般的すぎて具合が悪いんですね。しかも用語だけの問題だけではなくて、一応自立した経営を持つ人民、その共同体をある権力が支配するという関係は日本の歴

(6)　農奴制は史的唯物論における封建制を指し、農奴とは個人の財産は保有しているものの、封建領主に生産物地代を納め、土地に縛られ、移動の自由がない身分を意味する。

史の中でも古代、中世、近世それぞれにでてくるわけですね。かつて早川二郎は律令体制下の公民を農奴だといったことがあるけれども、そういうとらえ方ができるようなところもある言葉なのだと思うんです。

そう考えますと、いままでのマルクス主義史学で常識になってきた概念、用語も再検討する必要がある。もっとそれを豊かなものにしていかなくてはならないですね。インドの共同体についてのマルクスの知識にも当然の限界があって、現在の研究にもとづいて、考え直すべき問題が非常にたくさんあることを、やはりマルクス主義者の立場から、小谷汪之《こたにひろゆき》氏が強調していますが(『歴史の方法について』東京大学出版会)、とにかくアジアやアフリカ、南アメリカ等々、そういう各地域の諸民族の実情を十分にとらえた上で概念規定そのものについて再検討しなければならないことはもちろんだと思います。少し次元は違うけれども、「班田農民」という用語だっておかしな話で、律令時代の公民の生活の中では、漁撈や採集、狩猟がまだかなり大きな比重を占めていたことは確実で、これを農民といってしまっては、こうした側面が切り落とされてしまう。支配者が公民を「班田農民」ととらえようとしていたことは確実ですから、こういう用語を使っているると、しらずしらずのうちに支配者の立場に立ってしまうことになると思いますね。

山口　学術用語が固定するについて、二つのプロセスを経ているんじゃないかと思うんです。ローマ法とかゲルマン法というふうなものを理想型として、そこでつかわれた言葉を日本の中にも適用したいという一種の憧れ意識みたいなのが一つあって、しかし前資本主義段階、つまり労働者が自覚的に成長して闘争の条件を持ちうる以前の段階については、あらゆる人間の社会的なあり方というものを常にマイナスにとらえ、ネガティヴな言葉としてそれがつかわれて、「農」という言葉をそういうところに付け加えていったということが一つあると思うんですね。それからもう一つ、中国の法制史の概念を、唐令から借りてきて、ある種の抽象的な言葉を「班田」というような形でまず先につかって、そこに非常に固定したイメージを次に付け加えていったという経過があったと思うんですね。

網野　こういう偏りをいろいろな用語から排除していく必要があるように思うのですが、もう一つは日本の問題を論ずるときにしばしば比較の対象になるヨーロッパの社会の実態が、不勉強なせいもあって、私には十分わかっていない。「農奴制」というと、私などはやはりまず三圃制度の農村を思い浮かべて、領主直営地と農民保有地があり、その領主直営地で賦役労働に従う農奴を考えてしまうのですが、小谷氏のインドの場合と同じように、ヨーロッパでの研究ももっと具体的になっているはずですね。現代の西欧の歴史学の中で、農奴や自由民の問題がどのように論じられているのかなど、もっと勉強してみないと、簡単に比較してあれこれ議論できないように思うんです。いまの日本史家が頭に描いているような、パターン化したヨーロッパ社会像をこれも再検討する必要があるのではないか。翻訳されているマルク・ブロック(7)の『フランス農村史の基本性格』〔創文社〕とか『封建社会』〔みすず書房〕を読んでみても、一筋縄ではいかないように思うので、これからできるだけ勉強してみたいと思っているんですけれども。日本のほうの実情も前にくらべればずっと具体的なことがわかってきているわけですから、新しい段階に立って比較をやり直してみたい。

山口 たとえばヨーロッパ史研究では阿部謹也(8)さんみたいな人がそういうふうな固定的な歴史像というのを切り崩す努力をしているわけですね。

網野 とにかく私は語学はだめだから翻訳されているものしか読めないのでね。社会史の問題を考えても、フックスの『風俗の歴史』〔光文社〕なんていうのがありますけれども、阿部さんに聞くと、厖大なその分野の研究が背景にあるようですね。最近はアナール派のいろいろなものが翻訳はされているので、一生懸命追いかけてはいるんですが、どうも二、三〇年前の固定的なイメージとは大分様子が違うように思うんです。ヨーロッパだけでなくて、アフリカや東南アジア、イスラム世界、南アメリカなどの専門家ともっと交流して、世界史、人類史の概念規定をもっと精密にする必要がある。

しかし、文化人類学は、むしろそちらのほうから話が始まっているわけだから、その観点からみて、日本の社会の問題や日本史家のあり方について、七六年当時のような調子でもう一度やってもらうと、歴史学がさらに「活性化」するんじゃないかと思うんだけれども、いかがですか。

歴史人類学的パースペクティヴ

山口　そうですね。昔ぼくが少し日本史を齧ってそれから逃走したという暗い過去は無かったことにして言えば（笑）、ヨーロッパの内部自身でも結局ヨーロッパを多角的にしかも統一的にとらえる視点というのがいま出てこなくて、混乱しているんじゃないかと思うんですね。出ているんだけれども日本の研究者が把握していないというふうな問題もあるけれども、局地的な歴史においては、そういうふうな新しいパースペクティヴ、新史料の発掘という形で、あっちこっちというふうに出ているということはたしかだと思うんですよ。フランスならフランスで出てきている。イタリアならイタリアで、ぼくが『知の旅への誘い』（中村雄二郎との共著）（岩波新書）で触れて最近翻訳が出たカルロ・ギンズブルグの『チーズとうじ虫』（みすず書房）のように全く埋もれた資料を取り出してきたところ、中世末期におけるアカデミー世界外の知のあり方という問題について、いわゆるヨーロッパ的な世界を越えた広がりをもっている、そういった知の位相というもの

（7）　本書対談1、注（4）参照。
（8）　本書対談1、対談者紹介参照。

が発見できる。それが別に、インテリとか庶民とかという、そういうものではなくて、風車というような象徴的な空間における知の世界の媒介性というものが一つの原動力になっているという象徴空間論的パースペクティヴがまた一方では出てきている。

他方では、昔からの、いわゆる向こうのフォルクスクンデ(民俗学)を中心としたゲルマンから中世に至る秘密結社、若者結社、戦士集団、新羅で言えば花郎《ファラン》みたいな集団と、それをめぐるいろいろな習俗というものについての研究はある。それも、たとえばデュメジルが『戦士の幸と不幸』という本で継承して、デュメジルをまたさらに下敷きに使ってバタイユが「ジル・ド・レの裁判」をめぐり、戦士が平和の時代になってくると、それがもつ潜在的な犯罪者性というものがスケープ・ゴートの対象として表出されてくるというふうな形で分析をしている。しかし、それもまた孤立した視点である。

そういう視点がたくさんあって社会史と言われているものもそういう視点を幾つか出しているけれども、ヨーロッパのいわゆる基層社会というものについてトータルなイメージをなかなか出し得ないでいるというのが現状じゃないか。そのほかに、たとえば祝祭についての研究が、祝祭が叛乱と結びついているというような形であるというのがだんだん、ベルセたちの仕事とかル・ロア・ラデュリー[9]の仕事もそういうふうなところにいっている。ル・ロア・ラデュリーの場合は日本でもよく知られているように、イギリスを中心とした社会人類学や民族誌を非常によく読みこんで、民族誌的に歴史を、たとえばモンタイユー村を中心として見るというふうなパースペクティヴを出してきた。いろいろ魅力あるパースペクティヴは出てきているけれども、それがヨーロッパの過去に対する像を根本的に変えるようなものになり得ているかというと、必ずしもそうはなっていない。

ですから、ヨーロッパにおける達成度も網野さんたちの日本中世史の研究の達成度と似たりよったり――それは両方とも低いという意味じゃないですよ。両方ともそれだけ高いということです(笑)。しかし統一的なパースペクティヴをまだ十分に出し得ていない。これはいま、知的な枠組みがどんどん変わっている時代だから、当然だろうと思うんですよね。ですから、人類学を通して見るパースペクティヴは、やはり一つの地域を立体的に見るパースペクティヴとして生かされるだろうというふうな感じがするんです。

いわゆる一国史・通史的な見方もあるけれども、たとえば網野さんの若狭国の太良荘の中世における成立から崩壊にいたるまでの歴史というものも、ぼくは網野さんは民族

(9)　Emmanuel Le Roy Ladurie　一九二九―二〇二三。フランスの歴史学者。一九六九年にフェルナン・ブローデルのあとを受けて、ジャック・ル・ゴフ、マルク・フェローらとともに、『アナール』誌の編集責任者を務めた。一九七三年にコレージュ・ド・フランス教授、八七年には国立図書館長に就任。著書に『ジャスミンの魔女』(新評論)、『気候の歴史』(藤原書店)など。

誌的な、フォークロア的なものとどういうふうにこれから接合していくのかというふうな視点はちょっとまだつかめないでいるんですけれども、人類学だったらそういうパースペクティヴにいけると思うんですね。荘園の資料というのは権利の資料ですから、権利をめぐる争いとして、争いはよく出てくるけれども、争いを表面化させた、土地の生きている人間の関係構造の中まではなかなかたぐり出せないところがある。いわゆる小さい権力の成立と崩壊、消長、そういうものは権利関係の網の目を通して実によく出てくるというところはあると思うんですね。

網野　そうですね。ほんとに、そういうやり方で人類学、民俗学の視点を入れてもう一度、個別的な荘園や漁村を細かく追いかけ直してみたいですね。これは大いにやる必要があると思いますね。

山口　備後国太田庄なんかを石井進氏(10)や坪井洋文氏(11)らがこのところ共同調査をしているから、その中からまた何か出てくるか。あるいは、たとえば真野《しんの》俊和氏の「祭りと宮座」(『歴史公論』第七巻八号、一九八一年)などにおいて、中世における儀礼的な資料と、それと座のいろいろな条件との絡みあいというものに焦点が当てられています。そういうふうな努力というのは出てきている。ぼくも学生の頃東大寺の近世文書をずっと読まされて、こういうものが民俗とどこで接点を結ぶのだろうかということを知りたいという希望をもったことがあったのだけれど、その辺がなかなかむずかしい。接点を発見するのが。

それは勝俣鎮夫氏の『一揆』(岩波新書)において表面化しましたね。でも一般に東の歴史学者たちは資料的に絶望ではないかと思っているのでしょうか。

網野　いや決して絶望的ではないですよ。東国はたしかに文書は少ないけれども、文書も読み方によるのでね。まだまだいくらでも問題を発見できると思いますよ。

山口　西の歴史学では故・高取正男氏[12]の学風の中にそうした要素が強烈にありましたね。ところで、網野さんのやっておられる鋳物師《いもじ》の偽文書[13]でも、鋳物というものが文化

(10)　本書対談1、注(28)参照。

(11)　一九二九―八八。民俗学者。國學院大学卒業。同大学教授を経て、国立歴史民俗博物館教授。農耕文化について研究を行い、一九八四年、國學院大学にて『稲を選んだ日本人――民俗的思考の世界』(のち未来社より出版)で文学博士号を取得。著書に『イモと日本人――民俗文化論の課題』(未来社)、『民俗再考――多元的世界への視点』(日本エディタースクール出版部)など。

(12)　一九二六―八一。民俗学者。宗教史、宗教民俗学を専攻。京都大学大学院修了。京都女子大学教授を経て国立民族学博物館客員教授。著書に『日本的思考の原型』(講談社現代新書、のち、ちくま学芸文庫)、『神道の成立』(平凡社ライブラリー)、『民間信仰史の研究』(法蔵館)など。

(13)　網野善彦「偽文書について」(『書の日本史4　室町・戦国』平凡社)【著作集7】、同「鋳物師とその由緒書」(『講座日本の民俗5　生業』有精堂出版)【著作集14】など。

の一種の結節点としていかに大きな役割を果たしたか、また土地との関係とか地形との関係とか、まだまだ文書の読み方次第では、そういった側面が出てきうるという希望をもてるんじゃないですか。

網野　その通りです。文書の中にでてくる一語一語を大切にしていけば、いろいろな問題がでてくる。まだまだわからないことだらけなんですよ。

社会史をめぐって

網野　さきほどもいったけれども、アナール派の研究などから感じている最近のヨーロッパ像と、数十年前以来の固定的なイメージを通してうけとられたヨーロッパ像、我々が教科書的に教わり、また大塚久雄氏〔本書対談2、注(4)参照〕の研究などを通して知ってきたヨーロッパの農村像が、どこでどう交錯しているのか、よくわからないんですね。もちろん私の不勉強によるのだけれども、山口さんのいわれたようにヨーロッパの思想的な状況がヨーロッパ像を拡散させているのか、それとも日本の西洋史家が、その辺についてまだ十分に視野を拡げきっていないのか、その辺がよくわからない。

山口　ヨーロッパにおける歴史研究の視点が非常に多様化して、いい意味で――悪い意味でじゃないだろうと思います――混迷の度を深めているという実情が、日本の側からヨーロッパをモデルに研究している人の間に、伝わっていないと言えるかもしれません。

網野　そういう感じですね。日本史のほうのやり方も最近非常に多様になってきていますから、これから恐らくもっともっといろいろなことができるだろうと思いますね。

いま太良荘の話が出ましたが、もう三〇年前になるわけだけれども、そのころ集めた史料の中に百姓の財産目録が一、二通出てきた。百姓が日常生活でどういう道具を使っていたかというようなことが、非常に即物的だけれどもこれで少しはわかるんですね。それからずっとそういう史料を探してきたのだけれど、これがきわめて少ないので、いまにいたるまで一〇通前後しか見つかっていない。ただそれをまとめて見るとなかなか面白いので、農村部の百姓よりも海辺部の人たち、海民の方がずっと豊かで、銭や米をたくさん持っていたことがわかるし、平民百姓の家財の基本的な構成がだいたいわかります。小袖が貴重な財産になっていたり、鍬・鋤や鍋・釜などの鉄器が普及しているとともに大切にされている。こういうものは市庭《いちば》で買ってくるので、自給自足ではない。農村部では塩や魚もそうでしょうね。商人から買っている。面白いのは金輪《かなわ》(五徳)が必ずといってよいほどでてくるので、これは、いろりの火と関係があるのではないかと思っているのだけれども。

山口　その次に出てくる話は、火事のときにどういうものをもって出たか……。

網野　よく知っているね(笑)。ついこの間、坪井洋文さんとそのことを話したばかりなのに。ほんとにそこまでわかれば。

山口　これが日常茶飯事の歴史ね。

網野　そうそう。社会史、民衆生活史に入っていく手がかりは、そういうところにもあると思うんです。

山口　社会史の問題を六、七年前に柴田三千雄氏と個人的に話したことがあるんですけれども、結局ぼくの場合は人類学的な視点で一つの文化を考える際、むしろどちらかというとコスモロジカルに全体と部分との関係を、見える部分と見えない部分を含めて、必ずしも意識されているとは限らないが、土地の人間がもっているモデルの中で考えたい。ですから、あえて特に社会史ということを表面に立てる必要はぼくとしては感じないということを言ったが、その点はいまでも変わっていない。いわゆる社会史と言われているものは、日本では常民研究で大体やられているようなことである。火事の歴史は網野さんがやるまではできないけれども(笑)、柳田民俗学でかなりやっているようなことですよね。『木綿以前の事』(創元社、のち岩波文庫)なんていうのは全く社会史そのものです。だからそれが新しく出てきたものだとはぼくは見ないし、黒田氏たちが誤解して、ぼくのことを言っているんじゃないだろうけれども、「社会史のやつらは新しいことばかりについてヨーロッパをモデルにしている」というふうに言うかもしれないけれども、今しがた言ったようにぼくは別に社会史にコミットしているわけではないし、社会史の問題というのは柳田民俗学のことを考えていくと自然に出てくる問題であるということは言ってきていますし、いまでもそうであろうと考えているわけです。

網野　火事のことは穢れや検非違使《けびいし》との関係で、もうやっている人がありますよ。火事のときなにを持ち出すかなんてことはわからないけれどね。ただ、黒田氏の論文を読んで、そこで言われている大筋は非常に同感するんだけれども、一番具合が悪いと思うのは、黒田氏が具体的にどういう仕事を批判し、何を評価しているのかということが、あの論文では一向にわからない。いろいろ配慮があって意識的にそうされていることは推測できるけれども。そのためにどうしても「大方針」の提示になってしまって、「大方針はこれで結構でございます」ということでみんなが一生懸命やって立派な成果が出れば結構だとは思うんだけれども、もうちょっと現実のいろいろな議論に立ち入って意見を出してくれると迫力がでてくると思う。さきほど「小さな論争」と言われた佐々木潤之介氏対塚本学氏の論争もこれから一生懸命続くと思うけれども。

山口　続くみたいですね。

網野　そういう問題にもっと切りこんでほしい。黒田さんの危機感はよくわかるけれども、この論文に対する不満は、生々しさがないことですね。そうでないと、問題が鮮明にならない。

山口　結局、社会史を批判しながら、しかし社会史を取り入れていくというところはいいかもしれんけれども、それは別の言い方をすれば一種の知的オポチュニズムではあるわけですね。

網野 私はそこまでは言わないけれども、前の『歴史評論』の論文でもそう思ったけれども、黒田氏はやはり「大方針」を出すタイプですよ。しかし実際問題としてこの「方針」に従って研究してみると、ここに言われていることを実現するのは実際にはなかなかむずかしいことだし、大変な苦労がいる。黒田さんは若い人たちに余りスイスイやらないでもっと苦労してみろ、といいたいのだと思うんですけれどもね。

山口 だから「社会史」という命名法でいえば、ル・ロア・ラデュリーも、アナール派に接しているけれども自分はむしろ歴史人類学だというような言い方をする。あるいは歴史学的人類学。アントロポロジー・イストリークというような言い方をするから歴史学的人類学だということで、フランスだったらそれで人間学になって人間の省察になって最終的には哲学にでもいきたいというようなところがあるのかもしれないけれども。ただ、ル・ロア・ラデュリーと対談したときに(「歴史における局地性と普遍性」)(『世界』一九八三年一二月号)彼が鮮明にしたことは、「自分はインド・ゲルマン的な世界にしか関心がない」ということです。これは非常に気になった発言で、あのときにやはり王権の問題になって、インドからゲルマンの王権の流れをくむものについての一つの文化圏があって、王権はそこで成立する。一方、カーニバルも、その対極としてインド・ゲルマン的な文化圏において成立する。それ以外にあるとしたら、それはヨーロッパの影響にすぎない、というような言い方をしたんですけれども、そうしてくるともう一つ、歴史学が人間省察の学であるというような条件をちょっと放棄することになるんじゃないかという感じがする。

だから、日本とかアジアの問題からおさえていっても、結局特殊固有なものばかりを強調すると何のためにやっているかわからなくなってしまう。ディテールのためのディテールになってしまう。結局考えてみると、東京の歴史家が「国史」という言葉にまだこだわって学科の名前にも残している、こういう閉塞的な状況を産み出すことになる。

網野　京都大学も「国史学」だよ。こんなことはどうでもいいけれども、私の学年は東大でも「史学科」なんですよ。東大国史学科の歴史の中で、われわれの学年は史学科。

山口　何年ですか。

網野　昭和二二年。一九四七年の入学のときには、哲・史・文に分かれて入学したわけです。ぼくは史学科入学。卒業も史学科。それで日本史専攻。

山口　その後また反動化して……。

網野　反動化というより……。

山口　後退でしょう。史学科のほうがいいことは確かですね。

網野　まあ、後退かもしれないね。本来、研究室がバラバラでしょう。史学科といったって、何の実態もないわけ。それでまたすぐ分解しちゃった。それともう一つおもしろいことに、その当時左翼が哲・史・文の三学科制反対をとなえた。武井昭夫君とか沖浦和光君とかね。

山口　沖浦和光氏は英文科にいたんでしょう。

網野　そうです。昔の話になるけれども、武井昭夫君は西洋史に入っちゃったわけです。彼は本当は文学に行きたかった。ところが史学科と文学科と違うでしょう。三学科に分かれてガッチリ枠があるものだから、転科ができないわけですよ。たしかにそういう人が何人もいたのだけれども、それで三学科制反対が左翼のスローガンになった。

山口　おもしろいですね。

網野　東大がなぜあの時期に、史学科、文学科、哲学科と三学科を採用したかということの背景は私にはわからない。調べてみたいけれども、私はその枠に飛び込んだだけですから。だから私は国史学科卒業じゃないんだ。

山口　じゃ、先輩後輩じゃないんですね。

網野　だからぼくは異端中の異端かもしれないな(笑)。

山口　あるいは正統中の正統かもしれない(笑)。

網野　いやぁ、どうでしょう(笑)。

山口　あるべき史学科の形では。

非農業民への視点

網野　アナール派歴史学では人口動態史を重視していますが、その辺のことがまだよく紹介されていないようですね。日本では人口動態史は慶応大学の速水融《はやみあきら》氏(14)がずいぶん前から頑張ってやっています。速水氏は以前の日本常民文化研究所時代の同僚ですが、やはりそういう学風と無関係ではないでしょうね。

山口　ル・ロア・ラデュリーが日本に来る前にぼくが会ったときに、「速水に会いたい、会いたい」と、しきりにわめいていましたよ。

網野　そうでしょう。むしろ彼は外国で評価されているんですよね。日本の学界、とくに近世史の分野の中では彼はそれこそ異端中の異端だった時期があると思いますね。いまは大分違ってきていると思うけれども。歴史学の転換に伴って速水氏の仕事も新しく理解し直されつつありますが、彼と近世史との対話がこれまでほとんどなかったんですけれども、恐らくこれからはもっと開けると思うんです。

(14)　一九二九—二〇一九。経済史学者。専門は歴史人口学。慶応義塾大学卒業後、漁業制度資料調査保存事業のため、網野や河岡武春らとともに日本常民文化研究所に勤務。のち慶応義塾大学教授、国際日本文化研究センター教授、麗澤大学教授を歴任。著書に『近世農村の歴史人口学的研究』(東洋経済新報社)、『近世濃尾地方の人口・経済・社会』(創文社)など。

とくに近世史はいままで非常に狭かったように思うけれども、これもやはり確実に動きつつあると思いますよ。これからの近世史には、やらなくてはならないことが多いでしょうね。

山口　そうですね。過度の禁欲で、農民以外のことをやってはいけないみたいな、そういうものが近世史なんかにもありましたでしょう。

網野　その通り。いささか悲憤慷慨になるけれども、今年に入って漁業史を夢中になってやっていてつくづく思ったのは、現役の近世の漁業史研究者がいないことです。いま近世の漁業史家は一人ぐらいしかいないんじゃないですか。

山口　羽原又吉《はばらゆうきち》[15]さんから宇野脩平[16]さん、宇野さんから網野さんという……。

網野　そんなことはない。戦前には常民文化研究所にたくさんいたし、戦後すぐの研究所にもいたんですよ。私など末輩中の末輩。ただ戦前の方は山口和雄さんや竹内利美さんをのぞいて、みな亡くなってしまったし、戦後も二野瓶《にのへい》徳夫さん、秋田俊一さんや河岡武春[17]さんがつづけているだけです。荒居英次さんも亡くなってしまったからいまはほとんどいないんですよ。何でこういう状況が起こるか。よく考えてみればめちゃくちゃな話で、これだけおかしな学界は少ないと思いますよ。もっとも私がこんなに憤慨するからかえっていけないのかもしれないけれどもね。

さきほどの「班田農民」とか「農奴」とかいう言葉とも大いにかかわりがあるけれど

(15) 一八八二—一九六九。漁業経済史学者。東京帝国大学理科大学動物学科を卒業後、北海道庁水産調査部主任、水産講習所(のちの東京水産大学)教官を経て、慶応義塾大学経済学部講師を務める。日本ではじめて漁業経済史という分野を開拓し、全国の漁村を訪れて古文書・古記録などを調査した。著書に『日本漁業経済史』(岩波書店)、『漁港及魚市場論』(水産書院)など。

(16) 一九一三—六九。日本水産史学者。第一高等学校に入学するも、左翼運動のため逮捕、一高を除籍。刑期を終えて東洋大学に入学。ここで南方熊楠らに師事。卒業後、渋沢栄一顕彰団体である竜門社に勤務。一九四二年には日本常民文化研究所水産史研究室に勤務。翌年、召集されて満州に配属され、そのまま終戦。シベリアに抑留。復員後は水産研究会研究員、近世庶民史料調査特別委員会委員などを務め、網野も参加する漁業制度資料調査保存事業を主導。このときの宇野の指導について、後年網野は「観念的な左翼だった私に強烈なパンチを食らわし」たと語っている。同事業終了後、東京女子大学に勤務。

(17) 一九二七—八六。民俗学者。専門は漁村民俗、漁業史、民具研究など。広島大学卒業後、財団法人日本常民文化研究所に入所。同研究所にて網野とともに漁業制度資料調査保存事業に加わる。また『民具マンスリー』の創刊、日本民具学会の設立などに携わる。日本常民文化研究所が神奈川大学に招致されるとともに、同大学経済学部教授に就任。著書に『海の民——漁村の歴史と民俗』(平凡社)など。網野は、「海の民」や「東西文化論」、渋沢敬三の伝記などへの関心は、河岡の学恩であると語っている。

も、海民、漁民をとらえる視点がない。農業の補充としてしか考えられていないんですね。もちろん逆に漁業史家のほうも、そちらと十分にかみあうような論点を出し切っていなかったこともあると思うけれども。

山口　大体農民の歴史だと、計量の単位というのは農民がつくって、それが数字化されているわけですよね。ところが漁民の場合には、魚ですから干物にでもしなければすぐ腐ってしまう。

網野　それはどうかな。魚の加工の技術はずいぶん古くから発達していますよ。そう簡単に腐らせはしない。

山口　一方では技術史になるわけでしょう。それから今度は権利——漁業権の歴史になるわけで。

網野　そうですね。漁業権という形で農民の土地所有権に連続した形で海をとらえる。そういうとらえ方が根底にあるから、漁業を漁民、海民の目で独自にとらえる論理がでてこない。漁業史家のほうでも、羽原さんが「海人族」とか「漁場総有説」とかそうした論理をやや極端に出しているけれども。それをこれから十分に考え直す必要があるでしょうね。漁民が沿岸漁業しかやれなかったというのは全く事実に反しているのでね。縄文時代から外洋の漁業はあるし、日本海をこえて文化の交流もしている。鎌倉時代にも、対馬に他国の漁民がむらがっていたという確実な史料もあるのに、どうして漁民を沿岸におしこめて土地にひきつけたがるのか、私には全く理解できないですね。そういう問題はいくらでもあるんですよ。たとえば海藻を日本人はたくさん食べている。昔からこんなに海藻を食べている民族が世界にたくさんありますか。

山口　海藻はほかの国は基本的には余り食べないですよ。

網野　ヨーロッパでは食べないでしょうね。

山口　食べないですよ。

網野　だいいち、海藻を食べる民族と食べない民族があるということを私も最近まで知らなかったんです。増田《ますだ》義郎《よしお》氏（本書対談5、対談者紹介参照）にいわれて気がついた。

山口　アジアでも、どうなんですかね。中国はもちろん……。

網野　中国、朝鮮は食べる。博学をもって知られる山口さんだって、海藻についてはどの民族がどうしているか知らないわけだ。

山口　具体的な問題は資料にないですからね。

網野　日本人の食生活と海藻、これに最初に目をつけたのは渋沢敬三氏[18]だと思いますよ。渋沢敬三氏は、『祭魚洞襍考《さいぎょどうざっこう》』（岡書院）という本に入っている論文で海藻について『延喜式《えんぎしき》』を詳細に分析して、海藻がどこから貢納されて何に使われているかを明らかにしている。海藻は神に捧げる神饌《しんせん》になるんですね。大体昆布やワカメのような海藻は、日本人の味覚の根源にあるものの一つだと思う。鰒《あわび》と鰹節と昆布ですよね。その民俗学も余りやられていないし、歴史学にいたってはほとんど考えてもいない。宮下章さんという方が『海藻』(法政大学出版局〈一九七四年〉)という本で詳しく研究しているのが現状では唯一ではないかしら。その文献目録を見ても戦前の方が多くて戦後は全くといってもよいほど研究がないですね。

山口 そうね。いまの問題からいうと、フォークロリストの中でも岩井宏実さんが対象としている神饌というものね。そういうものの中における、海藻の占める役割。神饌における、海藻を中心とした海産物がどういう経路で入ってきて、どういうプロセスで交換されたりしているかというふうな問題は非常に大きいと思うし、それがゆえに──網野さんの仕事の中身に入ってくるけれども──直接権力の中枢に結びつくきっかけというのを漁民がもっている。そういう問題にもなってくるのではないか。権力の中のコミュニケーションの形態として海藻をとる人間の大きな問題点がある。

網野 贄《にえ》の問題ですね。天皇の食膳に捧げる贄の制度が古代にあった。ところがこれは律令に全然規定がないし、木簡が発掘されるまで、実態がよくわからなかったんです。『延喜式』で大体のことはわかるんだけれども、どういう人たちが贄を出していたのか、『延喜式』以前にはどうだったのかはわからなかった。それが最近かなりわかってきたんですね。それを調とくらべてみると面白いので、海藻と鰒と鰹は調として貢献されていて、鰹は贄にならない。鰒も贄には余りみられないのですが、贄になる海藻はワカメ

（穉海藻）なので、私はこれは海藻の初物—初穂なんだと思います。それをふくめて贄はすべて海の幸、山の幸なんですね。それが天皇の食膳にあがるのと同じように、いま話のでた神饌になるわけです。海藻、鰹、それに鮭などの魚、鰒、それから塩は神饌には不可欠で、渋沢さんはきちんと表をつくっています。

ところがその辺の問題は、梅村喬さんが「律令財政と天皇祭祀——調と贄をめぐって」（『日本史研究』二三五号）で少し考えているけれども、いままでの天皇論でもほとんど問題にされなかったし、神々の問題でも日本の神はほとんど農業神として考えられているでしょう。究極は農業神になるかもしれないけれども、神に捧げる神饌の中で農産物の比率というのは海産物に比べて低いんですよ。海藻と海産物、塩の比重が非常に大きい。このことは渋沢さんが証明しているけれども、これまでその意味は十分に掘り下げられていなかった。

---

(18)　一八九六—一九六三。実業家。渋沢栄一の孫。日銀総裁・大蔵大臣などを歴任。一方、若き日に柳田國男に出会い、民俗学に傾倒。自邸車庫の屋根裏に私設博物館「アチック・ミューゼアム」（のちの日本常民文化研究所）を開設、多くの民俗学者・人類学者・歴史学者を育てており、網野もそのひとり。また漁業史の分野でも業績を残した。著書に『日本釣魚技術史小考』『日本魚名集覧』（角川書店）、『祭魚洞雑録』（郷土研究社）、『渋沢敬三著作集』（全五巻、平凡社）など。

山口　農産物と一般に言ってはいけないのかもしれないね。坪井さんに言わせれば、稲作の占める比率は芋や雑穀と比べてはるかに低いということですが、実際にそうだと思いますけれどもね。

網野　そうだと思いますね。神饌にも畑作物が入っている。だから、神様というとすぐに農業神と考える考え方自体が大きな問題。それは「班田農民」に対する天皇という図式でとらえてきた天皇のとらえ方そのものの問題でもあるので、さきほどいった偏りがここまで影響している。

山口　坪井さんが言うように、要するに公民（オオミタカラ）というものでおさえていたのはほんの一部分にすぎない。おさえていたというか、関係をつくりあげていたのはね。オオミタカラだけで文化の構成をはかりすぎてしまっているということに対する反省というのは、これからもっと出てくるのかもしれないとは思いますけれどもね。

網野　そう思いますね。しかし「大御宝」として一応支配しようとするし、その形をつくりあげるわけだ。だからいろいろな習俗・儀礼も、稲作と一緒にずっと拡がっていくわけでしょう。

山口　ですからそこは、オオミタカラというのはやっぱり計量しやすいんです、一番。

網野　そうそう。計量しやすい。人間を移動しないものときめこんで、調庸をかけたり、田地の広さで租をとる。中世の年貢の場合も鉄や塩を田地を単位にとるわけです。

これまではそれをすぐ実態にむすびつけて議論をやってきたというところがあったわけで、結局、支配者の意図にふりまわされていることになってしまう。

二つの天皇論

網野　そこで天皇制の問題になるんですが、そういう贄の形をとった山の幸、海の幸をとっている天皇と、「班田農民」＝「大御宝」に対応している天皇、この二つの側面が天皇には最初からあるわけね。表に出ているのは後者だけだから、これまでは専らこの側面で議論されてきたわけで、最近の大嘗祭《だいじょうさい》論議も全く同じだと思いますよ。それとからむところとずれるところがあると思うんだけれども、いままでの天皇論には二つの非常にはっきりした系譜があるように私は思う。一つは儀礼的な、山口さん流にいえば、パーフォーマンスをする天皇こそ天皇の本質だという議論と、もう一つは権力をもつ専制的な天皇こそが天皇の本質なんだ、という考え方の二つですね。天皇制に反対する方にも賛成する方にも、この二つの考え方、あるいはそのどちらに重点をおくかがはっきり現われているんですよ。戦前では平泉澄《きよし》(19)は権力的な天皇を本質と考えるほうに属すると思うんだな。だから後醍醐を非常に高く評価することになるし、権力者としての後鳥羽を高く評価するという方向にいく。

保田《やすだ》與重郎《よじゅうろう》(20)はみなさんが読めというので読んでみたけれども、保田は逆ですね。つまり後鳥羽の取り上げ方にしても、幕府と対決した後鳥羽ではなくて、文化的な天皇としての後鳥羽を評価する。だから農耕儀礼を主催する、オオミタカラの頂点にいるものとしての天皇こそが天皇の本質だというふうにくるわけね。

戦後も同じなんですよ。石井良助氏は(21)「刃に血塗らざる伝統」ということを言って、天皇の本質はまさに不執政であるところにある。権力をもたない、行使しないのが天皇の本質だとする。ところが一方、戦後の天皇制肯定者の中でも村松剛《たけし》氏は全く逆なんですね。村松氏は文学者だから天皇を平泉的な見方とはちがって生々しい人間としてとらえるのだけれども、「後醍醐帝なくしては明治大帝なし」ということをはっきりいっている。つまり天皇の歴史の中で評価すべきは古代の専制君主的な天武、そして後醍醐、明治とくる。これこそ天皇らしい天皇というわけ。ところが石井良助氏の方から見ると、「この三天皇こそ天皇史上最悪の天皇だ」ということになる。石井さんはそう言うわけですね。

これは天皇制否定論者の方にもあるわけだ。この両面のあることは認めていても、権力としての天皇に重点を置く見方からすると、天皇制は天皇が国家機構の頂点にあり、支配のための究極的権威を持ち、最大の搾取者であった場合のみにあてはまる概念だ。だから天皇制は古代と中世の前期、それから戦前の近代、それしかない。あとの天皇は儀礼をもって権力者に奉仕する「侍女」にすぎないので、支配階級の「あやつり人形」

だということになる。永原慶二さん(22)はどちらかといえばこの見方だったでしょうね。だから平泉・村松型とは正面衝突する。しかし、保田・石井型とはかなりの程度まですれちがってしまうんですね。天皇制批判者の側で、儀礼的不執政的天皇を本質だとはっき

---

(19) 一八九五―一九八四。歴史学者。白山神社祠官の子として、福井県平泉寺町で生まれる。東京帝国大学文学部教授として、国粋主義の立場から皇国史観を唱えた。戦後は大学を辞して郷里に帰り白山神社宮司を務めた。学位論文『中世に於ける社寺と社会との関係』で、日本史研究において初めて「アジール」の概念を用いている。著書に『国史学の骨髄』『建武中興の本義』(至文堂)など。

(20) 一九一〇―八一。文芸評論家。東京帝国大学美学科在学中に、大阪高校時代の仲間とともに『コギト』を、亀井勝一郎らとともに『日本浪曼派』を創刊。次第に反近代主義、反進歩主義、民族主義の立場を強め、その思想は第二次世界大戦中の若者たちに大きな影響を与えた。著書に『日本の橋』(芝書店、のち講談社学術文庫)、『後鳥羽院』(思潮社)、『近代の終焉』(小学館)など。

(21) 一九〇七―九三。法制史学者。東京帝国大学法学部卒業。同大学法学部教授、新潟大学教授、専修大学教授、創価大学教授を歴任。『中世武家不動産訴訟法の研究』(弘文堂書房)で法学博士の学位を取得。中田薫門下。日本法制史の実証的研究と体系化を進めた。著書に『日本法制史概説』(弘文堂)、『日本相続法史』(創文社)、『刑罰の歴史』(明石書店)など。

(22) 本書対談2、注(3)参照。

り言い切っている人は吉本隆明氏はそれに近いのかもしれないけれども、歴史家にはいない。ただそちらの面を考えなければ天皇の本質はつかみ切れないという考えが最近、強くなっていますね。黒田さんはその一人だろうし、永原さんもその点を主張しはじめている。しかしこれまでは批判者のほうが、批判の論点をどっちに向けるかというところで二つに分かれてきた。権力をもっている天皇のほうに矛先を向けるか、儀礼の主催者としての天皇に批判の矛先を向けるかだったんですね。いまやその双方に矛先を向けなくてはならないことがはっきりしつつあるわけですね。

このこととさきほどの農業と非農業の問題はどこかで絡んでくると思いますが、私にもそれはまだよくわからないですけれどもね。

山口　網野さんに対する誤解が生じるのもそのあたりからなのではないんですか。

網野　そうかもしれない。でも、誤解かどうかわからない(笑)。ほんとかもしれないけれども、どういう誤解ですか。

山口　要するに、網野さんが、天皇が農耕民とだけ密接に結びついていたわけではなく、贄を通じていわゆる漁撈民的な存在の供御人《くごにん》とも自由に結びついていて、それを組織する力があった、と。それから、いわゆる絶対的な家父長的社会構造というものが古代の班田農民にあったように思われているけれども、実際はそういうふうなものは、いわゆる仮構のものかもしれないというのが、もう一つ網野さんの立場にあると思うんですね。

いわゆる世間で言う武断政治的な古代専制君主というものが、いわゆる班田農民にきちっとできていて、それは家父長型の上に立っている。場合によってはそれがまるごと古代奴隷制の中に絡めとられていて、それをきちっと組織していたのがいわゆる権力者としての天皇だ。武断政治の前提となるような、そういうものに対するもっと広い拡がりの網の目の中に天皇はあったというふうなことになると考えて、いわゆる班田農民中心の古代史に対する一種の相対化のすすめを提言しておられるんだけれども、班田農民的な論理の中の、そこから来る時間構造の中で歴史を考えていこうとするのは、網野は古代的な原始的ユートピアの礼讃者だからだと。その原始的ユートピアの中に天皇の問題も含めて最終的には天皇制を容認するんだ——というほうに行ってしまうわけでしょう。いわゆる相対化しようという提案のほうは忘れられてしまうというところがあって、だから網野史学はこれからだんだん形をとっていくとしたら、その辺を網野さんがどういうふうに説得していくかというふうなことになって、それは天皇ばかりではなく、今度は女性の問題にもなっていくと思うんですね。

網野　そうですかね。

差別と天皇制

山口　女性史の中で網野さんのもっている視点というのが、やっぱり取り上げられてくるんじゃなかろうかと思うのは、班田農民が要するに家父長的な構造の上に立って女性支配というのが初めから徹底していたのではなくて、太良荘の歴史を見ても、藤原氏女ですか、ああいうふうなものの存在を見ても、女性がどんどんローカルな権力には介入している。要するに、男が一方的に女性を従えるような方向に向いていくのは、戦国時代の入口になってやっとそういうふうな方向に向いていったのであって、それ以前の女性というのは必ずしも従属的な存在ではなかった。それはちょうど、女性ばかりではなくて差別の問題にも結びついていて、中世のいつぐらいの時期かまでは知らないけれども、いわゆる職式でない、そして非定住なものに対する差別というのがある時期に出てきた。その時期以前は、南北朝の動乱の前後に至るまでは、それがそんなにはっきり排除という論理構造で働いていなかったのではなかろうかということからいっても、中世封建制の理解にも関係するような、所従とか下人《げにん》(23)とかいっても完全な奴隷身分的なものではなくて、自由にある時期自分が選べるような状態というのは常にあった。

だから男の問題、差別の問題というのが、網野さんの中世的世界像の中で噴出してきて、それがさらに今度天皇と非農業民の問題にまで及んでいくと、ぼくは理解しているんですけれどもね。

網野　戦前から高群逸枝さんという偉い人がいるし、最近では彼女をめぐっても喧々《けんけん》囂々《ごうごう》。私なんか出る幕はないだろうと思いますよ。ただ、いまの山口流の「網野説」の解説の中にも見えているけれども、「天皇制の深層構造」（『天皇制の文化人類学』立風書房、のち岩波現代文庫）を読んでも山口さんはさきほど言った権力者天皇じゃなくて、私の分類によれば、むしろパーフォーマンス天皇が本質だという意見だと理解しているんですけれども。

山口　そうですね。

網野　でしょう。それをちょっと展開してみて下さいよ。

山口　ぼくの視点から言うと、天皇というものに権力と権威の部分があるとすると、天皇というものを一文化の中のパーフォーマンスの中でとらえるというのは、いわゆる固定したような儀礼の執行者という、必ずしもそういう狭い意味ではなくて、もっと広い演劇的コンテクストでとらえなおそうとする試みなのです。一番身近な例が、日本の社会ではいくらでも起こり得る状態、つまり実際に権力をもっていない行を行う人、行者的な存在、行者が実際に効果的に行を行えるような状態を維持していくもの、そうい

---

(23)　所従とは中世において、寺僧・貴族・武士・上層百姓などに従属する隷属民。主人の固有財産として譲与・売買の対象となった。下人と同義であるが、地頭の隷属民を所従、百姓の隷属民を下人と区別する事例もある。

う構造というのはいくらでもあらわれるだろうという感じ方がしているわけですね。

それが一番典型的にあらわれているのは、近世の湯殿山のミイラ上人《しょうにん》。一世行人《いっせぎょうにん》(24)と言われている存在であって、あれが典型的にそういうものをあらわしているのではないか。一世行人というのは大体外から流れ込んでくる、いわゆるフランス映画における外人部隊みたいな存在で、外で人を殺したりなんかしてそこへ流れ込んでくる。だから実際に寺の運営というハイアラキーでは一番下にいる。だから存在そのものとしては何の意味もない虫ケラの如き存在であり外界から断ち切られている。しかし、それがあるとき千日行をやるとか、ミイラになるとかいうことを宣言するとともに聖的なものに転化していく。

その湯殿山の僧坊には、世襲の、いわゆるお寺を取り仕切っている家族的な構成をもっている人たちがいるわけですね。それが結局、そういうときになるとミイラ行者を中心的な存在に押し立てていって、権力を保持しながら行を効果的に達成させる。その行者——上人の存在というのが、寺のためではなくて寺をめぐる近隣まで、要するに飢饉とか天候不順とかというようなときにそういう人があらわれる。メシア的な存在ですよね。ですから完全に彼のやっていることというのは一世救済ですね。彼が托鉢的な形で廻っていくときには、土地の人はできるだけその力にあやかろうとする。そういうことを含めても、一時的な権力だと思うんですね。非常に宗教性の高いものであるけれども、在地のものに対する影響力を考えると、そういうふうな構造を湯殿山なんかに見ることができる。

この構造は、伝承の形でいろいろあらわれている。というのは、ぼくも関心をもったけれども、網野さんもお読みになった国文学者、松岡心平氏の、蟬丸と蟬丸を取り巻く人間の関係というもの、それから中世のいわゆる奈良坂や清水坂ですか、ああいうふうな非人宿の構成を見てみると、非人宿というのは長吏的な存在がいて、これが権力的には取り仕切っている。そこではさらわれてきたり、もらわれてきたり、買われてきた「盲」とか「癩者」とか、そういう人々がふだんは本当に虫ケラのように扱われていて、しかし外部に対する精神的な影響力のパーフォーマンスの構造の中においては頂点に押し立てられる。そういうことを裏付けるような伝承が中将姫(「雲雀山」の能にも出てくる)のような形で、いわゆる神話化されているという感じがある。

これをもっと日本固有と思われる部分で説明していくと、多くの民俗芸能の儀礼で神がかりを見ていると、神がかる人と、必ず神がかりのそばには神がかった状態のときにそれをある一定の限度に神がかりの状態をおさえる腰とりという組み合わせがある。多

(24)　江戸時代に出羽三山で苦行を行った半僧半俗の宗教者。人々の苦悩を代わりに受けるため、穀断ちの修行をして生きたまま入棺し、即身仏となった。そのミイラ化した遺体は崇拝の対象となった(岩鼻通明『出羽三山』岩波新書など参照)。

くの場合、兎飛びと言われている場合でも必ずある。

権威・権力・パーフォーマンス

山口　これは、例をふやしていけると思うんですね。典型的なのは広島県の比婆郡東城町で坪井さんたちと見に行ったんですけれども、比婆神楽といわれているやつですが、最後にこれは行者がいて神がかるわけですね。そのときも腰とりというのがついていて、すべて全部それを取り仕切っているんです。腰とりというのは一種の永続性を保証する。行者的な神がかる人というのは、その瞬間に、普通の人間には到達できないような意識に達してメッセージをどこからか引き出していく。そういうふうな存在なんです。だから基本的に言えば、天皇の原型の一つにそういう民俗的パーフォーマンスに根をもつものがあるのではなかろうか。天皇が政治史の中でもっていた地位を見てみると、卑弥呼の弟にはじまり豪族とか外戚というような形で制度化する。あるいは後には将軍対天皇という形で常に腰とり的なものとしての政治構造というのがあって、演ずる人としての天皇があり天皇はいつでも引きずり下ろせるような状態にあった。だから日本は政変が起こりやすいわりには天皇をめぐる政治構造が一定の形として残るのは、その二つがあったからではなかろうか。

というところで、網野さんの疑問に私なりに答えているわけですけれども、歴史家としては受け入れられない論理でしょうか。

網野　いやいや、そんなことはないですよ。そうしたとらえ方に対して現在の歴史家はすべてが拒否的ではないと思いますよ。七六年の山口さんの「挑発」〔本対談「はじめに」参照〕は、その意味で効果はあったといっていいでしょう。しかし山口説はさきほどいった天皇論の一つの系列にはっきり入ると思う。つまり摂関家と天皇、将軍と天皇。実権は前者、後者は神がかり。だからさっきの分類で言えば一種の不執政説だよね。そうした不執政の構造を解明する上で非常に有効な議論だとは思うんですよ。

ところが天皇は、出発点のところで「刃に血を」塗っている。天智、天武がいなければ天皇制もできないし、天皇もつづきはしない。だからたとえば後醍醐は、そういう不執政を支える構造そのものをぶち壊そうとするわけですよ。だから彼は貴族たちからも反発をくらって結局は没落するんだけれども、その構造に正面から挑戦した中世唯一の天皇でしょうね。天武にもそういうところがある。だから政治構造の方から言えば、貴族の合議体と天皇との関係になってでてくるわけです。太政官の合議体、公卿会議と天皇との関係ですね。

そういう経緯があるから、一方の側の村松剛氏は、後醍醐がいたから明治大帝があり得たんだというわけです。いまの山口さんのお話は、象徴天皇制のあり方を解明する上には有効だし、いま天皇護持論者はもっぱら不執政論、儀礼主催者の側面を前面に押し出して、来るべき「代替わり」にそなえて必死になっているわけだから、その足元をすくうためにはもっと天皇のパーフォーマンスの深部を白日にさらす必要がある。天皇古墳を発掘することだって大いに必要なわけですよ。しかし逆に言ってこれまでの歴史家が非常に問題にしてきた権力的天皇の問題が、山口説のどこから出てくるのか。それを無視したら、天皇は存在し得ない。聖徳太子か天武か、なんていう議論もあるけれども、天智朝を武力でひっくり返した天武がいなければ天皇制もできないし、天皇はいままでつづきはしないんですね。

山口　網野さんの二分法は、単純化による問題のすりかえで、不毛の議論の趣きがあります。でも、しかしそれはそれとしても、王権というものが常にどこでも二つの可能性を潜在的に持っていると思うんですね。いわゆる権威と権力。

網野　そうそう、権威と権力ですよ。

山口　どれだけ使い分けているかという問題ですね。だからそれを権力だけだと言っても抜けるし、権威だけだと言っても抜ける。

網野　その通り。

山口　そこを越える部分は、政治空間のもつ異様なる凝集力というものがあるわけでしょう。指一つで人間を一〇〇〇人動かせるようなところですから、人間を権力をめぐる妄想に駆り立てる。そういうところがあるから、いわゆる能や何かに出てくるような子方《こかた》であらわされるようなひ弱な天皇ばかりではないというふうなことにはなる。

その問題の中でもう一つ、天皇制というのが一種の制度化された日本最初の律令制だとすると、律令制というのは大体そういった腰とりそのものの構造をきちっと最後まで規定したというふうなことになると思う。その中で結局、天皇が動かせるような可能性までちゃんと機能させていけば、天皇は動かされてかまわない。結局そういうふうな構造になる。たとえば後醍醐的な意味かどうか知らないですけれども、その潜在的な可能性というのが天皇がもっている天皇に期待された異様なエネルギーとなり、この集中力が神がかりだけに向けられていたら問題はない。ところが、その神がかりがこの世の中におけるアグレッションに向いていくと、たとえば神功皇后的なイメージも出てくるわけですね――伝説の中において。それが実際の政治構造の中で機能していくと、いわゆる院政政権のような構造が出てくる。規定された構造の中からはみ出してくる異様なるエネルギーというものは、やっぱり天皇の中にある。花山院《かざんいん》の狂気というものを見てもそれがあらわれているし、それから後三条における荘園の整理所をつくり出していく構造とか、それから後白河のようにはみ出して民衆的な芸とか、そういうふうな力の中に飛び込んでいくような、いわゆる飛び出し型というのがかなりあると思うんですね。それはある時期までは院政という形をとった。しかし律令制が機能しているときにはいいが、律令制は結局崩壊してしまう。そして鎌倉幕府的な世界で律令的なものがほとんど力をもたないような時期は、そういう枠組みからはみ出すというのは、いわゆる復古という概念を通じて現世的な規範から飛び出していこうという行動形態になったのではないだろうか。

だから権威はやっぱり権力を前提としているし、権力というのは大体の場合は腰とりの側にあるんだけれども、しかし工夫によって権力を自分の側にひきつけるという幻想をもてるときがある。だから、そういうふうな条件が熟してから南北朝の動乱みたいなものが出てきて、それは身分が上から下までの者全部が逆になれる、逆に今度はもう一回元に戻れるかもしれないという幻想さえ与える。そうすると、政治空間のもっている狂気みたいなものは、常にその変数として考えられなくちゃならないんじゃないだろうか。

天皇制のもっている危険性は、そういう狂気を呼び起こすのは天皇そのものばかりじゃなくて、天皇に対して求心的に自分のアイデンティティを託する人間が常にいたんだし、それが典型的な形になると三島の美学にもなっていった。ですから、その二つの面を必ずしも分ける必要はないと思うけれども、しかし二つの面があるということを確めておくことはいいんじゃないですか。

網野 もちろんそうです。それをいいたかった。

山口 ただ、時間的な条件というものは、天皇にかわり身を要求して、そのかわり身をうまくやる天皇が常に出ていたということはあったろうと思いますね。

ミクロコスモス・マクロコスモス

網野　阿部謹也さんに叱られたけれども、最近の高円宮家の成立のことを、天皇制や天皇を論じている人がなにも問題にしないのはけしからんといわれた。その通りでほとんどだれも知らないうちに、あっという間に何億かの予算がそちらにいってしまうわけだから、権威だけだなどとはいっていられないですよ。だから歴史学の立場から言えば、例えばなぜ後醍醐がああいう挑戦をやったのかということを具体的に追いかけていくことで権威と権力の関係を細かくあとづけていく必要がある。あの時期の問題で言うと、中世には「職《しき》(25)」というものがありますね。これは笠松宏至氏が言っていることだけれども、「職」には代々伝えられていく「相伝の職」と一代かぎりの「遷替《せんたい》の職」がある(26)わけです。鎌倉後期になると「職」がみな「遷替の職」になる傾向が出てきた。両統迭立(27)がその一つの原因でもあり結果でもあるのだけれども、天皇も同じで、天皇の職も遷替

---

(25)　本書対談1、注(1)参照。

(26)　鎌倉時代後期に後深草院を祖とする持明院統と、亀山院を祖とする大覚寺統とに皇統が分裂したため、両統が交互に皇位に就くようになった。この暗黙の原則を両統迭立と呼ぶ。のちに持明院統が北朝となり、大覚寺統が南朝になる。

になりかねない。つまり天皇家以外のものが入る危険性すら後醍醐の時期には出てきた。そういう一種の天皇制の危機的な状況が出てきたときに、それを強権で絶対に拒否しようとする。ヒットラーみたいなものだと私は思うんだけれども、要するに天皇だけは「相伝の職」であとは全部「遷替の職」にしてしまおうという構想を持って後醍醐が現われるのだと思う。だから権威が危機に陥ったときには、なにがでてくるかわからない。天皇の存在がそういうものを潜在させていることも十分に見ぬいておかないとまずい。

それは明治の場合だっていえることで、そういう問題について歴史学は天皇がまた表にでてくる状況の解明を、言葉だけではなくて、もっと具体的にあとづけておくことが必要だと思うんですね。それから、それだけではなくていま言われたように、王権が人間社会の歴史の中でもってきた意味をその権威のあり方とそれがいまのような危機的に凝縮された政治空間があらわれたときに権力となって動き出すという問題を含めて、王権の構造をもっと人間の社会全体の中に普遍化して、天皇の問題まで全部ひっくるめた上で考えてみる必要がありはしないかと思うんです。

山口　だからぼくは歴史学から逃げて文化人類学へいってアフリカの王権をやったのは、そこに理由があるわけです。

網野　日本の場合で言うと、たとえば日本の首長制のある時期、律令制のできる前の大王《おおきみ》の段階はまさにアフリカの王様そっくりのようですね。

山口　アフリカの多くの王様は、基本的にやっぱり力のない王様なんですよ。

網野　そうでしょう。

山口　ダホメとかウガンダといった場合のように、西欧との接触後、強烈なディスポット〔独裁者〕があらわれるのが全く例外的なんですね。

網野　そうだろうね。

山口　だから西欧文明との接触以後かわった問題もある。

網野　それはやはり危機的な状況があったのではないかな。天智、天武のでてくるのも中国との関係での危機的状況があったことは確実ですね。しかし日本の場合は律令制の成立する前はアフリカの王様とくらべる。律令制では中国の皇帝、中世だとヨーロッパの封建王制と比較する。それから近代になると今度はルイ一四世、現代はイギリスの王室と比較して、要するに天皇はどこにでもあるものだ。だからたいしたことはない、普遍化できるんだという処理の仕方で天皇の問題を相対化しようというのがいままでのやり方だった。それも大いに必要だと思うけれども、どうもそういうやり方だけだと、

(27)　鎌倉末期になってくると皇統の分裂は進み、皇族が次々と践祚《せんそ》しては数年で譲位を繰り返すことが常態となっていた。これにより天皇自身が自分の後継者を選んで相伝することができないばかりか、後継者を追認する幕府が、事実上の天皇の補任者《ぶにん》となるという、天皇の「遷替の職」化が起こっていた。【著作集16】第八章第四節参照。

同じ家がずっとそれを演じ続けてきたというけったいさが消える。

だいたい王様の代替わりで時間の軸がかわる国民はいまはもうどこにもないでしょう。一人の老人が死んだとたんに、年号表記を全部かえなくてはならないというのは珍妙きわまることだけれども、そこが一つのポイントになる。右翼が元号問題で必死になったのは当然なんですね。今度、それが起こったときに、なんとわれわれは珍妙な人種だろうと思う人が増えるといいけれどもね。そうなると困るから、天皇護持論者は、天皇の有難みをいまや必死で説いている。そういう問題を理解し難くなるんじゃないかということがあって……。

山口　でも、それをやってきているのは法制史家であって、日本の歴史家はそういう関心もなかったわけでしょう。

網野　そうでもないだろうけれど、天皇家がいままでつづいてきた意味はどこにあるのか、という問題を出すこと自体に拒否反応は強いですよ。しかし私はそのことに関心をもたなければいけないと思いますね。法制史家だけじゃなくて、社会経済史の方も考えなくてはいけないと思う。要するに天皇なんか王様にすぎない。世界どこにでもある王様の一つなんだ、だからこれは大したものじゃないんだといってみる。アフリカの王様と日本の古代は似ているので、どこでもあるものだというわけよ。

山口　ちょっとエキゾチシズム的な表現ですけれども(笑)。怖くない、というわけですね。

網野　そうそう(笑)。なんとなく気休めにはなる。ただそれだけだと、時間までまだその王権に左右されているわれわれ自身の問題が抜け落ちてしまう。だからやはり、勲章や位階、時間・儀礼の問題と権力——軍隊や警察までふくむ王権の問題を全面的に考える必要がある。アフリカの王権だけじゃなくて。ルイ一四世まで含めて……。

山口　ルイ一四世だってアフリカの王様と同じレベルで比較できる次元があるわけだから。

網野　それはそうでしょう。

山口　これはバランディエの『舞台の上の権力』(渡辺公三訳、平凡社)のようなあいうふうな切り方をしていくと天皇制もそうですし、それから最近、ウィリアム・アレンスというニューヨーク市立大学の教授が送ってくれた論文では、アフリカのシルクというスーダンの南の、エヴァンズ＝プリチャードがやったので有名な王権とルネッサンスの王権を比較しています。比較は、いつでもどこでも可能なんです。ただ、王権というものを論ずる場合には、一つは基本的には王権というのはミクロコスモス、マクロコスモス(28)の、そういったものをつなぐ役割だという、そういうところをはずすことはできない。

網野　それはできないでしょうね。

山口　だから結局、一つの文化における宇宙モデル、世界モデルの核にはいる。それは好きであろうが嫌いであろうが、これは確たる事実なんですね。だから一人の王の身体の中で宇宙の原理が体現されているという視点があるから有効なんだと。これははずすことのできないことだと思うんですね。パーフォーマンスが力になるというのは、そういう前提があるからなのだ、と。

網野　そうでしょうね。後醍醐が、楠木正成や新田義貞を心服させたのもそれがあるからだろうと思うけれども、それが武力として彼の手足になって動き出すところになると、パーフォーマンスだけではいかなくなるとも思いますよ。

天皇のイメージ

山口　ぼくもそう思うし、網野さんにしてもそうだと思うんですけれども、結局保田の論理というのは稲作社会の絶対化ですよね。

網野　そうですね。

山口　だから民俗から出てくるいわゆる日本の伝統ということを言っているけれども、しかしそれを相対化するきっかけを含んでいない論議でしょう。ところが日本の民俗を見てみたって、いくらでも潜在的には小伝統と言われるものはあるわけだから、それを相対化するきっかけを全然含んでいないということが問題だと思う。ですから網野さんの仕事はそういうものを相対化するような仕事だと思う。ただ網野さんが太良荘の歴史をインテンシヴにやられたときに、保田的なものを逆に導入しながら、しかしそれをまた相対化するというようなメカニズムというのがあるいは出てきはしないかという感じがして、保田を絶対否定するということは、ちょっとむずかしいと思うんですよ。

網野　そういう見方がありうることは、もちろん否定しないけれども……。

山口　農耕社会の内側から日本を絶対化するような保田のもっている視点、それともう一つ、今日のある程度の説得力のよってくる理由は、一種のポスト・インダストリアリズム社会の中において産業社会を相対化するという、その論理を含んでいるからですね。要するに農耕を媒介にして自然に近く生き自然のリズムに忠実だった儀礼構造をもって、その中に天皇がいるという視点であって、いわゆるポスト・インダストリアル・ソサエティなわけです。それはちょっと気になるような視点なんですね。我々はいかに工業社会というものが自然を破壊したかということを身にしみて知っているから、工業

---

(28)　前近代のヨーロッパなどで見られる世界観で、全世界である大宇宙(マクロコスモス)は、個々の人間の身体(ミクロコスモス)と相応するという観念。山口は『文化人類学の視角』(岩波書店)において、「農耕社会の司祭、王の最も重要な儀礼は、自然が順調に運行し万物が繁殖することであ」り、「大宇宙を縮小したと考えられる王の身体(ミクロコスモス)が重要な意味を帯び」、「王は儀礼を定期的に執行することによって、宇宙の秩序を守る」と述べている。

社会を通らないで自然との全体的つながりを回復するというときに、農業社会が一つモデルになるけれども、しかしそれがモデルのすべてではないし、今日の社会のあり方から言うと定住的な生き方というものが次第次第に相対化されているわけですね。

定住的な生き方においては農耕社会を絶対化し、都市を絶対化し、その違いも絶対化したんだけれども、いまやもう都市と農村の区別というものだってそんなに絶対的なものではなくなってきているし、人々の定住意識というものも薄れてきているわけですね。それから四季に対する感覚というものも薄れてきているから、いわゆる農耕社会の絶対化というのも、ある意味ではいわゆる定住社会の中からくる関心であったのかもしれない。そうすると、いまの若者だったら移動して歩く職人の生活のほうに共感をもつ人間も多いわけだから、そういうふうな目に見える周りの歴史に対する生きている人間の感じ方の変化というのが一つあって、それをきっかけとして保田的な観点を相対化する。それは民俗学の中でも坪井洋文氏の仕事なんかにはそういうふうな視点があらわれてきているわけですね。

網野　びっくりしたのは、保田は天皇を「無所有」だと言っているんですね。こんど初めて知ってびっくりしましたよ。私はたまたま「無所有」という言葉をつかって、皆さんから叱られた。私が「無所有」といったのは、「だれのものでもない」ということを漢字であらわそうとしたら何であらわしたらいいだろうと思ったら、ああいう言葉しか出てこなかったというのが正直なところなので、保田の文脈とは違っているつもりだけれども。「無所有」という言葉に保田の本を読んでひさかたぶりにお目にかかったですね(笑)。だから、ぼくは「新皇国史観」とか「近代の超克」派だとかいわれるんだなということを自覚した。しかしそれは天皇が実際に「無所有」の自然をとりこんでいるところがあるからで、その点はいまでも私は強調したいですね。天皇の問題のむずかしいところの一つはそれだと思うんですよ。

山口　天皇を所有だというふうにはっきり規定した神山茂夫のテーゼ(29)が、我々の世代の意識にやきついているからね。

網野　そうそう。それの全く裏側を保田がついている。これはさっきの問題とも大いにかかわるわけで、パーフォーマンス論だけでいくと、天皇は「無所有」だけになってしまうわけですよ。それはもちろん事実ではない。

山口　平安時代においても天皇は、方違《かたたが》え(30)という口実で、いつもあちこちを居候して歩いていた。古代都市の空間の中の遊行民だったというわけです。

---

(29) 神山茂夫が依拠する三二年テーゼ(日本における情勢と日本共産党の任務に関するテーゼ)を指すか。同テーゼでは天皇制を「反動的な半封建的官僚と大土地所有者」と規定した。

(30) 平安時代に陰陽道にもとづいて行われていた風習で、外出時に天一神や金神がいるとする方角を凶として避け、他の方角で一泊してから目的地に向かうこと。

網野　天皇のイメージはいろいろあるわけで、一つは保田的な農耕儀礼の主催者としての人神的な天皇、もう一つは遊行する天皇のイメージがある。これはいま山口さんがおっしゃったほうなんだけれども、それにもう一つ非日常的な悪王的な天皇があると宮田登さん〔本書「最終講義」注(11)参照〕が最近の平凡社の『大百科事典』でいっていますね。これはまえに天皇の二つの側面と言ったこと、海の幸や山の幸、海民や山民の奉仕をうける天皇と、農耕、農業民を支配する天皇という問題もそれと多分に重なるところはあると思うんですがね。それから、非日常的な悪王というのが権力を行使する天皇に当ることになる。

しかしまえに出た海藻のことにもかかわりが出てくるんだけれども、天皇の問題で始末が悪いと思うのは、その辺の問題なんですね。保田的な農耕の方向だけからではなくて、非農業のことを考えなくてはならないと思うわけだけれども、それは農耕以前のものでもあるわけですよ。海藻にしても鰹や鰒もみんな縄文以来のものですよ。そっちのほうも神に関わりがあり、しかも天皇がそれを取り込んでいる。もちろん、取り込みきれているわけはないけれどもそこに天皇の問題のむずかしさがあることは事実ですね。

山口　そうそう。無所有、無構造のもっているものの包容性みたいな感じにぶちあたっちゃうわけでしょう。

網野　そういうことかもしれないね。だから、もはや天皇については、研究すると向こうに取り込まれちゃうから一切やるな、という弱気、強気の議論が天皇否定論の側から出てくる理由もそこにあるんだと思うんですよ。

山口　しかし普通の生活者は、その文化構造の中に生きている限りは、その構造のメカニズムは解明しなければならないわけですね。

網野　そうですよ。知らないままに目をつぶっているうちにやられてしまう。だから、その辺のメカニズムを白日の下にさらす必要がある。そのためには天皇の出現の初発と、律令制の成立が非常に大きなポイントになる問題であることは確かなんです。贄の制度が出てくるのも、その時期ですからね。ただ、相手は相当とにかく狡知にたけている。

最近、非農業民は武力的・暴力的で、農民は平和を望んでいる、だから極言すると非農業民は悪で、農民こそ善という論調もあるようですね。たしかに海民や山民は武力としては農民より強力なので、天皇の初期の武力にも鵜飼がいたようだし、後醍醐も海民的、山民的な武士団を駆使している。古代の「俘囚」が各地に移配されて、治安維持の武力に使われたのも同じことだと思います。しかしだから、農民こそ平和を最も強く望んでいたのだ、というところだけにとどまってしまうと、大嘗祭が無事にすんで新天皇の下「平和な」大国日本万歳で終ってしまう危険性が大きいですね。さっき山口さんは「班田農民」の上に立った天皇が「武断的」で、非農業民をぼくがやるのはそれ以前の時代を問題にしているのだといったけれども、一面は当っているけれども、当っていないところもある。非農業民は攻撃的でもありますからね。だからこの場合も一方を悪、他方を善とするのではなくて両方をあわせてその関連を考えなくてはならないと思いますよ。

山口　ぼくもつくづく自分ながら進歩がないと思うんだけれども、ぼくは一九五四年(昭和二九)に書いた「ヴ・ナロードということについて」(31)という文章の中で、権力を外圧的なものとしてとらえると必ず負ける。権力がまずこちら側に内在しているものとして天皇の権力というものを考えなくては、もはや天皇をとらえることはできないのではないかというようなことを天才的な直感で感じたんだけれども(笑)。その後一向に進歩がないんで、いまだに悩んでいるわけです。

網野　そこの悩みが山口さんからも出てこないとね。その辺を、もうすこし大がかりにはき出してもらいたいですな。

山口　謙遜に乗じて網野さんは悩みが出ないと言われたのだけれど「天皇制の深層構造」(『天皇制の文化人類学』所収)は二〇年後のぼくの解答の一つであったわけなのです。

網野　もちろん私も愛読者ですよ。日本の神様のあり方だって、まえに話にでた神饌の内容をふまえて、もっと検討してみる必要がある。これが天皇の問題にもつながるわけだからね。大体、「初詣」にでかけるたくさんの人のエネルギーは、いまのままだとみんな天皇を支えるエネルギーになってしまうよ。ところがその辺の神様のことを研究している人が少ないんですよ。そのことを明らかにするのには魚貝や海藻、塩の研究もしなければだめなんです。ところが、塩の研究者もまたじつに少ない。しかし私がこんな風に憤慨すると、みなうさんくさい顔をして、危険視するようですね。人徳のないせいだね、これは。しかしそう考えてくると、やられていないこと、研究すべきことはじつに多いですね。

近世史との対話

山口　そうね。荘園史なんかでも、ぼくはこの三、四年、何となく関心をもって、宮田登さんたちと京都府の山城町の棚倉というところへ行っているんですよ。棚倉というのは、いわゆる大伝統じゃなくて小伝統で一種の従属性をもっているところです。日常茶飯事の歴史学と天下国家の歴史学でいうと、要するに日本の伝統においても、たとえ

(31)　山口は岩波現代文庫版『天皇制の文化人類学』の解題で、「ヴ・ナロードということについて」は、大学三年生であった一九五四年、卒業生を送り出すために学科研究室の雑誌を創刊し、その第一号に寄稿したものであると述べている。同氏のインタビュー集『語りの宇宙』(冬樹社)に未発表資料として収録されている「ミンシュウノナカへ」(東大国史学科自治会編『国史研究室』第一号、一九五四年三月二五日)がこれにあたると思われる。「ヴ・ナロード(В народ)」は「民衆の中へ」を意味する一九世紀ロシアの政治スローガン。

ば神話なんかにしても、天下国家を背景とする神話、記紀神話のイデオロギー的な神話が一つあるわけです。それからローカルなフォークロア的な風土記的な神話がある。棚倉というところは、南山城ですから奈良に近いんですけれども、むしろ風土記的な世界に属している世界なんですね。

ここでは毎年二月に居籠祭《いごもりさい》というのがあるんです。これはどういう祭りかというと、神話的には、古代において奈良の五十鈴川から女神が飛翔してきたというんです。それでこの地に降りて、山に降りて、あの木を経て、この木を経て、この木を経て、ここにとまって、それから涌出宮《わきでのみや》に入った、と。座の起源説明がそれなんですね。征服者の座が幾つかあるわけですよ。それから今度土地でそれを迎えた座があるわけです。

祭りのときに何をやるかというと、たくさんあるけれども、全部言うわけにいかないので一番印象的なものだけを紹介しますと、祭りが始まる一週間前から山を白装束の若者がめぐるんです。降臨したのち姫神が遊行した地点を全部神話的にもう一回ずっとたどってくる。始まりの空間と時間とを神話にのっとって再現している。宮座組織になっていますから、宮座という一つの、ある時期に形成された共同体の形態が基本になっている。実際の祭りが始まる前に神主が司祭権を座の側に移しちゃうんです。だから神主はその間は、外に出て農耕具を備える祀りぐらいはやるけれども、実際にはタッチしないんですね。座に戻すかどうか知らないけれども、祭祀権を譲ってしまう。

その中で、男だけが集まって贄をつくって、神饌をつくって、真夜中真っ暗闇の中で、それを神に捧げる。他所者は見ることを禁じられているから、我々は外から感じるぐらいのことしかできないですね。それで次の日の早朝、午前三時ごろ、宮の四つの外の隅に供えものをして、それを何かの動物がとるか荒らすということによって、次の年が豊作かどうかということが判断される。これは予祝行事ですからね。荒らされた場合には食べたというので、神意が諾であると受け取られた。これは烏勧請《からすかんじょう》とか、そういうのと同じですけれどもね。

その次の日は座が全部拝殿に集まって、その上で神に擬せられる小さい子供が真綿の帽子みたいなものをかぶって——これなんかも意味があると思うんですけれども——船の中で予祝儀礼をやるわけですね。だから天皇—子供の一つのパーフォーマンス・スタイルを支えているのは座だというふうな、そういう感じも抱かざるをえないところがあるんですけれども、ここでは、そこまでは言わないとしても、予祝儀礼をやって、それで門に巻きつけてあった去年の太い注連縄《しめなわ》を焼いて新しい注連縄をしめて、それで祭りは終わります。

これは男だけでやっている祭りなんですね。だけれどもこの祭りを見ていると、空間が全部結界されることによって始まりの時間に共同体全体が戻って、その中で根源的な行為というものが行われている。神話も儀礼も、そこで一つの世界をつくっているわけですね。

網野　おもしろいですね。

山口　それが一つあって、ここでは女性だけが座をつくっているんですよ。この座のことを神楽座《かぐらざ》と言っているんですけれどもね。ですから実際にかつては宮に神楽を奉祀したことがあるんじゃないかと思うんです。三月に女性の座の祭りがあるのですが、そこで男は手伝う程度のことしかできないんです。大根で金精様《こんせいさま》をつくって供えるわけですね。男立ち入るべからずで自分たちで会食してワーッと楽しむ。男の世界に対して、女がちゃんと独立の宮座組織世界をもっているわけですね。この祭りを棚倉で、この間見てきたんですよ。

二軒の家でやったんですけれども、一軒の家の名前は公文代という家なんですよ。延々と続いているような名前でしょう。だからこれは、この辺の山城が古くからもっていた伝統に、かなり深くかかわっているのではないですか。

同行した中世芸能史をやっている植木行宣氏が、こういうところを見ても、中世で山城の一揆(32)があれだけ結束を固めるというには、かなり女の力というものが独立してあるような、そういうふうな背景があったんじゃないか、と言っていましたね。

網野　なかなかおもしろいですね。

山口　あの辺はどういう荘園に取り込まれていたかぼくは知りませんが、全体像としての歴史のモデルを説明原理として使わなくても、モデルとして自動的なオートノマスな世界をもっているわけですね。それを守るために一揆のほうに行ったりするという可能性も、ないでもないわけですね。

ですから、そういうふうな大地における一つ一つの行為を取り囲む全体的な世界、それがどういうふうな形で再生産されているか。それは意識して調査してみると、あちこちに出てくるような感じがするんですね。

網野　女性の問題はさっきでたけれどもこれもこれからですね。西日本全体といえるかどうかわからないけれども、若狭は、どうしてか女性の名主《みょうしゅ》が多いね。それから小百姓でも女性が一戸の家を代表している。漁村でもそういうことが見られるので、浦の百姓の連署の中に女性の名前が出るというのは、そうたくさん例はないわけですけれども、若狭にはみられる。

---

(32)　文明一七年(一四八五)、山城国南部の久世《くせ》・綴喜《つづき》・相楽《そうらく》三郡で起こった国一揆。応仁の乱の原因ともなった畠山政長、同義就が山城・河内両国の守護の座をめぐって南山城を中心に戦闘を続けたことから、人夫や兵糧米の調達、戦火による被害などに苦しめられた南山城の地侍・名主らが協同して両軍を撤退させた。その後、宇治の平等院で集会を開き、自治を行う体制を整えた。自治は八年に及んだが、内部矛盾の激化により伊勢氏の山城国守護就任を認めることで一揆は終焉した。

山口　そうですね。平安時代の末期ではあるけれども。西岡虎之助氏の『荘園史の研究』(岩波書店)なんかによくあるようにね。

網野　非常に特異な例だと思うけれども、備中の真鍋島には女の庄屋がいる。寛永一六年(一六三九)から一七年にかけてね。女の庄屋は、江戸幕府の制度ではどんな場合でもあり得ないように思われるけれども、「千」という名前の女の庄屋が史料にでてくる。知られている限り、一例しかないけれども、一例でも江戸時代の社会の中で女が庄屋になれたという事実には重大な意味がある。さっきの話に直接つながるかどうかは別としてもね。

女の宮座というのは、これは脇田晴子氏あたりが最近指摘していますが、女房座が史料に出てきます。中世後期ですけれどもね。前に書いたことだけれども(『新版　絵巻物による日本常民生活絵引』平凡社、総索引所収「童形・鹿杖・門前」【著作集11】)、女の一人旅が日本でできるのは、道を一人で歩いている女性の性が「解放」されているからではないかと思うんですよ。これも巫女や遊女の問題とも関連して考えてみる必要のあることだと思いますね。

こういう女性の役割をもっといろいろな角度から研究してみる必要があると思うけれども、もうすこし歴史の具体的なところに切り込んで文化人類学も……。

山口　要するに農民だけやっていればいいというような研究態度は捨てろということ

ですね。だから、中世史の中から出てきた農民だけでない史観というのは、ぼくはモデルとして非常に有効だと思っています。

網野　そんなこと言っても、ぼくはいま世に満ち満ちた批判の前に小さくなっているんだよ。

山口　そんなに孤立感を表明しなくたって（笑）、読者は多いんだから、網野さんは。

網野　さっき言った通り、近世史家で漁業史が一人しかいないというのは、冗談じゃないんです。材料は近世は中世に比べたらありすぎるぐらいあるので、面白い問題がいっぱいでてくると思うけれどもね。

山口　社会史として、近世史がもっともっと変貌を遂げてもらったほうがいいんじゃないでしょうか。

網野　最近評判の『元禄御畳奉行の日記』（中公新書〈のち中公文庫〉）は作家が書いたわけでしょう。神坂《こうさか》次郎さんだったね。あの日記（『鸚鵡籠中記』）はまだまだいろいろな取り上げ方ができると思うんですよ。目で見たこと聞いたことがなんでも書いてあるんですからね、面白いですよ。あれを読んでごらんなさいよ。文化人類学者があれを読んでなにか書いてもらいたいね。だけど歴史家がやらずにまた文化人類学者が書いたなんていうことになると、歴史家はまただらしないことになるけれども。

山口　さっき言われた日常茶飯事の歴史学ですよね。

網野　あれは最初から読んだら、面白い話がいっぱいつまっているわけですよ。

山口　日記全体がね。

網野　そういう日記は近世にはいっぱいあると思うし、古文書だって整理がむずかしいほどあるわけだ。

山口　東大寺の近世地方文書を写していったら、だれがだれの何をかっぱらったとか、どこの女房をあれしたとか、それで訴えたとか、喧嘩したとか、そんなのばっかりですよ。そうすると、その村の生活誌（史）が浮び上がってくるのね。近世史家は、そういうふうな扱い方をしていないのね。

網野　そうなんだよ。

山口　そういったところを近世史家はやっていただきたい。

網野　それは同感ですね、全く。

山口　日常茶飯事をやってから天下国家を論じる。並行してもいいですけれども。

網野　日常茶飯事の中に天下国家はちゃんとあるから、大丈夫なんだよ。

二宮宏之◆網野善彦

4　歴史叙述と方法——歴史学の新しい可能性をめぐって

二宮宏之（にのみや・ひろゆき）　一九三二―二〇〇六。歴史学者。フランス近世史専攻。東京外国語大学教授、電気通信大学教授、フェリス女学院大学教授を歴任。アナール学派の紹介者でもある。一九八二年に阿部謹也、川田順造、良知力とともに雑誌『社会史研究』を創刊。

著書に『全体を見る眼と歴史家たち』（木鐸社、のち平凡社ライブラリー）、『歴史学再考』（日本エディタースクール出版部）、『フランス　アンシアン・レジーム論』（岩波書店）、『二宮宏之著作集』（全五巻、岩波書店）など。
●初出／底本　『神奈川大学評論』三号、一九八八年二月（のちに『歴史解読の視座』御茶の水書房、一九九三年に収録）／『網野善彦対談集』1

1　歴史ブームのなかの歴史学

——これから歴史叙述と方法という大きなテーマのもとに、歴史学の現状や戦後歴史学の問題点、社会史の方法、歴史のなかの天皇制など、歴史学の新しい可能性をめぐって、それぞれの立場から自由にお話しいただきたいと思います。

ではどうでしょうか。現代は、過去も未来も現在も見えにくい時代といわれていますが、一方では歴史ブームという風潮があります。その歴史ブームなるものが一体どういうものか、そのあたりからお話をはじめていただけませんか。

歴史ブームとは何か

網野　現在の「歴史ブーム」とはどういうものか、実際にはどの程度のものなのか、疑問はあるんですが、確かに一種の「ルーツ探し」の動きが非常に広くあるような気がします。これがいままでの単純なルーツ探しではなく、ある程度学問的なものをふまえて、自分たちの先祖はどういうものかということまで含めてのルーツ探しが活発ですね。それが日本史ブームを、どこかで支えていると思うのですけれども……。

しかし、それだけでなくより本質的な点として現代はどういう時代かが非常に見えにくくなっている。我々がどこから来て、どこへ行こうとしているのかということが、きわめて見えにくくなってきている——そのことから、歴史や過去に眼を向けるという方向がでてきていると思います。

日本の場合、特に天皇の問題が最近いろいろな意味で問題になりつつありまして、いずれは起こる「代替わり」に当って本気で考えなければならない問題がでてくると思うのですが、そういうことも含めて、日本の社会、日本の文化のあり方をもう一度徹底的に考え直そうという動きがあることも事実だと思います。それが一方で、日本社会論や日本文化論を活発化させている。とにかく、歴史学に対する一般の方々の関心が高まってきているということは事実でしょう。ただどうでしょう。本当にブームになっているのでしょうか。

アイデンティティと異文化

二宮　僕にはとりたててブームという感じはないのですが、しかしそうはいうものの、時代物のドラマをやれば視聴率が高いというようなことはありますね。そういう歴史への関心の持ち方というものが何に支えられているのかということになるわけですが、確かにおっしゃる通りで、過去も未来も見えにくくなっている。これは日本ばかりではなく、ヨーロッパでも、すべてを見直さなければならないというところに行きついていると思うのです。それは世界全体の問題ですが、とりわけ工業化が突っ走ってしまい、行きつくところまで行って先が見えなくなった、そういう状況に突き当っている部分――アメリカ・ヨーロッパ・日本のようなところでそれが起こってきている。

そういうなかで、ヨーロッパや日本では、いま網野さんがいわれた「ルーツ探し」というか、自分たちのアイデンティティを再確認したいという気持ちが無意識のうちに働いているということは、大いにありうると思います。他方では、この歴史ブームといわれるなかで、フランスでもそうでしたが、日本でも中世が特にクローズアップされましたね。これは「中世」という言葉で単に時代を表わしているのではなくて、「異文化」を表わしているところがもう一方ではあると思うのです。「異文化」として見ることで、自分達のいま生きている時代を相対化する役割を果たしている。歴史ブームには、その両方が、いろいろな形でからんでいるのではないでしょうかね。

——いまお話にでた中世の問題をとってみると、一般的には、中世というのは暗黒の時代と考えられてきた面があると思います。また、ルネッサンスにしても、いままでルネッサンスがなかったといわれる中央アジアにも、すでにルネッサンス的な要素がでていたのではないかというように、もう一度異文化の理解という視点から、これまでの見方を見直していく必要性があると思います。どうでしょうか。

中世復活

二宮　確かに最初の中世復活は、いまいわれたように、中世は暗黒時代ではないという復活の仕方だったと思います。そして、ルネッサンスも、何も一五、六世紀にはじまったことではなく、一二世紀のルネッサンスもあるし、カロリンガのルネッサンスもあるとかやってきましたね。ただその視点は、近代の特質とされているようなものがそれ以前にもあったのだという言い方をしていたわけで、それが第一の中世復活だったと思います。ところが今日の中世復活は、そういう考え方自体がひっくり返ったところからはじまっている。近代とは異質な世界、それを掘り起こすことの方に力点があるのではないでしょうか。

網野　そう思いますね。やはり一種の近代批判、現代批判のなかからでてきた中世への着目ということがあると思います。二宮さんもおっしゃったけれども、近代産業や自然科学が猛烈に突っ走る。その結果、自然と人間との関係が、何か極点まで行きつつあるという印象はだれしも持っているわけです。ところが、中世の社会における自然と人間との関係は現代とは非常に違っている。たとえば、「無所有」の自然を「聖なるもの」、あるいは神仏と結びつけてとらえるようなとらえ方がある。現代には失われた自然に対する感覚、人と人との関係のあり方が中世にはあるのです。そのことをもう一度思い起こしてみることが、現代を考え直す上で大きな意味があるということが考えられているのではないでしょうか。

いま異文化とおっしゃったけれど、確かにいまの我々の常識から確実にはみだしてしまうものが中世以前にはあります。特に日本の場合、江戸時代につくられた常識が非常に根強く人々の意識を支配している。歴史家自身の考え方、根本的な物の見方も近世以降の枠組みのなかにあって、その枠内で歴史をとらえてきたという面がごく最近まであったと思うのです。たとえば、「島国」、単一民族、単一国家、稲作社会という枠組みが確かにありました。その枠組みをこわさないと、日本の社会の実態が本当に見えないのではないかという気持ちが一方にあります。中世以前の社会には、その枠組みからはずれるものがあるのですね。それはいままで見えなかった異文化ということもできるので、そういう異文化の持っている意味を全体の歴史のなかで位置づけていくと、おのずとその枠組みから自由になっていくことができるのではないでしょうか。

非常に極端な例をあげると、「石を投げる」という行為ですね。江戸時代以後、「石合戦」は子供の遊びになっていて、大人が一緒にやることは特別の場合を除くとほとんどない。ところが中世では、真剣になって大人が石合戦をやる。しかも、ときには切り合いすら起こる。にもかかわらず、それは特に処罰されない。そういう世界は、一体どういう世界なのだろうか。[1] それを考えていくと、逆に現代が失ってしまったもの――あるいは、我々自身の心性の奥底にあるものをつかみとり、人間、あるいは日本人をとらえ直すことができるかもしれない。中世の社会には、そういうところがあることは事実です。商業主義の影響も確かにあるかもしれませんが、中世に関心が高まっている理由にはそういうところがあるかもしれませんね。

2　戦後歴史学の焦点と問題点

――では次に、現在にいたるまでの戦後歴史学の歩みについてお話しいただけませんか。

戦後歴史学の模索過程

二宮　戦後開花した日本の社会科学や人文科学のなかで、歴史学の持つ意義は大きかったと思います。戦後の歴史学は、日本というものに対する考え方の軸を大きく転換させる役割を担ったと思うのですが、その輝かしき時代というのは最初の五年間ぐらいですかね。

網野　せいぜい五五年まで……。五〇年以降は下り坂ですね。

二宮　五〇年に朝鮮戦争がはじまって、戦争肥りですよね。それで日本の戦後復興が、

(1)　網野は、中世前期までの飛礫《つぶて》には神意性や呪術性があり、神仏の所為として畏敬の対象であったが、中世後期以降は、悪党や非人と結びついていくと同時に禁圧・疎外され、ハレの日に子供が行うものとして残ったとする。網野「飛礫覚書」「中世の飛礫について」【著作集11】、「飛礫・博奕・道祖神」【著作集5】、網野善彦・阿部謹也『対談 中世の再発見』(平凡社ライブラリー)参照。

具体的に現実のものになっていく。そのなかで、戦後の社会科学は、歴史学も含めて、日本の現実の変化に対応できなくなっていったということがいえるだろうと思います。

一つには、民族の問題がきちんととらえられなかったし、もう一方では、階級で押し切ろうとしたけれども、それは常に現実に裏切られていった。五〇年というのは、少し早すぎる言い方かもしれません。歴研大会(2)では、四九年に「世界史の基本法則」をやり、五〇年が「国家権力の諸段階」で頂点に達した時期ですからね。けれども、五〇年から五五年にかけて、徐々に現実とのくいちがいがあらわになっていって、そのなかからさまざまな模索がでてくる。

六〇年代になると所得倍増論で、日本社会がもう一段ガーンと変わってしまいますね。それに対し、五〇年から六〇年の間というのは、まだどっちに行くのかわからない。朝鮮戦争のブームで、これはどうも様子が違う、農地改革とか財閥解体といった筋道で日本を考えようとしてきたのに、日本資本主義が復活して、日本は新たな国際関係のなかでおかしなかっこうになってきた。そういうなかで、歴史学が本当に模索段階に入ったということがいえますね。

網野　そうですね。日本史の方についてもまったく同じ状況だったといえます。最近亡くなった石母田正《いしもだしょう》(3)さんが、まさにそれを象徴していますが、敗戦直後の歴史学はきわめて新鮮だった。これまでの皇国史観に対する反発、批判が目覚ましい形で表面化してきたわけで、人間の解放を目ざした非常に迫力のある仕事が生まれでたことは確かなのです。ところが、五〇年ごろから現実とのずれがでてきて、五五年をほぼ境としてこの動きの破綻が非常にはっきり現われてくる。その後はまさに模索の時期に入るわけです。

それ以後、いろいろな動きがでてきたわけで、まず一つは、それまでの学問は本当の意味での実証を基礎としていたのだろうか、という批判から出発した動きがある。これを「実証主義」という必要はないと思いますけれども、歴史学における実証の重さをもっと真剣に考えなくてはいけないという動きがでてきます。それから日本中世史の場合、戦後「領主制論」が非常に盛んだったわけですが、それに対して一般の平民、普通の百姓こそが社会のなかで重要な役割を果たしているのではないかという議論、「非領主制論」[4]がでてくる。その議論が、マルクス主義史学を中心に、一〇年か一四、五年続いていきます。僕個人についていえば、その間はまったくの模索の時期でして、いろいろなことを考えていたのですが、この議論には入っていけなかった。それがある時点から、歴史学がさらに大きく動きだしたという印象は確かにあるのですね。いつごろからでしょうか……。

(2)　民間学術団体である歴史学研究会が毎年行っている学術大会。歴史学研究会は一九三二年に東京帝国大学の若手研究者たちを中心に結成された。会誌は『歴史学研究』。

(3)　本書対談2、注(6)参照。

大学闘争と歴史学

二宮　動きはもうちょっと早くからあったと思いますが、はっきりするのは七〇年代に入ってからですね。僕は網野さんより少し後の世代なんですが、確かにいま網野さんがおっしゃった通りで、やはり五五年をすぎたあたりから袋小路だなという気持ちがとても強くなりました。理論の有効性というものが失われてきている。ある理論に立つことによって世界が見えると思ったその想いが、どんどん薄れていく。ですから、五〇年から六〇年の間というのは、袋小路のなかで、理論からはこぼれ落ちてしまう部分を実証的にきちんとやり直そう、歴史学はそれが任務ではないのか、という気持ちが一方では強くでてきた。しかしもう一方では、歴史学として大きな見通しというものがなければならないのに、どうしてもそちらの方がでてこなかったのです。

その後、僕個人としては、フランスへ行くことになり、一六、七世紀の古文書を相手に悪戦苦闘して帰ってくるわけですが、最初にぶつかったのが大学闘争なんです。あのバリケードのなかで、現代批判というのがきわめて直截的にでました。これはフランスの五月革命もそうですが、日本の大学のバリケードもいろいろ派生物はありましたが、根本的には現代批判ということだったと思います。その現代批判に応えられない学問というのは意味があるのかという問いが、潜在的な形で進行していた動きを早めたといえるのではないでしょうか。

七〇年代に入るといろいろな仕事がでてはじめますね。考えてみても、川田順造[5]さんが「無文字社会の歴史」を『思想』に連載しはじめたのが七一年だと思います。それから阿部謹也[6]さんの「ハーメルンの笛吹き男伝説の成立と変貌」も、七二年の『思想』でしょう。ヨーロッパ史というのは、なかなか仕事が難しいのですが、阿部さんの仕事は実に新鮮な驚きを人々に与えましたし、僕などにも本当に驚きでした。そのころから日本史の方でも、次第に動きがでてくる。方法上の問題として一番感銘を受けたのは、七三年にでた中井信彦さんの『歴史学的方法の基準』（塙書房）でしたね。初めてあそこで、網野さんのおっしゃる社会構成史的次元と民族史的次元の問題をどう関連させるかという一つの試論がだされた。中井さんの本でそれが納得できたというわけにはいかないの[7]

（4）　在地領主と下人・所従とのあいだに結ばれる主従関係に封建制の基盤を見出す考え方を領主制論といい、「権門」と呼ばれる貴族・寺社・武家と百姓との関係に基本的な支配関係を見る考え方を非領主制論という。網野は領主制論で描かれる領主像は東国の領主であり、非領主制論で描かれる世界は西国社会をモデルにしているとする独自の視点を展開している。網野「戦後歴史学の五十年」（『列島の文化史』一〇号）【著作集18】参照。

（5）　本書対談2、対談者紹介参照。

（6）　本書対談1、対談者紹介参照。

ですが、実に大切な問題提起だったと思います。こんな工合で、六八年が一つのきっかけになって、七〇年代にそれが顕在化してきたということではないでしょうかね。

網野　僕自身の経験もそうだったんですね。僕は名古屋大学に赴任して、翌年に紛争にぶつかりました。私自身はそれまで長い間、大学のあり方やそれと結びついた歴史学界の状況にかなり根本的な疑問を持っていましたので、学生諸君がいろいろ告発したり、批判したりするのを見て、そんな批判の仕方、その程度のことで世の中は動かないぞという気持ちが非常に強かったのですよ。彼らともそういう議論をさんざんやった。しかしそういう以上は、自分もはっきり自分なりのことをいわなくてはという立場に立たされることになったといえますね。ですから、やはり紛争が一つの大きなきっかけになったことは事実です。僕が海民や天皇に関する論文を発表したのは、七一、二年だったと思うのですが、確かにこれらは学生諸君の動きに刺激されたところがあるといってよいと思います。

3　社会史研究の方法

――これまで戦後歴史学の概観、また大学闘争と歴史学などについてふれていただきました。次に、いま刊行中の『日本の社会史』（全八巻、岩波書店〔一九八六―八八年〕）にみるように、新しい歴史学の可能性として注目されてきた社会史の問題について少しお話しいただけませんか。

新しい歴史学の模索としての社会史

二宮　「社会史」という言葉自体は、日本史の領域では古くから使われていたわけですし、ヨーロッパ史でも決して新しい言葉ではありません。それにもかかわらず、近年あらためて社会史の視点の重要性が強調されているのには、それなりの理由があると思います。

（7）　網野は、民俗学や文化人類学が対象にするような様々な習俗には、特有の歴史的変化、その発生と消滅のリズムがあり、それは律令国家、鎌倉幕府、室町幕府、幕藩体制といった政治権力を含めた社会の構成の変化の原理、つまり古代的・中世的・近世的という変化とは異なるとし、前者の変化を民族史的次元の変化、後者を社会構成史的次元の変化と呼んだ。網野は民族史的次元の変化として、南北朝期において神聖とされたものの一部が「穢《けがれ》」とされるような感覚の変化や、また高度経済成長期以降の習俗の消失を挙げている。民族史的次元という概念は、のちに文明史的次元の変化と言い換えられている。網野「「社会構成史的次元」と「民族史的次元」について」『日本中世非農業民と天皇』【著作集7】、『日本史大事典』（平凡社）の網野「時代区分」の項【著作集17】、網野善彦・阿部謹也『対談 中世の再発見』（平凡社ライブラリー）参照。

中井信彦さんは、経済構造の次元とも、文化形象の次元とも区別された、日常性の次元、習俗の次元を設定し、その領域を対象とするのが社会史だと規定しています。そして、この日常性の次元の重要性を柳田國男を手がかりに鋭く指摘していますね。阿部謹也さんの場合は、また独特の用語法で、人と人との結びつきを核にした歴史の見直し、人間をそういうところから見直していくというその営みを「社会史」と名づけようというわけですから、これまたニュアンスが違うわけです。

僕は日常性の次元や人的結合関係の重視には大いに賛成ですが、僕がいっている社会史というのとはまたちょっと違うのです。社会史という言葉で、歴史のあるレベルとか、ある問題領域だけをやるのではなく、広く人間事象の全体的な関連を見ていくという、そちらの方に力点を置いている。このように、社会史といってもさまざまなのですが、実は名前はどうでもいいので、要するに新しい歴史学の模索が、六〇年代からはっきり姿を現わして、それがときに「社会史」と呼ばれているのだと。

網野　日本史のなかでは、「社会史」という言葉はかなり使い古された言葉だといえます。実は社会史の史学史を本当に考えるとしたら、これは大変な問題があると思います。戦前の日本史家でも、社会史ということを強調した歴史家は、歴史学の主流からは多少ともずれたところにいる人たちで、社会史がそこからでてきたことは事実なのです。そのなかには、たとえば喜田貞吉さん、それから滝川政次郎さんが社会史とおっしゃっている。民俗学に関心を持った歴史家の一人である中村吉治さんも、社会史という言葉を使っている。

ですから、戦前の社会史もそれぞれになかなかおもしろい意味合いを含んでいる。それを十分整理しないといけないので、簡単に社会史とはいえないと、いまでも思っています。だから僕は、社会史という言葉は自分からはほとんどこれまで使ってこなかったのです。ただ二宮さんがおっしゃった通り、六〇年代にさまざまな形で行われていた模索、歴史学の「停滞」のなかで模索されてきた動きが、七〇年代に入っていろいろな形で表面化した。それがいまも多様な形をとりながら、全体として歴史学の潮流の一つに確実になりつつあるという言い方はできると思います。

4　歴史叙述と方法――歴史学と民俗学、文字社会と無文字社会

――ではここで、歴史学と民俗学、また文字社会と無文字社会など、歴史叙述に関わる問題について少しつっこんでお話しいただけたらと思います。

歴史学と民俗学の方法

二宮　まずヨーロッパの方でいいますと、もちろんフォルクロール研究としての民俗

学との関連もあるのですが、どちらかというと文化人類学との連携の方が重要だったという事情があって、僕らはそれを「歴史人類学」という言い方をしているわけですね。民俗学や文化人類学との関わり方には、いろいろ問題が含まれていて、両者の違いがどういうふうに歴史学の方法に関わってくるかということがあるんですが、いずれにしましても、この時期に民俗学に眼を向け、あるいは文化人類学に眼を向けたというのには、やはりいままでの歴史学の読みかえにそれが最も重要だと思えたからなのですね。

そのさい、どうでしょうね、民俗学と日本史との関わりのなかで、いままでの歴史のとらえ方と大きく違ってくるところはどのあたりでしょう。柳田さん自身は、自ら歴史家だと思っておられたわけですが、アカデミックな日本史学と柳田さんが考えていた日本の歴史というのと、いくつかの大きな違いがあると思うのですが……。

文字資料の限界

網野 ちょっと話をそらせてしまうようになりますが、僕が一番最初に書いた本(8)は、若狭の太良荘《たらのしょう》という荘園の歴史です。それは関係史料が非常にたくさんあるものですから、それをできるだけくまなく使って一つの荘園の世界をとらえてみたい、そこに生きた人々の生きざまを描いてみたいと考えたわけです。本ができあがってすぐ、最近亡くなった河岡武春(9)さんが読んで、僕の家にわざわざ来てくれまして、お前は大変おもしろい試みをしたが、まだこれでも中世人の本当の生活はつかめていないと批評してくれたのです。これは手厳しかったですね。この河岡さんの批判には、的を衝かれたと思いました。それから民俗学の書物を本気で読むようになったのです。本当に人の生活そのもの、そのなかに生まれてくる人と人との関係は、まだまだ自分にはつかみ切れていないということを痛感したのです。

そして、そこに一つは文字資料、ことに日本の文字資料が持っている根本的な限界があるということ、その限界をつきつめて考える必要があると思ったのです。もちろん、文字資料をぎりぎりまで追いつめて、それを越えることも不可能ではない。しかし、それでも文字資料だけからでは、絶対につかみ切れない世界があるんですね。それを知るためには、これまでの民俗学の蓄積を勉強しなくてはいけないし、文化人類学や考古学の仕事も知らなくてはいけない。たとえば、川田順造さんの『無文字社会の歴史』（岩波書店〔のち岩波現代文庫〕）には非常に強い刺激を受けました。無文字の世界に眼を向けてきた仕事を、もう一度見直す必要がある。考古学もそうですし、要するに文字に書かれない非文字資料を取り上げてきた学問、そこに明らかにされてきた世界から、歴史家は

（8）　網野善彦『中世荘園の様相』（塙書房、のち岩波文庫）【著作集1】。
（9）　本書対談3、注（17）参照。

十分学ぶ姿勢を持つ必要があると考えだしたわけです。

長波の歴史的時間

二宮　いまいわれたことと関連するのですが、もう一つは歴史的時間のとらえ方ですね。つまり、文献史学の歴史のとらえ方では、すべてデートを持っていなければいけないわけです。それも一日刻みの時間軸のなかにすべて設定できなければ意味のないことになってしまっていた歴史学ですね。歴史的時間というものをいろいろなレベルでとらえるということ、非常に短い波長で動いている部分がもちろんあるのですが、他方では本当に長い波長、超長波で動いていく層があるということ——文献史学からは、なかなかそういう考え方はでてこなかった。

たとえば、民俗資料というのは、日付の決定が難しいですね。文献資料の側からする歴史の流れのどこにそれをはめこめばいいのかということが、非常に難しいということがあって、それが歴史家の側から、民俗資料を使うのは危いという批判になったと思うのです。しかし、それは、ある特定の時間のとらえ方をしていたからそういうことになるのであって、もう少し長波の歴史的時間ということを考えれば、その問題は解けてくるわけです。網野さんの「摺衣と婆娑羅」(『異形の王権』平凡社【著作集11】)では、洛中洛外図などを使われて、そのなかで衣装の変化を扱われていますね。あれだって、一体何年何月にその着物を着ていたのかということをいいだしたら、歴史資料としては使い難いのであって、歴史的時間についての新しい考えがでてきてはじめて、両者は手を結び合えるということがいえると思うのです。ただ僕は、文化人類学よりは日本民俗学の方が、もともと時間軸の入っている学問だったと思いますが。

網野　そうかもしれませんね。

二宮　歴史学が文化人類学と交流する場合には、時間の入れ方に難しいところがある。文化人類学は、時間軸を長いこと消していましたからね。最近はそうではなくて、僕の印象では入れすぎではないかと思うぐらいですが、もともとは、時間の入らない学問。その点が柳田國男の場合には違いますからね。

文字資料の特異な性格

網野　確かにおっしゃる通りで、中井さんの本を読んだときに、僕がかねがね考えていた民族史的次元の問題に、実にうまくつながると思いました。ですから、どう表現してもいいので、習俗の次元でもかまわないと思うのですが、ともかくこの本を読んで、これまでの古代、中世、近世、近代という区分とは違う波長があるということにはっきり自信を持ったといえると思うのですけれども。

ただ日本民俗学には、もちろん柳田國男の影響が非常に強いと思うのですが、民俗学の有効性について、民俗学者自身が、民俗資料ではだいたい室町時代までしか遡れないだろうと考えているようですね。ところが折口信夫《おりくちしのぶ》(10)の場合、これは原始・古代にすっと入りこんでしまうわけです。この二つの民俗学のあり方(11)、おそらく我々が民俗学の仕事に接するとき、このことは、かなり大きな問題として考えなくてはならないと思うのです。

つまり、なぜこういう二つのタイプの民俗学がでてきたかということ自体、実は相当大きな問題ではないかと思います。そのことと関連するかどうかはわかりませんが、ともあれ日本の民俗学で、柳田國男は無文字の社会に光を当てるのが民俗学の役割だという建前を持っているでしょう。ところが、柳田さん自身もそうですが、僕は日本の民俗学者は絶対に文字資料を使わざるをえない宿命を持っていると思うのです。他の民族と比べて、日本の文字資料自体かなり特異な性格を持っている。しかも、江戸時代には国学をはじめ大変な学問の蓄積がある。菅江真澄(12)のような人もいるわけですね。そういう江戸時代以前の長い学問の伝統がありますから、民俗学はどうしてもそれにひきずられざるをえないところがある。

一国民俗学からの脱却

二宮　それともう一つは、一国民俗学の傾向なのです。やはりそこから脱け出さないと先が開けてこないということも強く感じるのですけれども。

網野　なぜ一国民俗学になるか。それは日本の文字社会と無文字社会の関わり方の特

(10)　一八八七―一九五三。国文学者、民俗学者、歌人（歌人としての筆名は釈迢空）。國學院大学を卒業後、大阪府立今宮中学校教員、私立郁文館中学校教員、國學院大学教授、慶応義塾大学教授などを務めた。柳田國男の薫陶を受け、国文学研究に民俗学の研究法を導入した独自の学風は、「折口学」と呼ばれた。著書に『日本文学の発生　序説』（斎藤書店、のち角川文庫）、『日本芸能史ノート』（中央公論社）、『新版　折口信夫全集』（全三七巻・別巻三、中央公論社）など。

(11)　東京教育大学（のちの筑波大学）の和歌森太郎は、応仁の乱以前は民俗学では分からないと主張した。その主張は宮田登や福田アジオに継承され、現在の民俗学の主流となっている。一方、京都帝国大学の西田直二郎の文化史学に影響を受けた研究者たちや國學院大学の折口信夫は、原始・古代も民俗学の対象とするが、この流れは西田の公職追放以後、下火となっていった。柳田國男は近世以降にも注目すべきことを主張したが、『海上の道』を上梓するなど、必ずしも民俗学による原始・古代の研究を否定してはいない（林淳「アカデミック民俗学の成立――宮田登を中心に」（『愛知学院大学文学部紀要』第四〇号参照）。またこの二つの流れの他に、民俗資料に中世の残影をみる宮本常一、香月《かつき》洋一郎の流れもある。

(12)　一七五四―一八二九。江戸時代後期の民俗研究家。東北・蝦夷を遊歴した。秋田藩では地誌作成を手掛けるも、未完のまま生涯を終えた。遊歴中に執筆した膨大な紀行日記には写生図も添えられており、当時の東北の歴史・地理・民俗を窺い知る貴重な資料である。

異なる構造によるのではないかと、僕は最近考えているのです。つまり、文字のとらえている社会層が、とにかく思っていたよりもはるかに深いのですね。それから、日本人ぐらい多様な文字表現を持っている国はないのではないか。片仮名、平仮名、漢字、この組合わせをつくると七通りはあるんですよ。そのそれぞれが表現するものの意味や中身が違うわけです。

二宮　それは俵万智歌集などを読んでも、よくわかります(笑)。

網野　そういう特異な文字の世界がある。だから、民俗学はなかなか日本という枠からでられないことになるのではないか。そのあたりにも、一国民俗学になる要因がありはしないかと思うのです。そういう文字社会の表皮をはがした無文字の世界に、本当に踏みこむ方法をきたえ直す必要がありはしないか。その場合あるいは、民族学や文化人類学、歴史人類学の手法が、新しい問題をだしうる可能性を持っているのかもしれないと思うのですが。

どうでしょうか。フランスやドイツの場合、民俗学、フォルクロールの伝統は強いのではないですか。

フランスのフォルクロール研究

二宮　フォルクロールという点では、ドイツの伝統の方が強いと思います。しかしフランスの場合でも、フォルクロール研究というのは、一八世紀ぐらいから活発になって、フランスのなかを、菅江真澄と同じように歩き回っていますね。そして旅の記録といいますか、地方を異文化として観察している。オーヴェルニュの山のなかに行きますと、人が死ぬと葬式のときにどんちゃん騒ぎをして、飲み食いして喜んでいる。しかも早速に、「こいつの女房が死んでしまったが、次のやつを見つけなければならない。だれがよかろう」とお棺の前でやりはじめて、話が決まるまでは宴会を続けているというのですね。そういうような記録がいっぱいでてきまして、一八世紀のものは荒唐無稽な面もありますが、天衣無縫でおもしろい。

一九世紀になりますと、地方でこつこつ自分たちの地域の習俗を書き残すというようなスタイルになっていって、あまり発想の広がりがなくなるのですが、それにしても厖大な遺産を積み重ねていくわけです。そういうなかで、ヴァン・ジェネップみたいなフランス民俗資料を集大成した人がいまして、それで歴史家は大変な恩恵をこうむっているといった事情があるわけです。ただフランスの場合も、ドイツ程ではありませんが、やはりヴィシー体制との関わりがあるんです。ヴィシーのときにぐっと体制派になりましたからね。そんなわけで、戦後フォルクロール研究というのは、落ちこんでしまったという複雑な背景があります。

それにかわって、これまで外地にでていた民族学者たちが、フランスに戻ってくる。

植民地は独立していきますし、独立国となった第三世界は部族の話なんかやってもらっては困るというふうになりましたから、アフリカなどから戻ってきて、フランスの地方の研究をはじめたわけです。彼らの仕事は、フォルクロリストとても違う。つまり、フランスそのものをまずもって異文化として見る眼があるのですね。このように、フランスの場合でも、一方には民俗学の遺産があり、他方には文化人類学、民族学の方法と視点というものがあって、両者が重なり合いながら、フランスを見直すということが起こってきている。それを歴史家は過去へと投影し、歴史人類学という言い方をしまして、一つの新しい潮流となっているわけです。

文字社会の均質性

網野 文字の問題——最近私はこの問題に関心をもっていますので、もう一度そこに戻りますが、とにかく日本の文字社会は不思議なので、江戸幕府の支配下にある地域の文書でしたら、東北の文書でも九州の文書でもみんな読めてしまうわけです。ところがその表皮をはがすと、実際はフランスと同じように非常に多様なんですね。東北人と九州人とは、地の言葉で話したら話も通じないだろうし、生活のあり方もずいぶん違うはずなのに、文字社会だけ見ていると大変均質に見えるのです。

二宮 それは語り言葉となればすごく違う。井上ひさしの『國語元年』(NHKドラマ、一九八五年放送、中公文庫）でいえば、泥棒がおどかしても相手にはわからないというような事態ですね。

網野　『國語元年』が取り上げた問題は、まさしくその問題だと思います。江戸時代だけではなくて現代だって、そういう問題がありますよ。ところが文字の世界だけを見ていると、みんなお互いにわかってしまっているような気がしている。ところが実際には、お互いの生活のあり方を本当に理解し合ってはいないのですね。多様な世界をおおっている表皮のかぶさり方は、おそらくフランスの場合と日本では、かなり違うのではないかと思うのです。フランスの場合、方言の違いは文字の違いという形で現れることはありますか。

二宮　文字の違いはないので、ラテン文字のアルファベットです。ただ僕は、文字文化の入り方、浸透度は、日本に比べたらフランスの方が低かったと思いますね。

僕が「〔フランス〕絶対王政の統治構造」〔『二宮宏之著作集』第三巻〕という論文でやった一つの試みは、まずもって民衆世界というものを、空間的にも集団的にも非常に多様な世界としておさえることでした。それぞれが、人と人とのつながりを持って独自の生活世界をつくっているわけですね。そういう人たちが、多様な集団をつくって、フランスという場に共存していたんだというふうにとらえる。それと同時に、網野さんのおっしゃる文字の世界、エリート文化の世界を考えていかなければならない。それは権力の問題でもあるわけです。国王というのがちゃんといて、鎖の末端を握っている。それぞれの集団は、自分たちは一つの輪だと思っているけれど、その輪をつなげて鎖の一番端を握っている国王がいるということですね。しかも、内部からもその鎖につながっていってしまうという仕組み、この支配と従属のシステムを解いていくということをやらないと、社会史の研究も、民衆の生活はこうだったということだけで終わってしまいます。

文書主義の伝統

網野　日本の場合は、律令制という高度な文明社会に成立した制度を、まだ未開な特質を持つ社会の上に受容して、国家を成立させた。この点が、ヨーロッパの諸民族の国家とは非常に違うのではないかと思うのです。つまり、律令国家の基本的な特徴は、徹底的な文書主義をとっている点にあるのです。ですから、その支配下にある地域の人々で、この国家の末端につながろうとする人たちは、必死で文字を勉強しなければならない。しかも、文字はこの人たちにとって、「聖なる世界」につながる記号ですから、そういう末端の人たちは実に謹直なきちんとした字を書いていますね。

もちろん、文字は漢字として外から入ってくるのですが、そうした内発的な力に支えられて普及していくわけです。この文書主義の伝統を、その後の日本の国家権力は一貫して継承しているのです。公家も武家も、文書の伝達によって国家制度を動かす伝統が生き続けているのです。それが平仮名や片仮名を生みだした社会の内発性にも支えられて、文字社会の均質性を形成させる上に非常に大きな力を及ぼしている。だから、日本人が均質だというのは文字社会だけを見ているからで、その均質性は多分に支配者によってつくりだされたところがある。おそらくそのあたりの構造が、ヨーロッパの場合とかなり違うのではないかと思うのですが、いかがでしょうか。

5 歴史のなかの天皇制――公界と公儀、教権と王権

天皇に代わる宗教的権威

二宮　文字を扱うのは、ヨーロッパの場合も聖職者からはじまったということが確かにあるのですが……。

網野　山田欣吾さんが最近の論文で、フランク時代の俗人は文字を知らない。文字は教会、聖職者のみが行使できたので、国家は教会に依存しないと運営できなかったと書いていますね。これは大変おもしろいと思ったのですが、そのあたりにもう一つの問題として、教権と王権との関わりのかなり重要な問題がでてくるわけで、これは天皇の問題にもからんでくることではないかと思うのです。

日本の問題を考えていく上でも、阿部謹也さんが最近強調している大宇宙と小宇宙の

問題⒀――この二つの宇宙が、キリスト教によって統合されたことによって、そこに人と人との関係の大きな変化がでてきたという考え方は大変参考になると思います。それと同じような変化が、日本の社会でも明らかにあると思います。それが南北朝の動乱の時期で、この動乱の前と後とでは、阿部さんのいわれているのとそっくりの変化が起こるのです。しかし、阿部さんは、キリスト教がその変化を起こしたといっていますが、日本では宗教の作用がなくてもこの変化が起こっているわけです。それが一つですね。

それを逆の方向からいいますと、日本にはキリスト教のような強力な力で社会に浸透するだけの宗教が、その時点で生まれようとしたけれども生まれえなかった。全部俗権力につぶされてしまいますね。一向宗しかり、日蓮宗しかり、キリシタンしかり。おそらく一五、六世紀、天皇の権威に代わりうる宗教が生まれる可能性は、少なくともキリシタンがあれだけ浸透しえたということを考えますと、あるいはありえたかもしれません。ところがそうならなかった。それはなぜかという問題がでてきます。

二宮　天皇に代わる宗教的権威が生まれなかったということですね。権威という点でいえば、南北朝以前も以後も、天皇というところでつながっている。

網野　鎌倉幕府という東国の王権ができるわけで、これが大きな問題ですし、南北朝動乱のときに天皇制は重大な危機に陥るのですね〔本書対談3、注(26)参照〕。それとも関連して、ここで大きな変化が起こる。さきほど話にでた民族史的次元の変化だと私は思っているのですが。それには文字文化の問題もからんできます。このころを境に、文字は「聖なるもの」としての特質を失います。

二宮　さきほどの文字が聖なるものにつながるというところがとても大切だと思うのですが——聖なるものと公にね。そこで公の問題があると思うのですよ。日本は古代国家が公をつくってしまって、公は常に上から降ってくる。連綿として、しかも公の根源がどこかでひっくり返ることなしに続いている。そこが非常に問題なんじゃないかと思うのです。

(13)　一般的には本書対談3、注(28)のように理解されるが、阿部謹也は独自の世界観を提示した。氏によると、ヨーロッパ中世の人々は「小宇宙(ミクロコスモス)」と「大宇宙(マクロコスモス)」の二つの宇宙のなかで生きていた。前者は人間によって開拓されて、人間がかろうじて制御できる生活空間であり、後者はその外側にあってまだ人間の手が加えられておらず、巨人・小人・悪魔などが棲む混沌の世界である。病や災害など人間が制御できないものは、大宇宙より小宇宙にもたらされると同時に、病を治す力なども大宇宙から得られると考えられていた。阿部はキリスト教がこの二元的宇宙観を否定したことにより、二つの宇宙の狭間で成立していた職業、例えば刑吏・墓掘り・皮剝ぎ・道路清掃人・娼婦などが差別されるようになったとしている。阿部『中世賤民の宇宙』(ちくま学芸文庫)参照。

公界と公儀

網野　僕は「公界《くがい》」という言葉は、下からでてきた公を表現していると思います。この言葉を、ついに権力は取りこめないですね。結局、「公儀」のような別の言葉が使われることになるのです。公界は、いまでも生きているのですよ。三重県の鳥羽の近くの松尾という部落では、公界の規定を定めてそれが機能している。ところが、この公界はもう祭りや年中行事にしか関係していません。昔は間違いなく政治的な自治機関だったけれども、政治的な要素はほとんど公儀に吸い上げられて、祭りや行事に関連しているだけです。こういう公の意識は、やはり下からもでてきていたわけです。南北朝動乱後の室町・戦国期がそういう意識が日本の社会のなかに、最もはっきりでてきた時期ですね。

しかも、一向宗のような宗教とも結びついて、その意識が自覚されはじめているのです。キリスト教だってそうでしょう。そういうものが生まれつつあったのですが、これが俗権力に完全に弾圧されてしまうのですね。もちろん、隠れキリシタンや日蓮宗の不受不施派⑭はなお残っていますが、社会に大きな力を及ぼすことはできなくなってしまいます。このように日本の場合、ヨーロッパのキリスト教にあたる宗教が弾圧され切ってしまう。結局そこで、天皇のぼんやりとした権威が残ってしまうという経緯をとるように思うのですね。

二宮　もうそのときには、二つの「公」のせめぎ合いという言葉はとても使えないような……。

網野　そこまではやはり激烈なものだったと思いますよ。しかし結局、俗権力の勝利に終わる。

二宮　公儀という形で上から降ってくる公があって、それは非常に茫漠としたものでありながら、相手をからめとるような力を持っているものですね。

「公」と「公」のせめぎ合い

網野　その通りです。社会の慣習、そのなかから生まれる「公」と国家の「公」とのせめぎ合いは、いろいろな形で激烈だったと思います。一向宗やキリシタンと俗権力の格闘は、そのなかでも一番激烈なものだと思いますし、堺のような自治都市の弾圧も同じですね。そういう弾圧をやりながら、国家の「公」は、そういう社会自身の公をどんどん吸収していく。ヨーロッパの社会の場合、俗権力が文字をほとんど持っていないで、

(14)　京都妙覚寺の日奥を祖とする日蓮宗の一派。日蓮宗には『法華経』を信じない者(他宗の信者)からの布施は受けず施さずという教義がある。そのため近世初頭に統一権力が生まれると、公権力からの布施について、これを受ける立場(摂受派)と受けない立場(不受不施派)に分かれた。後者は公権力の統制を拒否することも意味し、幕府の弾圧を受けた。

教会に依存するという構造から出発しているとすれば、日本の場合は、俗権力が文字を持ちこんで、それが仮名文字の創造などの内発的な力によって広く普及していくわけです。このあたりに両者の大きな違いがありそうですね。権力の「公」が、文字を通して上から庶民をからめとってしまうところがある。

もちろん、庶民が文字を持っていたということは、庶民の強みにもなるのですね。ですから、日本人の場合、表と裏の使い分けが実に巧みになる。というのは、ちゃんと庶民が裏帳簿をつくれますからね。戦国時代からはじまっているのですが、江戸時代にも村の中の裏の帳簿と村が上にだす表の帳簿とは違うわけです。町や村は、けっこう自分の独自な世界を持っている。これも今度の『日本の社会史』の仕事でかなりわかるようになってきました。しかし、国家の「公」を克服できない、あるいは庶民自身の公を貫徹できない構造を、我々はどうしたらよいのかということがあるわけで……。

二宮　ヨーロッパの方でも、公の問題でそういう形のものがもちろんなかったわけではない。たとえば単純に比較していきますと、ルイ一四世などは、この世における神の代理なんだということをはっきりいいますね。瘰癧《るいれき》の病人を集めて、さわれば治るという儀礼をやったりして、一種の聖なる力というものを世俗権力である王権が身につけていくということがある。一方で神聖なる存在だというと同時に、他方では世俗の「公」として自らを押しだしていく。自分が公共善を担っているという言い方をしていくわけですね。

ですから、その仕組み自体は似ているところがあるのですが、他方、下から自分たちの公をつくる動きがこれは格段に強い。いたるところで自分たちの公をつくっていってしまうところがある。そこで「公」と「公」のせめぎ合いになるんですね。しかし、それにもかかわらず絶対王政期には、国王によってそれらは鎖につながれていくわけです。この観念作用、表象の世界における仕組み――そこが解けないと絶対王権というのはつかめない。そういうふうに思っているものですから、日本の天皇のあり方というものを、一方の比較の軸として考えるのですが。

自然と人間との関係の転換

網野　話は少しもどりますが、さきほど申し上げましたように、日本の場合、キリスト教のような宗教がなくても大きく変わったわけですね。阿部さんがキリスト教の浸透による転換といわれることとまったく同じような転換が、南北朝動乱を境に起こっている。古い聖なるものが消えていく。これが阿部さんのいわれる大宇宙だと思うのですが、これまで聖なるものに近いとされていた人々が賤視されるとか、アジールが消えていくとか。文字の問題も同じです。

鎌倉以前の感覚と室町以後とは、かなり変わると思うのです。その転換は、決して宗教によって起こったわけではないのです。それでは何によって起こったのかというと、それはやっぱり自然と人間との関係の最も基底的な部分での転換ではないかと考えているのです。

聖なるものの権威の凋落

網野　もう一つ別のことを申し上げますと、金融の起源は、日本の場合明らかに古代の出挙《すいこ》[15]に遡るんですね。農業生産がからんで、神様のものである初穂を種籾《たねもみ》として百姓に貸し付けて、収穫のとき利息の稲を付けて返させる。神にはお礼をしなければいけない。それが利息なのです。そういう習俗の流れをくんで、中世でも「上分」といわれる初穂を貸す。神物、仏物を貸して利息をとる。こういう形で金融が発展してくるのです。ですから、金融をやる人たちは、みな神の直属民、神人《じにん》なんですね。

商業もそうなのです。商業・交易に携わっている人は、天皇や神の直属民になっている。なぜそうなるかというと、商業という行為、たとえば市場での交易は俗世界ではできない物と物との交換なんですね。俗世界で、物と物を交換すると、人と人との結びつきが強くなってしまう。だから、交易は神仏の支配する場としての市場で行われる。そこでは物も人も世俗の縁が切れるのですね。貿易もそうです。やはり、勧進上人《かんじんしょうにん》のような人がやっている。

貨幣も日本の場合には、ヨーロッパとは違って、早くから天皇がつくっていますから、貨幣も聖なる性格を持ったものと考えられているのですね。中国から入った銭も、最初は同じだったと思います。それが変わりだすんですよ。南北朝動乱のなかで、聖なるものの権威が凋落する。そして、金融も商業もみな世俗的な経済行為になっていくのです。こういう転換は、いままでいわれていたような社会構成史的転換とは次元が違うと私は思うのです。

金融や商業、技術のような、ふつう経済学の対象となっている経済的行為はみな原始的意味での「聖なるもの」につながりを持っていたのですが、それが世俗的なものに変わっていくとき、ヨーロッパの場合には、大塚久雄さんの強調しておられるところですが、そういう行為はやはりキリスト教、つまり新しく宗教的な支えをえていくのだと思います。日本の場合にはそれがないですね。商人にせよ、金融業者にせよ。身分的には最低のところにおかれているし、前に神の直属民だった人のなかには賤視される人もで

(15)　古代に行われた稲の利息付き貸借のこと。春に貸し出し、秋に利子とともに収納した。網野は、田租を穀霊のひそむ種籾を神・首長に貢献する初穂儀礼とする石母田正の説、初穂が神聖視されて再生儀礼と結びついていたとする坪井洋文の説などを挙げ、出挙も同様に初穂儀礼とする。網野「初穂・出挙・関料」(『増補 無縁・公界・楽』平凡社ライブラリー【著作集12】)参照。

てくる。

二宮　そのときの「聖なるもの」というのは、天皇と直接関係が……。

網野　つながりを持っていますね。神仏と天皇は競合する面もあるので、そのつながり方は、もっと精密に考えなくてはいけないけれども。

二宮　僕の場合は、ヨーロッパをキリスト教というところで押さえていくということを、ひとまずは避けようとしているものですから、ヨーロッパ世界においても、ある時期に自然と人間との関係が非常に変わったかもしれないということの方を、むしろ見ていきたいですね。たとえば、フランスですと、一一世紀から一三世紀に大開墾というのをやりますが、それまで自然の圧倒的な優位のもとに暮していたのが、自分たちの力で森を切り拓いて、そこに村をつくる。村の結びつきというのがそこにでてくる。時代的にはもっと遡って考えてもいいのですが、ともかくある時期に自然に対して優位に立つという……。

網野　ある程度までですね。

二宮　そうです。ある程度まで。そこで物の考え方の転換が生ずるのですね。ちょうどそのときにキリスト教がこの転換を支えるということがあって、村には教会の塔が建ち、それが公感覚というものを精神世界で支える。しかし、俗権が全部教会に公を委ねているかといえば、そうではないわけで、これはドイツの場合には皇帝権と教皇権の相剋という形で起こりますし、フランスの場合は、むしろガリカニスム[16]という形をとって、フランスの教会というのは世俗権力と結びついていくわけです。

そういうなかで、国王自身に聖なる性格が呪術的に付与され、しかもバックにはキリスト教の教会があって、世俗権力に公をつくりだしていく。その公を「公共善」という言い方で言い張っていったのが絶対王権なのですが。公を全部自分の手に独占し、しもじもの公を否定しようとするわけです。それを完全にしたのは、近代国家ですね。

網野　しかし、フランス革命がありましたでしょう。

二宮　しかし、革命が公を独占している。公がどこかから降ってきて、国王がそれを独占しているのならその正当性は争える。しかし、革命権力が独占したら、これは大変なことです。フランス革命だけではなく、ロシア革命だってそうですが、革命権力が公を独占したら悲惨なことになりますね。こいつは正当な権力というわけですから。

網野　いまのところ、どちらも成功しているとはいえないですからね。そういう意味では、人民が自らの公を本当に自らの手にするのは、なかなか難しいことですね。

(16)　近世フランスにおける教皇の司教権からの独立を目指す思想運動。その起源は中世まで遡り、絶対王政期に最高潮に達する。政治的な独立だけでなく、フランスの伝統的な習俗や宗教慣行の尊重を求めるなど、フランス・ナショナリズムと結びついた運動でもあった。

天皇制の普遍化

二宮　天皇制の問題に戻りますと、第一には、日本独特のものだという受けとめ方が強くあると思うのですけれども……。

網野　もちろん、独特なものはあるでしょうが、それをすぐに強調する以前に、もっとこれを普遍的な王権や聖なるもののあり方からとらえ直していく必要があると思っているのです。ただ単純にヨーロッパと比較するだけではだめで、インカとかアフリカとか、中国、朝鮮とか、いろいろな民族の王権、聖なるものとの比較が必要だと思います。いろいろな視点から、他の民族の社会と比較して、これを普遍化するための糸口をさぐりだす必要がある。文字の問題もその一つですが、そうしてこれまで独自だといわれてきたものをできるだけときほぐした上で、一体どこが本当に独自だったのかということをはっきりさせていきたいと考えているのですが。

6　歴史学の新しい可能性

――では最後に、今後の歴史学の新しい可能性についてはいかがでしょうか。

歴史叙述の問題

網野　確かに現在、歴史学において、いろいろな比較や新しい試みがでてきたし、また今後さらにやらなければならない。しかし、歴史は叙述されなければならない面がありますよね。いままで話にでたような七〇年代からでてきたいろいろな動きは、まだまだ総合される段階ではないですね。まだまだ新しい問題、盲点を発見していかなくてはならない。これを総合するのはこれからだと思うのですが、そのあたりはいかがでしょう。歴史学は叙述と切り離し難い本質を持っていますからね。

二宮　それは本当にその通りだと思います。確かに、新しい歴史研究というのもずいぶんでてきましたが、それらを含めて、いまのところはこれまで欠けていた視点とか、無視されていた部分とかを取りだしていこうということをずっと試みているように思います。それは社会史と呼ばれたり、新しい歴史学と呼ばれたりしているわけですが、そういうふうにして、歴史の読み直しが進んでいる。

しかし、それを大きく物語っていくということになりますと、またそこには非常に難しい問題がでてくるわけです。たとえば、網野さんがおっしゃる社会構成史的な次元と民族史的次元、それをどういうふうにかかわらせながら歴史をとらえることができるかという問題もあるわけですし、軸はその二つだけともかぎらないということがあります。ただ、叙述の問題をつきつめていくと、根本は人間をどう考えるかというところに帰着してしまうと思うのです。歴史叙述が可能となるためには、人間をどうとらえようとするかというところに結局はいってしまう。歴史学がこれからどうなっていくかということは、新しい視点は次々とだされていますし、新しい方法も次々と生みだされてくると思うのですが、最終的には歴史家一人一人の決断による叙述にいきつく――そういう形になるのではないでしょうか。

開拓すべき広い荒野

網野　まったく現代をどう考えるかということ、自分が何であるかを知ること、それ自身が歴史をどう考えるかということと同じになるわけですが、僕はこのごろ、現代の人間の社会は、自然との関係で考えると、もはや、がむしゃらな開発をやってそれで何とかできたような青年時代ではないと思うのです。つまり、核をはじめとして、自分自身のなかに自分を滅ぼしうる力を持ってしまったのですからね。それはもはや引き返し難いものである。そうであっても、世の中は前に進んでいくわけです。しかし、前進していくときに必ず人間は何かを切り落としたりしていく。人間は万能ではないから。その切り落としていく大切なものをなるべく極限まで少なく、しかもどうしても切り落とさざるをえなかったときにも、そういう落としてしまったものは何かということを、強い痛みを感じながら、それを見定めつつ前に進まなくてはいけない。そういう時期に確実に入っていると思うのです。

こういう時点に立って、人間がこれから先どう進むかということについて、それぞれの人の現代に対するとらえ方を通して新しい歴史の叙述がされるであろうし、それをやらなくてはならない。しかし、実際少し勉強してみると、まだわかっていないことがものすごくたくさんあることに気づかざるをえない。開拓すべき荒野はきわめて広いのです。一つのことがわかると、これまでの風景がガラッと変わってしまうようなことがたくさんある。僕にはもう時間は余りないけれども、まだまだやりたいことはあるし、やれると思うので、そういう意味では、人類の歴史の可能性は無限にあるといってもいいと思います。

二宮　それは本当にそうですね。そして、そういう気持ちにみんながなれるようになったということが、歴史学の転換としてはとても大きいことではないでしょうか。

網野　いまは研究が個別、分散的に見えても、僕は一向気にすることはないと思うのですね。それぞれに現代をどう生きるかという課題を持ちながら、個別的な問題を掘り下げていくなら、それはいくらやられてもいいし、むしろそうあるべきだと思う。いまのような状況のなかで、そういういろいろな個別的なテーマを、いろいろな人が、いろいろな形、方法でやりはじめたということはすばらしいことで、これからの歴史学は非常に豊かなものになっていく可能性を持っていると思います。

——どうも長時間、ありがとうございました。

増田義郎◆網野善彦

5　海で結ばれた歴史と文化

――「大航海時代叢書」エクストラ・シリーズ発刊の機に

増田義郎（ますだ・よしお）　一九二八―二〇一六。文化人類学者、歴史学者。専門はラテンアメリカ研究。東京大学卒業後、同大学教授、千葉大学教授、亜細亜大学教授を歴任。日本におけるラテンアメリカ史を開拓し、日本ラテンアメリカ学会初代理事長を務める。網野とは東京高等学校高等科、東京大学における同学年。著書に『コロンブス』（岩波新書）、『物語　ラテン・アメリカの歴史』（中公新書）、『図説　海賊』（河出書房新社）など。

●**初出／底本**　『図書』四三六号、一九八五年一二月／『網野善彦対談集』3

インカと日本の中世

増田　あなたがペルーへ行かれたのは(1)何年前ですか。

網野　もう五年前になるかな。

増田　あのとき、日本の中世を研究している者として、ペルーの社会は大変おもしろいという感想を持ったと聞いたような気がするんだけれども。

網野　非常におもしろかったですね。

増田　似ているという感じでしたか。

網野　たとえば市場へ行ってみたとき、いまの日本の市場ではわからない、むしろ中世の市場がこうだったのではないかというようなムードがあったんですね。

増田　現在のわれわれの住んでいる社会のような福祉とか生活保護のない社会、それがペルー社会の現状だけれども、あなたは自力救済の社会だというようなことを言っていたな。

網野　日本の中世はまさしく自力救済の社会ですが、ペルーでは子供まで自分で生きている。それで自力救済だと言ったのかな。

とにかく僕はスペイン語ができないから、いつでも荷物の張番だったでしょう。どの空港へ行っても荷物をいつ持っていかれるかわからない。自分で自分を守ってないと何をされるかわからないという意識は、日本では感じたことがなかったので……。

増田　あなたがペルーに行かれたときには僕の差し上げたシエサ・デ・レオンの『インカ帝国史』(岩波文庫)は読んでいましたか。

網野　だいたい読んでいきました。

増田　『インカ帝国史』が書かれたのがだいたい一六世紀の半ばなんだけれども、ほとんど同じ頃、世界文学史の上で画期的な事件が起こった。というのは、西欧文学ではじめてのリアリズム小説といいますか、ピカレスク小説、悪漢小説が生まれた。『ラサリーリョ・デ・トルメスの生涯』(岩波文庫)という作品で、その中にサラマンカとかトレドとか、あの当時のスペインの都市生活の描写が出てくる。これがいまのペルーあたりの田舎町なんかと同じ感じなんだね。治安は悪い、コソ泥はいる、みんな腹をへらしている。まったく一刻の油断もできない。いつでも緊張していなければならない。

網野　ほんとうにそうだったよ、ペルーでは(笑)。

増田　君が行った翌年(一九八一年)、また調査にペルーに行ったんです。海岸の農村とか漁村で仕事をしたんだけれども、ちょうどそのとき、最近はやりのアナール学派のエマニュエル・ル・ロワ・ラデュリの[2]『モンタイユー』(刀水書房)という、南フランスの

(1)　一九八〇年八月、網野は増田と、日本文学研究者ロベルト・オエストとともにペルーに出かけた。スペイン語による日本史の教科書を作るという計画が背景にあり、同時に増田には網野にペルーを見てもらいたいという願いがあったという(増田「日本とアンデス」『回想の網野善彦 ― 『網野善彦著作集』月報集成』岩波書店、参照)。このとき首都リマのカトリック大学のために用意された日本史概説のレジュメ、また実現に至らなかった教科書の草稿などをもとに、九七年に『日本社会の歴史』(全三冊、岩波新書)【著作集16】がまとめられた。

(2)　本書対談3、注(9)参照。

一四世紀の村を扱った本を持っていって、それを読みながら調査をした。非常によく似ているんだね。発展途上地域の町とか村というのは、アーカイックな様相をずいぶん残しているのじゃないかと思った。

網野　もうひとつ僕がとくに関心をもったのは、飛礫《つぶて》(3)です。日本の中世でも石が武器になっているんですね。ところがインカの投石具を見たら日本人が最近まで使っていたのと同じなんだな。アルパカの毛かなにかでできているけれども、これが布でできていれば、日本で使っていたものと全く同じですよ。だから、びっくりしちゃってね。僕自身は使った覚えはないけれど兄貴あたりは使ってましたよ。日本の中世と似ているというのではなくて、人間の生活の知恵、考え方はどこでもそう違ったものじゃないなと思ったね。

一六世紀のインカ、メキシコ

増田　こんど、「大航海時代叢書」(4)のエクストラ・シリーズで二つの本が出るわけですね。一つは、インカ・ガルシラーソ・デ・ラ・ベーガ(5)の『インカ皇統記』(のち岩波文庫)。これはスペインの貴族とインカの王女のあいだに生まれた最初の子供の作品だから、ふたつの文化の間に育った人の証言としてなかなかおもしろい。ルネサンス期の文学などを勉強した人だから、文学的な筆致で書かれているけれども、歴史記録としても意味がある。

もう一つは、ベルナール・ディーアス[6]というメキシコの征服者が書いたアステカ王国の記録(『メキシコ征服記』)。この二つとも日本古代史の方に読んで論評していただいたらおもしろいと思うんだけれども……。

網野　そう思いますね。君がときどき言っている「神聖王[7]」、これは天皇のことを考えるときにも大事ですね。

---

(3)　本書対談4、注(1)参照。

(4)　「大航海時代叢書」は、岩波書店より刊行された大航海時代に関する翻訳作品集。第Ⅰ期(一九六五—七〇年)一一巻および別巻一、第Ⅱ期(一九七九—九二年)二五巻、エクストラ・シリーズ(一九八五—八七年)五巻からなる。本書の対談者である増田義郎、川田順造、山口昌男なども刊行に関わっている。

(5)　Inca Garcilaso de la Vega　一五三九—一六一六。歴史家。父はスペイン人征服者で母はインカ帝国の王女。ペルーで生まれたが、成人してからはスペインで活動する。インカの歴史や文化について書き残した。

(6)　Bernal Díaz del Castillo　一四九六頃—一五八四。若くして新大陸に渡り、二度のメキシコ遠征に加わったのち、コルテスの遠征に参加。この遠征でアステカ王国は滅亡し、メキシコは征服された。のちにグアテマラ市の市参事会員を務めた。晩年に執筆した『メキシコ征服記』は、実際に遠征に関わった者の記録として貴重な史料である。

増田　最近、文化人類学でも王権やそれにまつわる儀礼に関する関心が高まっているような気がする。大嘗祭《だいじょうさい》が迫っているせいかどうか知らないけれども。インカやアステカの神聖王の記述など、日本古代史の方が見たらおもしろいものがあるんじゃないかな。

網野　直接比較するとしたら古代がいちばん比較しやすいと思うけれども、日本の中世にはまだ古代以前や古代がいっぱい残っているからね。

増田　それはあなたのオリジナルな説でしょう(笑)。

網野　いや、そんなことはないですよ。律令がある程度は浸透するけれども、そうでない要素がいっぱいあるから。しかし、個々の習俗だけでなくて、王権のあり方や社会の構造が似ているような気がするね。それはそうと今度の二つの本の校正刷をざっと読むと、メキシコとくらべてペルーのインディオはおとなしいように思ったけれども。メキシコではもっぱら戦争が出てくるでしょう。

増田　それはまあ、征服の話だからね。

網野　それにしても何か戦闘的な感じをメキシコのインディオから受けますけれどもね。

増田　それは、征服の過程がちがうからでしょう。スペイン人とメキシコ人の間には血なまぐさい戦闘の連続があったわけだ。ところがインカのほうは、カハマルカ(8)というところでスペイン人の騙し討ちにあって、一ぺんで潰されてしまった。インカの場合だって、場合によったらメキシコのような激しい戦闘の継続になったのかもしれない。

網野　メキシコのインディオにくらべてペルーのインディオ、インカのほうが比較的穏やかというようなことはあるんですか。

増田　それは難しい問題だけれども、ただ言えることは、メキシコの場合は、戦争で捕虜をつかまえ、それを神殿で生贄に捧げたから、相当どぎつい感じがあることは事実です。インカの場合、人身御供《ひとみごくう》は非常に少なかったですね。

網野　『インカ皇統記』でガルシラーソもしきりに書いていますね。そういうのをや

---

(7)　神と同一視される王。原始・古代社会に広く見られる。そのあり方には王自身が神そのものとされる場合、神の子とされる場合、王の身体に神が宿るとされる場合などがある。網野は中世の天皇にも神人《じにん》・供御人《くごにん》制の基盤となる神聖王としての顔があるとしている。網野『日本の歴史をよみなおす』(ちくま学芸文庫)参照。

(8)　一五三二年、黄金のうわさを聞きつけたスペイン人のピサロは、約一七〇人の仲間とともにインカ帝国内へ侵入。数万の兵とともにカハマルカに滞在していたインカ皇帝アタワルパと会見し、キリスト教への改宗を拒否されたのを合図に奇襲攻撃をかけた。インカ人にとって騎馬・鉄砲・鉄剣は初めて見るもので、インカ軍は大混乱をおこして皇帝アタワルパは生け捕りにされた。ヘレス著、増田義郎訳「ペルーおよびクスコ地方征服に関する真実の報告」『征服者と新世界』(大航海時代叢書、第Ⅱ期12、岩波書店)、増田義郎『アステカとインカ——黄金帝国の滅亡』(小学館)参照。

っていたのは昔で、われわれはやってない、と。意識的に書いているんですか、あれは。

増田　当時のヨーロッパ人にしてみると、アメリカの土人たちは人食いだという観念が強かったわけね。それで、インカは違いますよ、とガルシラーソが必死になって言っているようなところは確かにあるね。

網野　あまり北まで行かないけれども、リマのすぐ近くの海岸には行きました。君はペルーの海岸を北のほうまで旅行したっけ？

増田　スペイン人がペルーの北海岸に侵入してきたとき、住民から昔は人身御供をやっていたのだが、ワイナ・カパック(9)というインカの皇帝が征服してから人身御供が禁止され、そのかわりリャマあるいはチチャというトウモロコシの酒を捧げるようになった、ということを聞いて記録しています。インカに人身御供が全くなかったわけではなく、ある特定のお祭りで、幼児を人身御供に捧げるということはあったらしいのだけれども、全般的に見ると、メキシコにくらべて、流血とか殺人の少ない儀礼体系だな。

網野　二つの記録の最初をかじった程度だけれども、記録者の立場が違うからでしょうか、最初からムードがまるで違うので、いささかびっくりしました(笑)。

増田　あなたは「大航海時代叢書」の第I期の、たとえばアビラ・ヒロンの『日本王国記(10)』とか、ロドリーゲスの『日本教会史(11)』は読みました？

網野　『日本教会史』は読みました。ルイス・フロイスの『日欧文化比較(12)』に端的にそれが出ているけれども、宣教師は日本との習俗の違いにずいぶんびっくりしたらしいですね。

増田 あれは布教のための実際的な目的のためにつくったらしいね。

(9) Huayna Capac ?―一五二五。インカ帝国の第一一代皇帝。最後の皇帝アタワルパの父。最大版図を獲得し、帝国の最盛期を迎えた。

(10) 著者のアビラ・ヒロンはスペインの貿易商人。文禄三年(一五九四)にはじめて来日して以降、薩摩や肥前の有馬・口の津・平戸などを訪れる。長崎に居宅を構えつつ、マカオ・マニラ・カンボジア・シャム・マラッカなどを転々とし、慶長一二年(一六〇七)に日本に戻って以降、長崎に定住した。元和五年(一六一九)以降の足跡は不明。同書は当時の日本の政情を描いたもので、宣教師以外の西洋人の著書として珍しく貴重な史料である。

(11) ポルトガル人イエズス会宣教師ジョアン・ロドリゲスによってまとめられた総合的日本研究の書。日本の風土・風習・技術・学芸・迷信など、広範囲にわたる項目についての歴史的考察と、初期キリスト教布教史とで構成されている。ロドリゲスは、ほかにも『日本大文典』を執筆している。

(12) ポルトガル人イエズス会宣教師ルイス・フロイスが、日本とヨーロッパの風習の違いに関する覚書をまとめたもの。六〇〇以上にわたる項目からなり、気付いたことを書き足すことで成立したと考えられる。またフロイスは日本キリスト教布教史ともいえる『日本史』も書き残した。

網野　しかしああいう性質の本が、まだ日本史の人に意外に使い切られていないような気がしますね。フロイスが女性のあり方の違いについて書いているところがあるでしょう。たとえば日本の女性は親や夫にも断らないで勝手に旅に出てしまうとかね。

実際、絵巻物を見ると、女の人が一人で歩いている場面がよくあるわけですよ。それを阿部謹也氏(13)に話したら、「そんなことはヨーロッパでは考えられません。どうして日本では一人で歩けるんですか」なんていわれて、それ以来気になっていたんです。それでふと思い出してあの本を見たら、ちゃんと書いてあるんだ。すぐに疑問が解けるわけではないけれども、習俗を考えるうえに非常に役に立つと思いますね。

海産物文化の不思議

網野　それはそうと、あなたは海藻のことをいま研究しているのでしょう。それに刺激されて日本でも海藻のことを研究している人がいないかと思って調べてみたら、渋沢敬三(14)がやっているわけです。戦前ではあの人ぐらいじゃないですかね、真剣に海藻のことを考えたのは。渋沢氏は日本の神様には農産物よりも海藻を含む水産物のほうがはるかに大量に捧げられていることを発見している。『延喜式《えんぎしき》』(15)を分析して、神饌《しんせん》の基本は海藻と鰹《かつお》と鰒《あわび》と塩だということを見つけているんです。僕がペルーに行ったとき、「向こうにいる日本人に何をお土産に持っていったらいいか」と聞いたら、君は「鰹節と昆布や海苔でも持っていけよ」って言った(笑)。実際、それが非常に喜ばれる。神様には必ず初物の海藻、つまりワカメを捧げるわけですよ。
　海藻を日本人ほど大事にしている民族はほかにあまりないでしょう。

増田　まず海藻を食べる民族というのはきわめて限られているわけだね。チャップマンという人が『海藻とその用途』という本の中で、世界中の国々の海藻利用について書いているけれども、日本みたいに海藻を商品化して大量に消費している国はヨーロッパにはない。
　中南米で見ると、おもしろいことに、海藻を食べるのはペルーとチリだけなんです。僕らはペルーにはもう二五年ぐらい行っているんだけれども、一九七八年までそれに気がつかなかった。海岸に掘建て小屋があるんで、漁民のものだとばかり思っていたんだが、そうじゃないんだ。魚を捕る人とは別に海藻、甲殻類、貝などを採る人がいるんだね。しかも海藻を採る人間は海岸の人間じゃなくて、山から来る。海抜四〇〇〇メートル以上の高原に住む牧民が多いというようなことがわかってきて、勉強を始めたのだけ

(13)　本書対談1、対談者紹介参照。
(14)　本書対談3、注(18)参照。
(15)　渋沢敬三「『延喜式』内水産神饌に関する考察若干」(『渋沢敬三著作集』第一巻、平凡社)参照。

れども……。

牧民がリャマの群れを連れて村を出発し、一定の行程にしたがって海岸に降りていって、海岸の牧草地にそれを放す。出発するときと着いたとき、いろいろ厳密に定められた儀礼があって、それにしたがって旅をしていく。そして彼らは海藻を採り、乾かして山に持って帰るのだけれども、食料にもするし、物々交換にも使うし、儀礼にも使うんだね。こんなおもしろい現象に、七年前まで気がつかなかった。スペイン人の記録にもほとんど出てこない。スペイン人は食わないから、全然関心がなかったんだね。

網野 日本人だってこんなにたくさん食っていても、海藻の研究者はほとんどゼロだもの(笑)。宮下章さんという法政大学出版局から『海藻』という本を出した人がひとりで頑張っておられる。

増田 海藻だけじゃなく、ずいぶん見落としてることがあるんだろうな。

網野 インカは貝も大事にするんだって?

増田 『インカ皇統記』にも出てくるんじゃないですか。スポンディラスという刺のある赤い貝なんです。これは熱帯の海で採れる貝なんだけれども、ペルーで非常に珍重されて、儀礼に使われる。また一種の擬似貨幣として通用する。その貝はペルーでは採れないんでエクアドルまで採りに行ったらしい。

君がペルーに行ったときに、マリア・ロストウォロフスキー(16)という女性の歴史学者に会ったでしょう。彼女も君と同じように、非農業民を重視してね、海上交易などをしきりにやっていますよ。しかし、そういうことを言うのは彼女ひとりだ。

網野　冗談みたいだけれども、海のない山梨県の名物が鰒なんですよ。煮貝といって、鰒を醱酵させたのが名物になっている。これが珍重がられて、ものすごく高いわけです。それから最近、神崎宣武さんの『峠をこえた魚』（福音館書店）を読んだら「これがここの名物ですよ」と渡された広島の山の中の名物がワカメなんだって。もちろん海から行商が運んでくるんだけれども……。鰒や海藻とか海産物の重要性は『延喜式』でもわかっていたんだけれども、最近、木簡が出てきて、もっといろいろなことがわかってきたんですよ。考えてみると、これは大変なことだと思うんだけれども、ペルーとも似ているところがあるんで、不思議だなと思う。

---

(16)　María Rostworowski de Diez Canseco　一九一五―二〇一六。ペルー共和国のリマ市で生まれ、幼少期をヨーロッパで過ごす。二〇歳頃ペルーに帰国し、リマのサン・マルコス大学で歴史学を学ぶ。征服者の視点から脱却した新しいペルー史像を構築。また南米における海民の存在を立証するなど、漁業史家としても活躍した。ペルー問題研究所の創設者のひとりで、ペルー歴史アカデミー会員。邦訳著書に『インカ国家の形成と崩壊』（増田義郎訳、東洋書林）など。網野のロストウォロフスキーとの出会いについては、網野「海民の社会と歴史」【著作集18】参照。

増田　僕は海藻をやり始めてから、世界各地で調査をしている友人に手紙を出して、食べるかどうか聞いているんだけど、どうもノーの返事が多いな。

網野　東南アジアでもそうですか。

増田　東南アジアも。中国系の人々のあいだではもちろん食べるでしょう。

網野　朝鮮では食べるでしょうね。

増田　これは間違いない。だけど、たとえばインドネシアの土着の人が食べるかというと、どうも疑問だな。マヤの高地で調査している友だちに聞いたら、一切食わないという。じゃあ、マヤ高地の人間は低地に対してどういう感じをもっているのかというと、下等なところだ、低くて卑しい場所だ、高いところのほうがいいんだ、という見方をしているというんだね。

ところがアンデスの連中にとっては、インカの神話からはじまって海は非常に大事なんだね。しかもインカの住む高原から海までの距離たるや何百キロもある。たとえば、あなたも行ったインカ帝国の首都のクスコの街の市場に行くと、海藻を干したやつを山と売っている。

網野　そうだった。それから魚があったり……。

増田　魚を干したやつね。それから飛魚の卵、カウカウというんだけれども、これをクスコでもいっぱい売っていますよ。それからマチャという貝、これも干して売っている。海というものがアンデスの山の人にとって大変な魅力なんだな。

網野　日本でも、山と海の関係は、折口信夫さん以来、民俗学者は問題にしている。いまもどんな山の中でも神様に供えるものには魚がいるわけですよ。山の神はオコゼなんだよね。なぜ山の神が魚なのだろうということも柳田さん以来疑問になっているところでね。クスコのホテルに泊まったときに、ホテルの支配人が日本人だとわかったら、えらく親愛の情を示して握手を求めてくる。おまえのお尻に赤ん坊のころ青い痣があっただろう、俺たちもあるんだというわけ。もう一つは、赤ん坊を背中におぶうだろうという。俺たちもそうだというんだね。とにかくそれで、おまえと俺とは兄弟だといって握手を求めてきた。そういう遠い昔からのつながりがあるのかね。

増田　それはそうにはちがいないんだけれども、蒙古斑点や、赤ん坊を女の人が背負う習慣は、南北アメリカ大陸原住民に共通ですね。エクアドルにもコロンビアにもある。メキシコにも北米にもある。しかし、なぜペルーとチリだけが海藻を食用にし、それから海に対して大変なノスタルジアをもっているのか。インカの神話では、世界を創造した神様が海の上を去っていくんだね。現在のアンデスの民俗宗教でも、非常に大事な神様の大地の神様、これは女性なんですね、パチャママというんだけれども。それに対応するのが海の神様、これも女で、ママコチャという。海と大地の神が必ず対になって出てくる。これはとてもおもしろいな。

網野　社会の構造についても、ペルーのインカ帝国ができる経緯と日本の畿内の王権ができる経緯とは全く関係ないのはもちろんだけれども、『インカ皇統記』を読んでいると、畿内の征服だって、これと似ているところがあるのじゃないかなと思うような話が出てくる。山と海の話はそれとは次元がちがうけれども、やはりたいへん示唆を受けるところがあるわけで、あなたが「海藻のことを知らないか」と僕に聞いたのが原因で、それ以来、海藻にえらい凝って調べてみているんだけれども……。

増田　そのうち、教わりに行きますから(笑)。

網野　どうして、そういう似たことがはるかにはなれた人間の社会に起こるのかということは大変な問題でね。

増田　そうなんだ。だから僕は、アンデスの社会を非常に特殊なエキゾチックな社会というふうには考えないんです。さっき日本の古代とアンデスとの比較が出ましたが、ハワイやトンガなどポリネシアの王国、それからアフリカの王国など、みんな文化的共通性をもっているな。

だから、日本古代史の方々がアフリカの王制などをみたら非常におもしろいかもしれないし、インカをみても、アステカをみてもおもしろいだろうな。

網野　私の大学〔神奈川大学〕の和崎春日《わざきはるか》さんからアフリカの王権と職人という話を聞いたんだけれども、これも日本とよく似ているんだね。卑弥呼の時代を思い出しましたよ。市場を王権が支配しているのは卑弥呼時代以来のことで中世でも市場はそういう性格をもっていますね。

増田　森鷗外が晩年に、おそらく幸徳秋水事件とか社会主義の問題が出てきたせいか、社会進化論の勉強をしてノートを残しているけれども、そのなかでインカ帝国は日本古代の崇神《すじん》、垂仁《すいにん》〔天皇〕あたりに当たる、と書いているよ、つまり社会構成的に。なかなか鋭いね。

網野　まあ、そんなものでしょうね。

増田　フレイザーの『金枝篇』、岩波文庫で五冊の短縮版が出ていますが、あのなかでも王権とか神聖王とか王殺しとかが大事なテーマでしょう。神聖王の例に日本の天皇が出てきますよ。天皇とアフリカのブガンダの王様とインカが同列に並べられて比較されている。学問的にいえば、これは正しいと思いますよ。たとえば王にまつわるタブーがあるでしょう。神聖王は自分の体から落ちたもの、爪でも髭でも頭の毛でも、捨ててはいけないんだね。痰まで、ちゃんと壺をつくってしまっておく。アフリカの王もインカもみな同じことをやっているんだね。天皇に関しても、エスノグラフィがあるといいんだけれど。

網野　もうちょっと日常のことが知りたいね。

増田　ところがフレイザーはある程度書いているわけだ。日本の天皇は足を地面につけることを禁じられているとか、毛をボウボウに伸ばして、髪の毛を人にとられないように注意しているとか。どこから資料を得たのかというと、どうもケンペル〔元禄期の長崎オランダ商館付ドイツ人医師。『日本誌』の著者〕らしいんだね。そうすると、ケンペルがどこからそういう情報を得たのか、僕は非常に興味をもっているんだけどね。

網野　われわれの小さい頃だって、天皇はトイレをどうするのかなんていうのはいちばん興味があった(笑)。たとえば後宮のあり方だって、近代に入っても天皇家にはものすごく古いものが残っているらしいんだけれども、よくわかってないですね。インカの場合はどうなんですか。

増田　アクリャワシという一種の神聖な処女を集めた宮殿がある。これは地方ごとに作られたけれども、ヒエラルキーがあって、クスコにあるアクリャワシが、最高のステイタスを持つ。だから地方のいい子はどんどんそこに引き抜かれていく。ガルシラーソはそのことを詳しく書いている。

網野　日本の場合も、采女《うねめ》がいるわけでしょう。采女は服属した地方の首長から献上されてくる女性たちなんだけれども、こういうシステムは、インカや日本だけじゃなくて、もっと広い規模の原始王制、神聖王に共通したシステムがあるのではないかと思います。日本の天皇は、そういう原始的な要素を現代にまで引きずっているところがあるからね。

増田　それが大きな特色だな。こういう発達した産業国家にまでアーカイックな神聖王制が残っているという点が「万邦無比」ですな。

網野　そういう意味で大変珍奇な存在なわけだから、どうしてエスノロジーが天皇の研究を本気でやらないのかね。

増田　ポリネシアなどを勉強していて非常におもしろいと思うのは、王制が展開していくうちに、古い王族の家系がだんだんに宗教的なシンボリックな存在になっていって、政治の実権は新しい家系がにぎる、というケースがよくあるんだな。これなんかも、日本などでも天皇と将軍の二本建てが長くつづいたけど、これは民族史的にみれば案外珍しくないのかもしれないという気がするね。

網野　そう思うな。最近、そのことが妙に「万邦無比」のようにいわれているけれども、実力者と権威との二元性は国家の本質にかかわる問題だと思いますね。中世では武家のほうで主従制と統治権(17)という二元的な支配のあることを佐藤進一さんが指摘している。現代だって、中国の毛沢東と周恩来の関係にもそういうところがあったんで、日本

(17)　本書対談1、注(32)参照。

の場合だけではなくて、これは国家の本質にある二元性とつながる。その具体的なあり方は、天皇のことを研究するとよくわかってくるのではないかという気がしますね。

増田 もちろん比較をあまり軽々しくやってはいけないのだけれども。「大航海時代叢書」の第I期に『西アフリカ航海の記録』というのがあるけれど、これはポルトガル人の開拓した西アフリカ地方に関する好奇心のつよいあるイタリア人の観察なんだね。西アフリカにウォロフという部族があるが、その王様には、ちょうど封建制みたいに臣下がいっぱいいる。ところが能率的な徴税システムがなく、かつコミュニケーションが悪いので、税金を自分のところへ集めることができない。そこで宮廷の重臣、役人、後宮などを全部連れて旅をし、家来のところへ行っては大盤振舞させて、税金を消費してまわる。ところが、マルク・ブロック(18)の『封建社会』(岩波書店)をみると、メロヴィング朝ではまさに同じことをしているんだね。

網野 だから中世のヨーロッパには京都や鎌倉のような首都がないわけだね、王様が歩き回っているから。そういうタイプ——王が巡幸して食い歩いているというタイプの社会も一方に明らかにあるんだね。しかし、インカは徴税システムがしっかりできていたのでしょう。

増田 ガルシラーソがその辺のことをよく書いているけれども、インカには文字はないが、かわりに数字を表すキープという結節縄のシステムがあって、統計は保存できるわけね。それから道路網をつくった。エクアドルのキートから南はチリのサンチアゴぐらいまで、高原の道路とそれに平行した海岸道路をつくって、そのあいだを無数の支線で結んだ。だから、キープで徴税額をきめると、飛脚を各地に走らせて、容易に税を首都に集中できたわけです。

税を都へ運ぶ法

網野　いつか僕が租庸調《そようちょう》の話をしていたら西洋史の樺山紘一氏(19)が「網野さん、ヨーロッパで租税を集めるという観念が出てきたのはずっとおくれて絶対王政のころなので日本は特殊なんですよ」といったから「いや、それは逆じゃないですか」といったことがあるんだけれども、日本の場合はインカに非常に似ている。都や国衙《こくが》・郡衙《ぐんが》には倉庫がいっぱいあったはずですよ。日本の場合もインカと同じで海産物をふくむ調庸――特産物は中央に運ばれる。これはみんな平民―公民が担いでくるわけです。ところが日本の

(18)　本書対談1、注(4)参照。
(19)　一九四一―。歴史学者。専門はフランス中世史。東京大学大学院修了後、京都大学人文科学研究所助手、東京大学教授、国立西洋美術館館長、印刷博物館館長を務めた。現在、公益財団法人渋沢栄一記念財団理事長。網野らとの共著『中世の風景』(中公新書)のほか、共編、対談あり。著書に『ゴシック世界の思想像』(岩波書店)、『ルネサンスと地中海』(中公文庫)など。

場合はインカほど組織的ではないようですね。道は一応できていると思うけれども。

増田 海上路があるだろう。

網野 ところが、原則的に食糧は全部自弁なんですね。だから近江から都に運ぶ人と武蔵から運んでくる人とでは旅費にものすごい違いがある。しかし一人当りの調庸の負担の量については旅費を考えた形跡がゼロなんです。全部同じなんだ。にもかかわらず、平民は担いで運んでいくわけですよ。奈良時代の初めから、都に来たけれども食糧が尽きて、帰りの食糧がなくて餓死したということが問題になっているんだけれども、政府は一向に旅費に即した負担量の考慮をしないんですね。そういう制度が百年もつづいているわけです。

増田 だけど、実際に、非常な遠隔地から都まで税を持っていくといったら大変な量の食糧が要るわけだろう。それをどうやって持っていったんだろう。何かからくりがあるんじゃないですか。

網野 からくりはあるのかもしれないけれども、制度的にはそうなっている。沿道の人から援助はあるかもしれないけれども、自分の食糧は持っていなければいけないんじゃないかな。

増田 ちょっとアンデス文化のほうからヒントを出しましょうか。まず、これはペドロ・ピサロの『ペルー王国史』〔大航海時代叢書、第Ⅱ期16〕に出てくるんだけれども、租税は民衆があるところまで運ぶ。そこからまた別の人々が山まで運ぶ。分業システムになっているのだけれども、それにしてもかなりの道を行くわけだから食糧が要る。ところが背負っていくトウモロコシを一粒でも盗んだら極刑に処せられる。それじゃ旅行中の食糧をどうしたかというと、納税者には必ず自分の奥さんとか子供、親族など、かなりの数の者が鍋釜を背負い、食糧を持ってついていったらしい。そして泊まるところに来ると炊事をして食事を用意したらしい。

もう一つは、軍隊のことになるが、日本古代でも防人《さきもり》など軍隊をずいぶん動かしているわけだろう。あの兵隊がどうやって食っていたか。

網野　あれも建前は武器、食糧自弁なんです。それにしてもなぜわざわざ東国から九州まで行かせたのか。西からいけば近いはずでしょう。あれは東国がおくれて征服された地域だったことと関連させて説明するのがいまのところ通説ですが……。

増田　しかし、東国から全部食糧自弁といったら大変だよ。

網野　大変なことです。それでも行くんだから問題なんだ。

増田　インカの場合は、軍隊の行軍にも一家眷属がついて行くわけ。兵隊が集められて部隊が編成され、ある地方に派遣される。そうすると、そのあとから鍋釜を背負った女連中がたくさんついていくんだって。それで夜になると火を焚いて夫に食べさせる。正規軍は整然と行軍するけれども、そのあとから雲霞《うんか》のごとき女の大群がついていったわけだね。

網野　日本でもそういうことがあればおもしろいんだけどな。

増田　一九一〇年からはじまったあのメキシコ革命でも同じなんだね。「ラ・クカラッチャ」という有名な歌がありますね。あれは、要するにそういう女たちなんだね。情婦もいる、妻もいる。そういう女たちが食糧と荷物を背負って革命軍のあとを行くわけです。むかしメキシコの歴史映画でそういう光景を見たことがあるけれども、ひょっとするとスペイン植民地時代やアステカ時代もそうだったんじゃないか。インカについては、スペインの記録者が『ペルー王国史』のなかではっきりそういうことを書いてますね。

網野　そういう発想はゼロだったね、正直なところ。

増田　糧秣《りょうまつ》の補給が組織的に考えられるようになったのはごく近代になってからでしょう?

網野　当時はやはり穀物を馬の背中にでものせて、相当量運んでいかなければならなかったと思うので、やはりなにかのからくりはあると思いますよ。しかし実際、女性がついていったかどうかは疑問だけれども、女性の動きについてはたしかに盲点でしたね。女性については近世的な感覚でみんな考えがちなんだけれども、女性が家にとどまって静かに待っていたわけではないことは間違いない。古代にはそうした資料はあまりないだろうけれども、浪人が家族をつれて動いているということはありますね。ただ、遊女―遊行女婦《うかれめ》は結構いたらしくて、古代からちゃんと官庁に所属した遊女がいた。中世の遊女も官庁に統轄されていたので、そういう女性の動きは多少はわかるんだけれども、軍隊のうしろにくっついていった女性というのはちょっとなかなか出てこないんじゃないかな。ただ、女が調庸を負担しないことが、なにか関係してきそうな気がするな。

海を媒介にした人の動き

増田　アビラ・ヒロンの『日本王国記』の時代、つまり一六世紀の後半には、日本の女はまだ自由に外に出ていけた、と君はさっき言ったけど、江戸時代の管理国家になると、だんだん女が家に閉じ込められていくわけだろう。

網野　西日本と東日本とでは少し違うかもしれないけれども、宮本常一氏(本書対談2、注(16)参照)の『忘れられた日本人』(岩波文庫)を読むと、戦前の周防大島の女性は必ず若いころ、家出をして、どこかに奉公にいくんだね。それが女性の勉強で、おやじは怒るんだけれども、母親は擁護してやる。どういう経験をしてくるかわからないけれども、とにかく奉公をして帰ってきて、それで初めて島に落ちつくと書いてある。だから江戸時代だって、家にとじこもっていたとは一概にはいえないですね。そういう人の動きはなかなか記録に残りにくいですからね。実際にはかなり動いているらしい。

増田　いつかうかがったあなたのお話で印象的だったのは、日本も、中世には結構中国人の商人が奥羽地方ぐらいまで旅行していて、べつになんということもなく平気だった、ということ。あまり外人扱いしなかったんじゃないかな。いわゆる外人扱いは明治以後のことなんだな、きっと。ザビエルなんかが来たって、日本人はどこの馬の骨かというような調子で扱ってるね。

網野　あの段階では全くそんな感じですね。

増田　今まで間違っていたと思うのは、近世とか現代の日本を見て、昔からそうであったという考え方に陥っていたことです。

網野　それはやっぱり改めていただいたほうがいいと思いますよ(笑)。近世にだってまだわからないことがいっぱいある。ごく最近、清の銭をあちこちで見つけたんです。古銭家にとってこれは新しいからつまらない。土中からはでてこないから考古学者も関心を持たない。ところが各地の大きな家に行って、蔵の中の銭箱をみると、清の銭がかなり大量にある。長崎から入ってきたのかもしれないけれども流通していたことは間違いないですね。貨幣史の方に聞いても実態はあまりよくわからないのですが。能登の時《とき》国《くに》家、四国の瀬戸内海の二神島《ふたがみじま》、薩摩の坊津《ぼうのつ》で、裏に満州文字を書いた清の銭を見ました。

そういう意味でいわゆる、「鎖国時代」でも内外の人の動き、物の動きがかなりあったのだろうと思います。それからこれはほんとうかどうか確認はしていないけれども、羽《は》原《ばら》又吉《ゆうきち》さんの(20)『漂海民』（岩波新書）によると、江戸時代、潮岬《しおのみさき》、串本、大島辺の漁民は毎年オーストラリアへ行っていたんだって。あの辺の漁民は明治以後にオーストラリアへさかんに行くわけですが、それは明治以後の新しい現象ではないと羽原さんが書いている(21)。何を根拠に言っているのかはわからないのですけれどもね。

増田　ポリネシア人は大航海者だったと言われるけど、インカも含めた環太平洋圏の民族の中には航海者は多いですよね。

網野　ペルーで天野《あまの》博物館(22)に行ったとき、モチーカ文化(23)、だから紀元四―五世紀かな、

---

(20)　本書対談3、注(15)参照。

(21)　漁業経済史学者の羽原又吉によれば、紀州串本・潮岬・大島の漁民たちは戦前まで毎年オーストラリア沿海に貝類採取の出稼ぎ漁を行っていたが、この出稼ぎ漁は明治以前にさかのぼり、そのことを図示した江戸時代の文書も確認したという（羽原『漂海民』岩波新書、参照）。ただしその後、鶴見良行が潮岬に行って資料を探索したものの、当該文書を見出すことができず、網野は昭和南海地震にともなう大津波で文書が流失した可能性を示唆している（網野「「日本」とは何か」【著作集17】参照）。

(22)　実業家であり、アンデス古代文化研究家でもあった天野芳太郎（一八九八―一九八二）が、一九六四年、ペルーの首都リマに創設した博物館。二〇一四年、創設五〇年を機に休館改装し、翌二〇一五年より天野プレコロンビアン織物博物館として再出発した。

非常にリアルに土器にインディオの首長をえがいている文化。それがずらっと並んでいるなかに、あれは天野芳太郎さんが書いたんだと思うけれども、「ハポネス？」と書いた土器があった。土器の色も違うんだね。日本人かどうかはわからないけれども、東アジア系の顔であることは確実だね。アフリカの、黒人の顔もあの土器のなかに並んでいたと思うけれどもあれは、いまでも目に焼きついていますね。

そうなると、漂流かもしれないけれども、そのころ南米にわたった人がいたことになる。いまおっしゃったように、海を媒介とした人の動きは、驚くべき広さがありますね。海を人と人とをへだてるものと見るのは江戸時代以後の観念で、島国で海によって守られた日本という意識で日本を見るようになったのは新しいことだと思いますよ。日本と大陸の関係は非常に近い。対馬と朝鮮はほんとうに一衣帯水ですし、北海道だって大陸がすぐそばだし、むしろ日本列島は大陸にぶら下がったかけ橋ととらえたほうがいい。南のほうでいえば台湾と宮古・八重山だって、ほんとうに近いですね。だから宮古・八重山には台湾系の文化が入っている。そういういろいろなルートを通っての人間の動きを考えないといけない。つまり海が人と人とをつなげる……。

増田 そうそう。海は障害ではなしに交通のよき媒体だという考え方は最近は非常に強くなっていますよ。日本人と海の関係は、南シナ海とか黄海、対馬海峡、あるいは日本海等の側ではかなり研究されているけれども、太平洋との関係は、まだ未開拓だと思いますよ。ふつう大航海時代になって、マニラ・ガレオンが通うようになってから日本人ははじめて太平洋に目をむけたかのように考えるけど……。

網野　それはそうじゃないと思いますよ。

増田　『魏志倭人伝』の最後の国に黒歯国というのが出てくる。女王国の南四千里にある侏儒国からさらに東南船行一年とあるから、これも太平洋と関係あるなあ。

網野　八丈島にもこちらから確実に文化が入っているわけでしょう。かなりの距離があるわけですから、あそこまで行くのだったらポリネシアまで……。

増田　ミクロネシアには少なくともね。

網野　ミクロネシアは近いですね。南洋日本町にしても一五－一六世紀ぐらいにわっと出てくるように見えるけれども、たまたま人が行って住んだということで町ができるはずはないので、当然それ以前に何かの情報、連絡があったということを前提にしなければ考えられないことですよね。ルソンあたりとの交流をふくめて、太平洋のほうも当然海を媒介にした動きがあったはずですよ。そういう意味では、「日本は島国」という言い方には僕は非常に抵抗があるんだ。

---

(23)　紀元一世紀から八世紀半ば〔諸説あり〕に、ペルーの北部海岸で栄えた古代文化。モチェ文化ともいう。写実的な人物・動物・作物などを象った土器、表面に人々の生活や戦闘の絵を描いた土器などが特徴。

増田　そういう発想をあなたは前からお持ちだったと思うけれども、ペルーに旅行され、かつ「大航海時代叢書」を読んでいただいて、ますますそうお考えなんじゃないですか(笑)。

堀田善衞◆網野善彦

6 中世「黄金郷《ジパング》の人智」

堀田善衞（ほった・よしえ）　一九一八―九八。作家。慶応義塾大学仏文科卒業。戦時中、国際文化振興会の上海事務所に赴任。敗戦後、中国国民党宣伝部に徴用される。一九四七年に帰国してのち、本格的な作家活動を始める。『広場の孤独』『漢奸』ほかで芥川賞を受賞。アジア・アフリカ作家会議日本協議会の事務局長、のちに日本アジア・アフリカ作家会議の初代事務局長などを務めた。著書に『インドで考えたこと』（岩波新書）、『ゴヤ』『定家明月記私抄』（新潮社）、『堀田善衞全集』（全一六巻、筑摩書房）など。

●初出／底本　『SAPIO』一―四号、一九八九年六―七月／『網野善彦対談集』5

1 ミカド後醍醐の時代、日本は国際国家だった

巷の事情通、藤原定家

――おふたりとも、中世に特別な関心を抱いておられるように見受けます。まず、なぜ

中世か、というところからお話をうかがえますか。

堀田　僕のばあいは人間の不思議さ、それが輪郭がくっきりとわかるということがあるようですね。ながく僕は藤原定家（一一六二―一二四一）の『明月記』(1)を読んできましたがね、平安朝末期（一一〇〇年代後半）から鎌倉初期（一二〇〇年代前半）の芸能週刊誌の編集長になったと思うところがあるよ（笑）。だってね、定家は歌うひとだし、そのほか蹴鞠《けまり》とか儀式のありさまとか、くわしく書きとめてるでしょう。宮廷芸能週刊誌を読んでいるような気がしてしまうわけだ。

網野　あの日記は特異な日記ですね。

堀田　定家は、町の噂をきくことが、ひどく好きなんだ。「世を語らず」といって、世の中の情報を持ってこない奴は愚鈍だ、というんだ。そういうの大嫌いなんだよね。そうしてきいた巷の話を、克明に書きしるす。ほんとに世間好きというか、それだけ見ていると、あんな歌なんか詠むとはとても思われない（笑）。ジャーナリストも兼ねているね、あの日記は。

それでね、驚くのは泥棒の多いことね。特に後鳥羽院がいなくなってからは、連夜泥棒ですね。その泥棒が盗賊団、群盗です。これが松明《たいまつ》はもちろん、篝火《かがりび》なんか用意してやってくる。盗んだ車に乗って堂々と。なかに、うまくやっていけない公家とかそういう連中の手下・家従がまじっているんだ。それは、文字どおり勝手知ったる連中なので……。

――忍び込むのに手引きはいらないわけですね。

堀田　それであのころ、金属の値段があがるんだよね。金属のあるところはどこやといったら、お寺だよね。それで、お寺から盗む。そうして博打に賭けるとか。

網野　博打の流行は大変なものですね。たぶん『明月記』にあったんじゃないかな。道端で博打をやっていて、いつまでもやめないので、とうとう六波羅《ろくはら》の役人に捕まって、鼻をそがれ、指を切られた博打狂の話がありますね。

――鼻をそぐというのには、なにか意味があるんでしょう?

網野　五体不具にしちゃうんですよ。そうすると人間並の生活にもどれなくなっちゃう。江戸時代のイレズミ者というのに似ているかもしれません。

堀田　片耳をそぐのもあり、両耳をそぐのもありました。

網野　博打は指ですね。どの指を詰めたのかははっきり文献にはあらわれないけれども、博打で指を詰めるというのは、ずっと前からあるようです。合戦で首を取って持ち歩くのが厄介だから、鼻とか耳をそいで代用した、というはなしもありますが、鎌倉時

---

(1)　藤原定家がそのほぼ全生涯かけて書き残した日記。宮中の政局や和歌・歌学のみならず、ときに庶民の生活などについても記された。堀田は一九八六年に『定家明月記私抄』(新潮社、のち、ちくま学芸文庫)を上梓した。

代の戦場では、やっぱりちゃんと首を取りますね。

堀田　ただ感覚は、もちろんいまとは非常にちがいますね。たとえば公暁《くぎょう》〔「こうぎょう」とも〕が実朝をぶっ殺す。(2)そのあと三浦義村のところへかくまってもらおうと思って逃げ込む。ところが、三浦義村というのが、非常に権謀術数というか、どっちゃでも転がる男で(笑)。結局助けてくれないんだけど、公暁はそこの家でごはんを食べるときも、実朝の首を離さなかったというんだ(笑)。

網野　そのことでは、勝俣鎮夫さんが面白いことを書いている。中世には死骸敵対(3)ということがあったと。死骸に対して敵対をする。死骸は、ある期間、確実に生きているという感覚があって、生者に対してものいうものであったとみなされていた、と。公暁の話もね、そういうことでいうと、首を離すと、実朝のからだにくっつくと困ると思っていたから、離さなかったことになる(笑)。だって、ほら、平将門《たいらのまさかど》の首なんて、おれのからだはどこか、といって戻って飛んでくるわけでしょう(笑)。

堀田　西洋の絵で、じぶんの首を手に持っているのがあるでしょう。あれもやっぱり、死んでいないんだね。またのせようと思っているんだ(笑)。

黄金の建物はたくさんあった

堀田　人間は無限に不思議なものでありましてね。聖なるものが、ある時間と経過を経てくると、賤なるものになったりする。これは人間の歴史とともに、永遠につづくドラマのひとつであろうと思うけれども、そういうものも、中世を見ていると、よくわかってきます。

網野　先生はスペインに長く滞在されていらしたでしょう。スペインでそういうドラマは、どういう形であらわれますか。

堀田　たとえばアビラの聖テレジア(テレサ)(4)。あのひとの生涯を見ていると、はじめ

---

(2)　建保七年(一二一九)正月、鶴岡八幡宮で行われた三代将軍源実朝の任右大臣拝賀の儀の直後、前将軍頼家の遺児で同寺別当であった公暁が自ら剣をもって実朝を殺害。その後、最有力御家人にして公暁の乳母夫《めのとぶ》であった三浦義村を頼ったが義村はこれに応じず、公暁は殺害された。

(3)　死骸は意志をもつ存在であり、その意志は、とくに子孫などに絶対的拘束力をもつものと信じられていた。その意志に反することを死骸敵対と言い、重大な罪科とされた。勝俣鎮夫「死骸敵対」(網野・石井進・笠松宏至・勝俣『中世の罪と罰』東京大学出版会、のち講談社学術文庫)参照。

(4)　Santa Teresa de Jesús　一五一五—八二。スペインの宗教家。スペインのアビラに生まれ、同地のカルメル会エンカルナシオン修道院に入る。その後、大病を患うなか神秘体験を経て、修道会の改革運動を行う。のち教皇ピウス四世の認可を受け、アビラ城外にサン・ホセ修道院を創立した。

はいろいろな男といろいろありまして、ほんとに色っぽいんだな。アビラという城壁の町で、女子修道院を造って院長さんになるんですが、どうも怪しい。政治的にいろんなことをやるんですが、どうもその間にも誰か男がいたみたいなんだ(笑)。

――引き込んでいたか(笑)。

堀田 彼女をスペインの国営放送局がテレビ・ドラマに仕立てたの。それがまた、じつにエロティックなんだね。スペインのテレビというのはカトリックに支配されていますから、そんなに露骨にしやしないんだが、におわすものがあるわけ(笑)。これでいいんだ、とそのとき僕は思ったですね。

――聖女といわれたからといって、発情することもなかったなどと、口をぬぐうべきではないのですね。

堀田 人間、何をするかわからないんだから(笑)。その点で、どうもいままでの日本の歴史学には不満ですね、歴史学者を前にしていうけれども(笑)。歴史学はきわめて人間的な学で、人間のおかしさ、奇怪さに近づいていくために、資料を使っていくというのがいいと思う。文学と歴史学というものは、いちばん近い兄弟なんだから。文学は何かが垂直におりてくるような探求のしかたをするかもしれないけど、歴史にはいろんなものが入っているんだから。そうして両者共に、どこかで交わる点に、人間が成立する。

網野 僕はまったく賛成でございます。ぜんぜん反論はしない(笑)。戦後のある時期に、ちょっとそういう時期があったような気がするんですが、高度成長期に入ってから、歴史学と文学がずいぶん離れてしまったんですね。まったくおっしゃるとおりで、そこらが僕にとっても面白い点です。

堀田　ぜんぜん別の話をしますが(笑)、中世の頃、日本の相手は宋ですね。西園寺《さいおんじ》公《きん》経《つね》(5)なんて宋から十万両とか銭を持ってきます。いったい宋銭を輸入するについて、その見返りに、何を輸出したものですかね。

網野　それはいろんな資料がありますけれども、たとえば、水銀、真珠、漆器とか刀剣。すこしあとになると、銅も輸出していますね。

堀田　それからこれは僕の空想ですが、砂金じゃないですか。平泉《ひらいずみ》へ行くと、金堂というう小さなものが残っている。しかしあれは、ほんの一部が残っただけであって、金の建物というものは、もっとたくさんあったらしい。そうだとすると、東北には金は相当

(5) 一一七一―一二四四。鎌倉前期の公家。後嵯峨天皇の中宮姞子《きつし》・関白二条良実・四代将軍藤原頼経の祖父。鎌倉幕府との密接な関係を築き、承久の乱の際には、いち早く幕府方に通報してその勝利に貢献。その後、太政大臣に昇り、関東申次《もうしつぎ》(幕府との連絡にあたる朝廷側の窓口)を務めた。また網野は西園寺家が海上交通の重要拠点を所領にし、宋との貿易で莫大な収入を得ていたことを指摘している(網野「西園寺家とその所領」『日本中世土地制度史の研究』【著作集3】参照)。

量出たんじゃないでしょうか。

網野　東北の年貢はみな金ですね。荘園の年貢が、金になっています。

堀田　それが、いまや大して話をきかないとなると、やっぱり金というものは、掘るとなくなっちゃうのですかね(笑)。ジパングは黄金郷だなんていいますが、かつては相当な金産出国だったのじゃないですか。へたすると、いまの南アフリカくらい金が出た。

網野　そこまでいくかな(笑)。しかし輸出したことは十分考えられる。そのくらいの金産国であったことはたしかです。

堀田　どうもそうだったんじゃないかと思いますね。これは中世ではないけど、慶長小判なんていう、あんなべらぼうな金貨をつくった国は、どこにもないと思うよ。ナポレオン金貨なんて、あれからくらべるとたかがしれてる。あんなべらぼうなものをつくったのは、やっぱり有数の金産国でなきゃできない、と思うんだよね。

国際通貨としての宋銭とドル

網野　あれは小判だけではなくて、大判もあるんですね。ただ、不思議なことに、日本は銅もたくさん出るんです。銅を輸出している。とうぜん鋳物師《いもじ》の技術も発達していた。ところがなぜか、銭を鋳造しない。そもそも権力者にじぶんのほうで鋳造しようとする意思がない。中世に入ってからやろうとしたのは、後醍醐天皇ひとりですね。あとは寛永(一六二四―四四年)までずっとやらない。寛永通宝が鋳造されてからだって、中国の銭が一緒に流通していたらしいんです。清の銭を、最近になって、私はあちこちで見つけました。

――どうしてそういうことに?

網野　よくわかりません。しかし、そういう意味でいうと、宋との交流はたいへんなものだったようです。

宋の工人・陳和卿《ちんなけい》(6)が源実朝のためにでかい船を造りますね。造りはしたものの、浮かばなかったことになっていて、日本には大きな船を造る技術はなかった、とされてきた。でもそうじゃないようです。遅くとも鎌倉時代の末、たぶんもう少し前から、日本列島で「唐船《からふね》」を造っていたと思うんです。「唐船」という呼称から、向こうからきた船だ、と学者が思い込んでいただけで、「金沢文庫古文書」(7)のなかに、「渡唐するので、九州に船を造りにくだる」という文書もある。それを考えますと、宋人がたくさん来ていたと

(6)　生没年不詳。平安時代末期に来日した南宋出身の工人。東大寺勧進職であった俊乗房重源《ちょうげん》に請われ、治承四年(一一八〇)に焼失した東大寺大仏の再興に参加。その頭部を鋳造した。重源に東大寺造営料所として周防国が与えられると、ともに下向して東大寺造営のための用材の伐り出しに従事した。のちに将軍源実朝に謁し、実朝自身の渡宋のための大船を建造するよう命じられた。船は翌年完成するが由比ケ浜での進水に失敗。以後の消息は不明。

思うし、こちらからもたくさんの人が行っていた。

――日本をあまり島国と考えないほうがいいということですね。

堀田　特に平安朝・鎌倉期というのは、ものすごく国際的。というか、宋なんか何とも思っとらんね。

網野　ほんとに海を越えて渡るということを、何とも思っていない。少なくとも海で生活している人たちはね。

――すると、さっきの銭の話も、宋を中心にした経済圏・文化圏みたいなのがあって、だから銭も宋のものを使っていればいい、ということになっていたのでしょうか。

網野　それはそうかもしれない。いまでもバリ島なんかでは宋銭があって、何かあるときにはそれを使うらしい。それくらい流通していたようです。

堀田　宋銭というものが、いまでいうとドルかな(笑)。鵞眼《ががん》。穴あき銭ではあるけれどもさ。宋銭が通用して、日本においてお金を鋳造しなかったことについていえば、宋銭ならば、出所不明だ、ということもきっとあるんだ。出所不明だから、抽象性がある。この抽象性というのが、お金に関しては大事なんだな。抽象性を獲得して、はじめて、それが流通するようになる。

網野　そうなんだろうと思います。中世人の意識でいうと、古代人でもそうだったろうと思うけれども、物と物との交換をすれば、お互いの間が結びつくわけでしょう。どんどん仲よくなる。仲よくなったんじゃ、交換はできないわけです（笑）。

――そりゃあ、仲よくなったら夫婦交換もやりにくくなるな（笑）。

網野　市場というのは、そういう縁が切れる場所なんです。神様、仏様の世界なんですね。ですから市場ではひととひととの関係も、ひとと物との関係も切れる。世俗の世界での関係が切れるので、男も女も自由に交渉をもってもかまわないし、物と自分との結びつきも切れるから、交換ができる。盗品だって、ちゃんと交換できるので、だから盗人市なんていうのができた。こういう関係を、最も抽象化したのが銭でしょう。銭が誰かのものであっては、流通のしようがないわけです。

――ああ、そこで「無縁」という概念が出てくるのですね。

網野　だって、王様が発したものを自分がもらったというので、王様と自分とのあいだに関係ができたら困るわけです。そのときの王様は、無になっていないと流通にとっては具合が悪い。蓄銭叙位令なんて、その反対で、王様が出した銭をこれだけためた。だから位をくださいというものでしょう。これでは、市場の論理にはならない。こういう

（7）　建治元年（一二七五）頃、北条実時（金沢《かねさわ》実時）が自領武蔵国久良岐郡六浦《むつら》庄（現・横浜市金沢区）にあった居館内（同庄内金沢郷）に設けた私的書庫。鎌倉幕府滅亡後は、金沢氏の氏寺である称名寺によって管理され、一九三〇年に県立金沢文庫となった。また一九五五年より中世歴史博物館として運営されている。

うのは、本当の銭ではないですね。

――天皇在位六〇年金貨が、まったく流通しないのも、それですかね。

網野　あれもらえば誰だってためます(笑)。流通するわけがないです。銭は「無縁」でないと動かないし、そうたやすく「無縁」になるものでもないです。

2　国境なき時代の「天皇と遊女」

中国名をもつ博多商人もいた

堀田　銭のことでいうと、中国共産党はえらかったね。僕は戦後、上海で国民党に雇われた。志願した風向きもありますが。そのときに最後の月給が、三食つき、寄宿舎つきで八〇〇万元(笑)。その八〇〇万元というのは小遣いですよ。タバコ銭なんだ。ヒモで束ねてくってあるの(笑)。それをぶらさげて、一杯飲みに行くわけ。これが、たちまちなくなっちゃうんだ。

――その一杯というのが、いくらぐらいだったのですか。

堀田　二万元くらいかな(笑)。

――四〇〇杯飲むと、給料が消える勘定ですね。いまウイスキー四〇〇杯分というと、一杯がちょっとしたカウンターバーで一〇〇〇円、として四〇万円。どのみち高給でしたね。

堀田　高給じゃないよ。高級なとこなんか、そんなもんじゃ行けないもの。あのインフレをおさめた中国共産党は、だからエライ(笑)。だってね、ボリビアで、しばらく前一ドルが一五二万四〇〇〇ペソかなんかなんだ。それをやめて一・五ボリバールとかにしたんだ。銭というものに関して、ラテンアメリカのひとは何を考えているのか全然わからないよ(笑)。

網野　推理のできる宋銭のほうに、はなしをもどしますか(笑)。かつての日本列島、とくに海の民は海を渡ることを何とも思っていなかった。対馬とか松浦《まつら》地方(8)に行くと、それが実感としてわかりますね。対馬と朝鮮半島は、ほんとに近いんですから。

堀田　定家も『明月記』で、松浦だったかな、あのあたりの連中が朝鮮へ行って略奪をする。そんなことをすると宋との交流の邪魔になる、といって怒っているんだよ。宋から帰ってくるときに、船が朝鮮半島に流されることがしばしばある。物事は朝鮮経由でおこなわれているんだから、略奪は国際交流をダメにするというんだ。それほど、あの頃の人たちはインターナショナルだったよ。

(8)　長崎県・佐賀県にまたがり、五島列島などを含む広域的な地域。海賊としても有名な武士団、松浦党の根拠地。

網野　時代はちょっと下るけれども、室町時代になりますと、博多の商人で、琉球王国の使者として朝鮮に行って、朝鮮の官職をもらい、中国名をもっているという人も出てきます。そういう人が、あの水域にはいっぱいいたわけです。だから、倭寇《わこう》も済州島人、北西九州人、朝鮮半島南岸の人たちの連合軍なんですね。その前提にはインターナショナルな気風があったので、あれは日常的には、半島と自然な交流をやっていた人が、いろんな事情で盗賊に変じた(笑)。だいたい、国家、国境が、この辺を含めてまだあまり意識されていなかった時代でもある。

堀田　京都の貴族連中をみても、国内に関する知識は、まるでないのね。地理は歌枕だけだ(笑)。たとえば後鳥羽院なんかが、武力をもってどこかを守ると考え出したとしたら、その頭の中にあった地理というものは、歌枕ですよ。だって、熊野は別としてよそへ行ったことがない、ぜんぜん見たことがないんだから。

網野　耳にしていた知識としては、傀儡《くぐつ》のいた美濃の青墓《あおはか》あたりまではあったかもしれません。

堀田　後白河院は、青墓の遊女から今様《いまよう》、流行歌を習っていたわけだから(9)、青墓村のことは知っていたと思う。

網野　あのへんまでは、ね(笑)。

——要するに、その頃は権力者にして自分が統治する世界の版図をもっていなかった、版図をつくる意識もなかった、ということですか。

網野　そこが問題ですね。「日本国をふたつに分けてなるものか」と後鳥羽院はいったという。しかしその日本国が具体的にどこまでをさすものか、にわかにはいえない。

――彼らの住む世界だけが日本だと思っていた、ということかもしれないわけですね。

網野　ただ、『延喜式《えんぎしき》』では東が陸奥、西は遠値嘉《おぢか》、南は土佐、北は佐渡となっています。また物語の中では、西は喜界島、東は蝦夷島などとなっているし、東北北部と道南が「日《ひ》の本《もと》」[10]といわれたころには、日本国の境は日本《ひのもと》ということになる。実態としての日本国が、貴族たちの頭の中でどうイメージされていたかは、よくわからないのですね。

堀田　どこかのお寺で障子絵を描くに際して、日本中の名所を一〇〇だか挙げたこと

---

(9)　後白河天皇は青墓宿(現・岐阜県大垣市青墓町)の遊女であった乙前《おとまえ》の弟子になり今様を習った。乙前は青墓の傀儡女《くぐつめ》・目井《めい》の養女となって今様を学び、西行(後掲注(11)参照)の外祖父であった監物・源清経に見出され、目井とともに上京した。

(10)　日本国の東の端を「日の本」「日下」という。鎌倉時代には東国の王権に関わる人物が「日本《ひのもと》将軍」と呼ばれているが、南北朝時代以降は東北最北部から北海道にかけての地名になり、一六世紀末には奥州のさらに北方を指す語として使われるようになった(網野善彦『日本の歴史00　「日本」とは何か』【著作集17】参照)。

があるんだね。その候補地に畿内が一〇くらいあって、驚いたことに東北が一一くらいあるんだ。東北なんて、のぞいたこともないのに(笑)。

網野　どこが出てきますか。

堀田　宮城県が中心だったですね。やっぱり平泉の黄金幻想が残っていたんでしょう。その絵を描く役の人が定家さんのとこへきて、相談をするの。せめて明石と、どこか一カ所くらいは実景を見ておきたいが、いかがなものであろうか(笑)。定家さんは、それはぜひ行ってこいと。せめてそのくらいのことはしなきゃ、といっている(笑)。それはそれとして、しかし、僕は、連中は国内のことより宋のことをよく知っていたと思う。

天皇と直結した遍歴の芸人たち

――行く行かないでいうと、宋にだって、だれもが行ったわけではないでしょうにね。

堀田　今はパリなんか簡単に行くけど、昔は、行ったことがないのに、パリのことをよく知っている人、いくらでもいたものですよ。あの街角のどこらへんにどんなカフェがあるとか。それと似ているんじゃないかと思うよ。

網野　西行《さいぎょう》(11)は、ちゃんと東北まで行っていますね。そういう僧侶のなかでも聖《ひじり》や上人《しょうにん》(12)のように、広くいろんな所を歩きまわっている人たちからの情報量が、あんがい多かったかもしれませんよ。供御人《くごにん》(13)や遊女、白拍子《しらびょうし》のように天皇や院に直結している人たちの情報ですね。

遊女は、あの時代、意外に地位が高いんです。天皇や院と直結していて、天皇の子供も生むし。

――子まで生みましたか。

網野　もちろん。後白河とか後鳥羽とかは有名で……。これ堀田先生もお書きになっている(笑)。白拍子や傀儡師も、朝廷と深い結びつきがある。

堀田　後鳥羽が隠岐《おき》に流されるでしょう。あのときについていった白拍子がいるよ。だいたい島に流されるとき、中宮とか皇后とかいってる正式の女どもは、全然ついていかないんだね。順徳院についても土御門《つちみかど》についても正式の女どもは、まったく知らん顔。

(11)　一一一八―九〇。平安時代末期から鎌倉初期にかけての歌人。俗名は佐藤義清《のりきよ》。北面の武士として鳥羽院に仕えていたが、若くして出家・遁世して諸国を旅した。文治二年(一一八六)には東大寺大勧進重源の依頼を受けて、再建料砂金の勧進のため奥州の藤原秀衡を訪ねている。『新古今和歌集』には九四首が採られ、後世の歌人たちにも影響を与えた。

(12)　本書対談1、注(13)参照。

(13)　本書対談1、注(7)参照。

あれは薄情というか(笑)。

網野 後醍醐のときは、六条家の流れをくむ阿野廉子《あのれんし》という女性がついていくんです。

堀田 えらいよ、彼女は。

網野 そして、廉子の子供の後村上天皇が後醍醐の後を継ぐ。後醍醐には、よくぞ隠岐くんだりまでついてきてくれた、という思いがやっぱりあったでしょうね。

堀田 後鳥羽についていった白拍子は亀菊(14)というのだったね。

網野 あれは承久の乱の原因をつくった女だから、とうぜんくっついていくんです(笑)。

——面白いのは、流罪というものがもたらす隔絶感ですね。距離でいったら、隠岐は宋より近い。しかし、あきらかに隔絶感は大きいと意識されるわけでしょう。道真が流された大宰府なんか、いってみれば地続きのようなもので。

網野 流罪は、単に近い遠いの問題ではないんです。一種の境に流されるということで、距離では還元できない意味をもっているんです。

堀田 戦後に東条英機ら戦犯が処刑されたとき、その翌日に、日本の支配者には日本らしき身の処しかたがあるはずだ、と室生犀星が日記に書いているんだね。それはどういう意味かと、全集を編集した中野重治にきいたことがある。切腹ですか、と。しかし、宮廷には切腹の習慣はないはずだと。そうすると、残るは島流しだよね。室生さんなんていう古い人には、そういう考えがきちんとあった。

網野　確かに東のほうでは首を切る、また切腹もするだろうけど、西の王朝では、島流し以外にはまずありません。

堀田　公家が姦通したやつの首を切ったというので、定家なんか怒っている。こんなことくらいで首を切るなんて、鎌倉の風潮に染まっている。姦通くらいなんじゃといって(笑)。

網野　そういう面では、鎌倉幕府は、えらい真面目です(笑)。

外国より隔絶感の強い国内流刑地

——しかし不思議ですね。なぜ遠き宋より近き隠岐に隔絶感がより強いか。

堀田　惨澹たるものではあるんだよ。僕は隠岐に行ってみたけど、海の中の火山のカルデラの島だよね。あの時代にあんなところに一八年もいさせられた後鳥羽院というのも、たまったもんじゃないと思った。彼は若かったから島で子供も生まれただろうけど、そんな記録は皆無だし。都には、帰ってもいいという噂があるらしい、というので調べ

---

(14)　後鳥羽上皇の寵愛を受けた白拍子。伊賀局。上皇より摂津国長江・椋橋両庄の領家職を賜った。上皇がこの両庄の地頭職の停廃を求めたものの、幕府はこれを拒絶しており、この一件は承久の乱の要因のひとつとなった。

にやらせたり。

――調べるだけですか。

堀田　おかしなことに、京都へ帰るという運動は、きわめて微弱なんだ。ほとんどないに近いですね。噂を調べにきたやつも、半年ほど京にいて、何もしないで、しおしおと島へ帰っていく。

網野　後醍醐は流されても、最初から帰るつもりでいましたね。だって隠岐にいながら、自分のときの元号に固執していましてね。都では正慶元年(一三三二)になっているのに、元弘二年という元号で、隠岐から文書を発している。絶対帰れる確信をもっていた。

堀田　それは道真以来の伝統というものが非常にあるんですよ。各宮廷に残っている。道真というのは、無実の罪で流されて帰ったわけです(15)。だから、隠岐であれどこであれ、無実の罪で流されて帰ってくる、というのが、あの頃の支配階級の夢なんです。夢というか妄想というか、ドラマ志向といいますかね。それは歌を調べるとわかるんだ。道真と後鳥羽院の歌とを対照してみるとわかります。

網野　平安・鎌倉までは、たしかにそういうところがありますね。

堀田　あの頃芝居はないでしょう。しかし演劇本能というものは、人間にはあるんだ。宮廷を劇場と考えて、そこでの悲劇というものを願望しようとすれば、流されて、しかも帰ってくる。これが最高のドラマなんですね。

網野　しかし流されて、帰ってきてもう一度天皇になった、というのは後醍醐だけなんだな。後醍醐は流されて戻ってくる、という大変な劇を演じた唯一の天皇です。それだけで、ものすごいカリスマになれちゃうわけです。

――流罪＝死、帰還＝甦りといったことになるんだろうか。

網野　甦りどころか、後醍醐のばあいは、全部元へ戻しちゃった。あのときの持明院統[16]系の貴族は気の毒なんでね。彼が鎌倉幕府打倒に失敗して隠岐へ流されたのが一三三二年。一三三三年に脱出して戻ってくるんですが、この間、光厳天皇のもとで官位があがった貴族がいるわけです。正四位から正三位に昇進して公卿になった。それが後醍醐が戻ってきたとたん、おれが流される前に全部戻す(笑)。あの意識は凄いね。完全に彼

---

(15)　菅原道真は配流先の大宰府にて没している。隠岐に流されたのちに召還され、参議に昇進した「小野篁《おののたかむら》」と混同したか。堀田は『定家明月記私抄　続篇』(ちくま学芸文庫)にて、後鳥羽院勅撰の『新古今和歌集』に小野篁の歌が二首、同じく無実で流刑となった菅原道真の歌が一二首も収められていることに注目し、「罪なくして配所の月を見る、という、政治的人間の悲劇的な在り方が、この頃の人々にとって一つの憧憬の的になっていた」とする。特に篁については「後に許されて召還されたことが重要」と述べている。

(16)　鎌倉時代に二つに分かれた皇統のうちのひとつ。本書対談3、注(26)参照。

の頭のなかでは自分中心に時間が動いている。だから元号も変えなかった。

――もうひとつ不思議なのは、さっきちょっと出た天皇と遊女とか白拍子との関係です。いわば芸能者が、なぜ子を生むほどにも、天皇と深くかかわりをもっていたか。もちえたのか。

網野　その点は、僕もよくわからないんですけど、たぶん女官、女房が遊女になり、遊女で女房になる人が多かったということと関係があると思いますね。だから遊女は文字も書けるし、歌も詠めます。

堀田　それはやっぱり、なんといっても不思議なのは天皇家というものであって、これはほんとに、誰がなんぼやっても尽きることがない問題だと思いますね。白拍子とか傀儡師、網野さんのおっしゃり方でいえば、非農業民ね、これは平安末期・鎌倉初期において、非常に堂々として存在している。

――たとえば？

堀田　定家の荘園で傀儡師が暴れちゃっていうことをきかないんだ。その傀儡師どもが堂々と京都へやってきて、検非違使《けびいし》に訴えるんです。ということは、訴えるだけの権威と根拠が、傀儡師たちにあったということです。その権威と根拠はどこにあるかといえば、天皇家なんだ。だから大江匡房《おおえのまさふさ》も『遊女記』や『傀儡子記』を書いたのでね。(17)

網野　ただ遊女や傀儡が浮浪の民であると見るのは、匡房の記述に引っぱられたところもありますね。彼は漢文学者であり、歌人であり文章博士《もんじょうはかせ》でもある、というインテリでしょう。

官に仕える自分の境涯とくらべて、水草を追いて暮らす傀儡に、ほんとの楽しみがあるなんて詠んでいる。これまではこのイメージに引きずられすぎた。じっさいは白拍子奉行が京都にあり、遊女別当なんていう役職が鎌倉にはあったんですよ。(18)

――遊女を統括する機関？

網野　ええ。遊女は番を組んで、別当や奉行に召し出されると幕府や宮廷にでるわけです。鎌倉の例で、今日は呼ばれるはずだったのに呼ばれなかった、というので、悲観して自殺した遊女もいる。

そういうことは京都でもありえたわけで、傀儡も、同じように天皇直結だった。傀儡

(17)　大江匡房は院政期の学者であるが、皇太子の教育係である東宮学士や天皇の教授係である侍読を務めたり、また白河院の側近として院庁に勤めたりと天皇家ときわめて近いところにいた人物であった。

(18)　白拍子奉行は鎌倉時代初期に朝廷にあった役職であるが、詳細は不明。網野はこのことから白拍子を天皇や神に直属する女性職能民と捉えた。『吾妻鏡《あづまかがみ》』建久四年（一一九三）五月十五日条には、里見義成が遊君別当に任じられたという記事があるが、その後は見られず詳細は不明。

が唐人と同じように諸国を自由に遍歴しながら櫛を売り歩いていた事実がある。ああいう特権は、天皇によって与えられるわけですから。

堀田 年末に紅白歌合戦というのをやるでしょう。僕はあれは皇室が主催するといいと思う(笑)。だってね、今の話のとおり昔はそうだったんだ。天皇というのは芸能人全部の親玉みたいなものでしょう。不思議といえばまことに不思議だけれども。

3 情報収集を狙った「勅撰集」

歌集編纂は思想調査だった

——紅白歌合戦は皇室の主催にしたらいい、という堀田先生の提案は突飛にきこえますが(笑)、天皇と芸能者の関係でいうと、じつはそのほうが歴史的には根拠のあるありようである、ということになりそうですね。

堀田 正統なありようだと思うよ。前の天皇は、相撲好きで、何度も相撲を見に行っていたわけでしょう。紅白歌合戦と相撲とどうちがうの。

網野 相撲もまさに同じですね。あれも古代から天皇と直結している。相撲はもともと神事のとき、民間で行われていたのだけれど、天皇の前で七月七日にやったのが、だんだん相撲《すまい》の節会《せちえ》といって大がかりになってくるんですね。このころは、勝負がつかないと天皇が判定したようですよ。

――雄略天皇なんか、采女《うねめ》に裸で相撲をとらせたとか（笑）。

網野　そういう王と芸能の結びつきは、天皇だけじゃないでしょう。外国の王も芸術とつながりがあるのではないですか。

堀田　ロイヤル・フィルハーモニーというオーケストラがあるでしょう。あれなんかそのひとつの例だと思うね。僕が知っているものでいうと、スペインではゴヤ(19)ですね。あれはロイヤル・ペインターです。ロイヤルといっても、扱いはだいたい庭師と同じくらいですが。

網野　日本の庭師は河原者《かわらもの》(20)ですが、やはり天皇直属で、「禁裏河原者」といわれていますからね。かなり賤しめられ、差別されるようになった室町時代でも、ちゃんと「禁裏」をつけて呼んでいた。将軍直属の「公方《くぼう》御庭者《おにわもの》」もいるんです。絵師のばあいでも、同じかもしれませんね。

(19)　Francisco José de Goya y Lucientes　一七四六―一八二八。スペインの画家。鍍金師の子として生まれるも、フレスコ画家として活躍したのち、王室用タペストリーの原画制作に携わり、アカデミー会員を経て、宮廷画家、さらにカルロス四世の首席宮廷画家となった。晩年はフランスに亡命しボルドーにて死去。「裸のマハ」「カルロス四世の家族」などの作品を残している。堀田はゴヤの評伝『ゴヤ』（新潮社、のち朝日文芸文庫、集英社文庫）を執筆した。

堀田　同じ絵描きでも、ベラスケスはマヨルドーモといいまして、宮廷の鍵を全部預かっていた。

網野　それは大変な役目だ。鍵は、すごく大事なんです。印鎰《いんやく》といって、判子と倉の鍵を管理するのは、もっともえらい人ですから。

堀田　全部の鍵を預かる役だから、ベラスケスは、ともかく忙しかったようですよ。いつでも時間がないんですね。絵描きのほうは片手間。

――それにしては、デカイ作品をたくさん描いていますね。

堀田　ものすごく筆が早かったんだ、忙しいから(笑)。だから、あの人は画家として考えるより、式部長かな、そういう存在として考えたほうが歴史の上ではわかりやすいし、正しいだろうと思いますよ。

網野　となってくると、あらためて、どうして王様に芸能民とか職人が結びつくのか、世界全体を見渡して考えなくてはならなくなってくる。

――いよいよ紅白歌合戦は、皇室の主催にすべきだという感じになってきます(笑)。

堀田　もうひとつ考えていいと思うのは、歌集の件ですね。万葉集から宮廷が歌集の編纂にあたってきた。よくみていると、どうも僕は、あれは宮廷による、貴族および庶民その他一般が、何を考えているかという世論調査、あるいは情報収集、そういうものじゃなかったかという気がするんですね。

網野　それも考えられることでしょうね。

堀田　どうも世論調査くさいね。白拍子とか詠み人知らずなんかの歌まで集めるんですから。詠み人知らず、というものに、わざわざした例もあります。それからたとえば、『新古今集』なんか作る。どうもあれは、後鳥羽院が宮廷および宮廷周辺の連中の心境調査をもくろんで編んだ(笑)。思想調査だった面もあるように思いますよ。

網野　なるほど、そういう意識はあったかもしれませんね。各地域の「芸能」を天皇、朝廷が集め、まとめるということは、古代からいろいろな形であるし、『風土記《ふどき》』の撰進はそのひとつでしょう。歌謡も集めていますが、そうすることで、「芸能」の中にこめられた力を王権がとりこんでいく。勅撰和歌集もそのひとつで、そうした力で王権を維持する。勅撰和歌集がつくれなくなる時期は、天皇制の力が決定的に低落する時期ですからね。

---

(20)　河原に住んで皮革産業、死体埋葬、清掃、染色、作庭などに従事した人々。網野は、中世前期に給免田を与えられていた職能民として史料上に見られる河原人・河原細工丸が起源と考えた。彼らは清めの力を持つ者として人々から畏れられていたが、南北朝期以降賤視されるようになり、「穢多」の蔑称が生まれたとする。彼らが作庭を担ったのは、自然の改変により生じる「穢《けがれ》」を清めるためである。網野「遊女と非人・河原者」【著作集11】、同『歴史を考えるヒント』新潮文庫など参照。

王権とつながったテクノロジー

――芸能または芸能者を王権に集中していった例で、われわれが知っているものがほかにありますか。

網野　『梁塵秘抄《りょうじんひしょう》』は、最もよい例でしょう。流行歌の「今様」を集めたものですからね。あれは勅撰とはいえないでしょうけれども。

堀田　『梁塵秘抄』は、今のカラオケの歌詞集みたいなものでさ(笑)。

網野　「喉を破ること三度」、とかいいまして(笑)。すごいものです、後白河の執念も。

堀田　昼夜を問わず、今様をうたっていたというんだから(笑)。

――いますよ、一度マイクを握ったら放さないというカラオケ男が。ひとりでラブホテルでうたうとか(笑)。でもどうなんですか、歌で王権の維持ができるのかどうか。

堀田　後鳥羽は『新古今集』の序文で書いているよ。和文のと漢文のがふたつくっついているけどね。「歌の道をもって国を治める」というようなことをいっている。彼は本気です。

網野　そうだと思いますね。そういう視点から歌集を研究した歴史家はあまりいないと思いますが、少し時代がさがりますと、鎌倉武士、たとえば宇都宮頼綱などの和歌も、勅撰和歌集に入ってくる。北条氏一族の和歌もたくさん入っていますよ。

まさしく、歌を集めることによってエネルギーを吸収しつくそうという意図は、歌集の編纂にはあったとみていい。古代から国ぶりの歌謡を集めるというのも……。

堀田　思想統一みたいなね。

網野　もちろんそれだけで王権が維持できるとはいえないけれども、これは王権にとって不可欠なことのように思います。

堀田　歌をよこせ、撰進しろといわれたら、いわれたほうはよろこんじゃうんだ(笑)。みんなノセられちゃって詠んじゃう。

——何年前だったかな、僕の町の町長も、正月の歌会始に出るというので、ずいぶん雀躍りしたみたいで、あれは何だと噂になった(笑)。歌会始というのは、撰進の名残りなのかな。

堀田　そうして、歌を出すとバレるんだ、何をこの男は、あるいは女が考えているか。たった三十一文字だけど、凝縮したものだからね、詠めばわかる。新勅撰集ということになると、鎌倉もかなり入ってきますね。

網野　入っています。その意味では鎌倉時代の政治史も、もう少し歌集にも目を向けてやる必要があるんですね。承久の乱で京方についた武士のように、幕府より京都に親近感を感じていた武士のなかにも、歌を天皇に吸い上げられた人が、意外にいますからね。

堀田　承久の乱のときでも、京都守護職というのがふたりいたんだ。ひとりは京都方について、もうひとりは鎌倉に行っちゃった。これは風雅の道に吸い寄せられた人と、それを嫌った人ということになるのね。その風雅には歌もある。遊女もふくまれるし傀儡師もふくまれる。芸能百般が入っている。

網野　技術もそうです。職人も同じです。鍛冶や鋳物師、和歌と鍛冶・鋳物師じゃずいぶんおもむきがちがいますけれども、中世ではみな「芸能」なんです。鋳物をつくるときは、ものすごい高温のドロドロに溶けた鉄を鋳型に流し込む。大きな音も発するだろうし、異様な世界でしょうね。それも「芸能」なんです。そういう職人もみんな王権とつながっていたんです。

――「職人歌合《うたあわせ》」(21)なんかにも、鍛冶は番匠・大工と対になって出てきますものね。貴族がなりかわって詠んだということはあるにしろ。

網野　鍛冶は釘、鎹《かすがい》をつくる建築士だから、番匠と対になっているんですが、こういうテクノロジーも王権に引き寄せられるわけです。問題はなぜこうなるのか、ということですよ。

――のちに白拍子にしろ傀儡師にしろ芸能者は差別・賤視されるようになるでしょう。今では河原者という言葉ですら、差別用語だといわれる。

網野　しかし中世前期まではちがったわけです。さっきもいいましたが、「禁裏河原者」とよばれているんですからね。被差別民はそのころは聖別され、天皇とも結びついていた理由は何なのか……。堀田先生の御意見をききましょう。

支配者は外国から来たという仮説

堀田　あの人たちは、いろいろなところを動くでしょう。歌集は世論調査であったということからすると、そういう動くということと関係があるんじゃないか、と私は思いますけどね。動く人間というのには、情報がついていくからね、いろんなところを見るんだから。動くためには自由通行の権利がいる。権利の証書みたいな書き付けがありますか。

網野　じつは、あるんですね。自由通行権を天皇が保証した文書は、平安・鎌倉に数は多くないけど残っています。一般的には「過所《かしょ》」といいますが、蔵人所牒《くろうどどころのちょう》(22)という天皇の直属の官庁が出している文書です。

---

(21)　歌合とは歌を詠む人が左右に分かれて、お題に合わせて左右一首ずつ詠んで優劣を競う遊び。「職人歌合」は各種の職人が歌合を行う形式でまとめられた作品群で、さまざまな職人を和歌や絵画で紹介する職人尽《づくし》の一種。「東北院職人歌合」「鶴岡放生会職人歌合」「三十二番職人歌合」「七十一番職人歌合」などがある。網野は左右で番《つがい》となる職人同士は関係があると考えていた(網野『職人歌合』平凡社ライブラリー)。

堀田　パスポートですね。

――それを発行したとしても、芸能者にそれを与えた、という理由はわかりませんね。与えたのは聖別していたということでしょうし、もしかすると、パスポートが必要になるほど、その頃彼らが圧迫される状況になっていて、それで出したということかもしれないわけでしょう。

網野　いや、圧迫されていたから、というわけではないと思いますよ。鋳物師などは官位を持っていますからね。律令でも、過所を出せるのは天皇です。道や関所は王権の直轄なんですね。

ともかくこういう動いている人たちと、田地を耕作している人たちとでは、生活の質がぜんぜんちがうということですね。自然との関わりかたの質がちがう。われわれだって、家でぼそぼそ仕事をしているときと、電車に乗って旅をするときとでは、ぜんぜん気分がちがうでしょう。そのちがいが、生活のあり方の本質につながるということですね。

――あちこち動く、旅をすることが、もともと生業であった、というひとがいるということですか。

網野　ええ。芸能民は、鋳物師なども含めてみんな動いている。本来、遍歴し、道を歩いている人たちなんですね。古代からそういう人たちはいたと思います。遊女や傀儡師もそうです。彼らは、江口や青墓などの根拠地をもっているけれど、船で遍歴する。動いているほうが主なんです。

海民だって同じです。海は区画できない。区画できない場所を自由に動く人間と、区画された田や畑を耕作する人間とのちがいは、決定的だと思うんですけどね。

堀田　これは僕の仮説ですけどね、支配者というのは外国人だったろうと。外国の珍しい、神秘的な人でなければ尊敬することはできないし、仰ぐこともできない。アレキサンダー大王でも、あれだけの版図を支配するときには、いつだってどこへでも外国人として行くわけでしょう。

それから、お祭りというもの。あれも外国のものじゃありませんか。自分のところの地つきのものなら、面白くも何ともないと思うんだ。どこかよそから来たものだから面白い。

網野　文化人類学者もそういうことをいっていますね。折口信夫のいうように芸能も外からくる。外部の人間でないと、インパクトを与えることはできませんからね。

---

(22)　蔵人所牒は蔵人所が発給する文書。牒は律令官庁が発給する文書のうち、直接上下関係のない機関のあいだで取り交わされる文書。蔵人所は令外官《りょうげのかん》であるため、どの機関とも上下関係がなく、発給文書に牒が使われる。過所が天皇家の家政機関である蔵人所の所管なのは、道・山・海・河川などの交通路・流通路の支配権を天皇が持っていたためである。

堀田　地つきに陣取っているものに、その地面から生まれてくるものが面白いはずはないでしょう。毎年、同じ稲の穂が出るようなものだ(笑)。

——祭りは非日常のものだが、地のものでは、日常と区別がつかないというわけですね。

堀田　面白いわけがないよ(笑)。

網野　ただそうだとしても問題は残ります。今のお話のようならば、筋道は簡単です。王様は外からきた。だから外部を歩いている者とつながりをもつ。そういい切ってしまえば、私も楽である(笑)。しかし、王様は、外を歩く人たちとつながるだけではすまない。内部の人たちを支配しなければならないんですね。

——そこがややこしい。

網野　厄介なんです。王権は単に区画された自然を版図として獲得するだけでは成立しえないということですね。流れ動いている過程としての自然と関係する必要がある。古代、中世の天皇が、定住する農業民だけではなく、動くのが生業であった非農業民を、直属下においたのも、芸能民の流れ動く自然との関わりが、王権に必要なものであるとみなしていたからでないか、という気がします。

4　家業としての天皇と女性権力者

逗子の「池子の森」を天皇の墓に

——天皇と自然ということに関連して、区画された田畑を耕作する人間と区画できない海を自由に動く海民とのちがいは決定的である、と網野先生はいわれたが、ヨーロッパではどうですか。

堀田　地中海は海じゃない。大きな池です。だって、荒れることがないもの。季節的にちょっと荒れるだけで。

網野　琵琶湖みたいなものですね。琵琶湖のほうが荒れるかもしれないな。

堀田　あれはだだっぴろい交通路です。カルタゴのほうから人が来たり、ギリシアから船が着いたり……簡単に行けるし帰ってこられるんだもの。地中海は日本人のもっている海という概念とはぜんぜんちがう。

網野　でしょうね。日本を考えるとき、自然としての海はとても重要だと思う。しかし、ヨーロッパでは海の役割をほとんど論じていない。マルクスもあまりふれていませんね。生産の場、所有の対象としての区画された土地しか問題にしていないのです。

堀田　ピレネーとアルプスを除いて、山という概念も、ヨーロッパ人にはないですね。丘陵と森だ。森の意識はものすごいものがある。森に道が切り拓かれて郵便馬車が通りはじめるのは、やっと一六、七世紀になってからだ。

——龍だって棲《す》むのは森の中ですものね。一方、わが鬼は山に棲む。

網野　その森にしても、あまり論じられていない。日本の場合、自然としての山は、海と同様に、歴史家にとって無視できない問題なんですがね。山もまた、平地とは異質の、区画できない空間です。山民も、海民とおなじように移動、遍歴する人たちですしね。

――それで面白かったのは、長野の菅平にキノコ狩りに行ったんです。そしたら、宿の主人が、キノコ狩りというのは、ほんとうは朝早くに行くものなんだというんですね。そうして野良仕事が始まる時刻には、家に帰っていなければならない、と。キノコを採るというのは、平地の意識としては生産的な行為ではない、野良というか生産の場とは、相容れない行為であるとみなされてきたからじゃないか、と思ったんですけどね。

網野　そうなんでしょうね。山や海とのかかわりかたは、日常と異質なだけに、平地の人間には危険だから。

堀田　それであなたは早起きしたの？

――いや、昼過ぎに出かけました(笑)。およそ平地に住むことがなんたるかも知らないというわけで(笑)。

網野　ただキノコが採れさえすればよかった(笑)。

話を王権との関係にもどしますとね、天皇は、山や海のような、動いていてつかみにくい自然も取り込んでいたわけです。いわば、天皇は自然力を体現している、その秩序の維持に責任をもっているから天皇になりえている。

堀田　そこのところを、いまでもひきずっているのかね。前の天皇だって、生物学をしていたでしょう。

網野　それで力石定一《ちからいしさだかず》氏がいうんですね。「逗子《ずし》の池子《いけご》の森を保存する運動があるでしょう。あそこに天皇の墓をもってくるのが、自然保護のいちばん効果ある方法である(笑)。天皇だって生物学者であるから、あそこは決して嫌うはずはないじゃないか、網野君」って(笑)。

――しかし、すごい発想ですね、自然保護に天皇の墓をもってくるというのは。たしかに履中陵なんかのぞいても、鳥はいる、虫はいる、自然はまるごと残っている感じですよ。

網野　いま東京で自然が残っているのは、まず皇居と神社くらいでしょう。これが日本人の大問題でね。

極言すれば天皇に頼らないと自然保護ができない。逆にいえば、だから日本人は、山を削ったり海を埋めたり川を潰したり、どこでも無節操に崩しちゃうわけです。ああいう自然に対する無思想性は天皇がいるからだと、僕は思いますね。天皇の墓陵さえ崩さなきゃだいじょうぶ、と日本人は思っているんじゃないでしょうか。神社を天皇と切り離して、自然に対する新しい思想をつくり出す必要がある。

儀式を司るのが天皇家の家業

――話がこうなってくると、天皇というのはいよいよ不思議な存在にみえてきますが……。

堀田　それは天皇にとっても自分自身が謎なんだろうと思いますよ。どうしてこんなことになっているのか……そのひとつの節目は、後鳥羽院だろうと、僕は思っていますけどね。承久の乱で、みな流されちゃう。土御門も順徳も。京都に残ったのは、仲恭天皇という廃帝です。少なくとも、後鳥羽院で歌をつくるとかいう芸能宮廷というものはなくなっちゃった。

――『定家明月記私抄』では、たしか最後の宮廷詩人と後鳥羽を評されていたように記憶します。

堀田　そうしてそのあと何が残ったかというと、家業ですね。藤原定家は歌学の家として存続していこう、ナントカ家は蹴毬の家として残っていこうというわけです。天皇家はどうかといえば、儀式・儀礼を家の業として続けていこう……。

つまり、後鳥羽院以後は、僕の考えでは、ほとんどそういう家業で一線に並んでいますね。天皇を家業ということに奇異な感じがあろうかと思うけれども、儀式・儀礼、それに位階勲等を与える、権威をもった家業です。

網野　ただ後鳥羽のあとの鎌倉時代の天皇は、支配領域もせばまりますし、権力も小さくなるけれども、まだ儀礼の家業にとどまっていない。たしかに、貴族たちの家業の体系の職にいるという印象は強くなってきますが、それなりに東の鎌倉に対して西の王朝を権力として保とうとしています。東にエネルギーの源泉を求めながら、西の自立を確保しようとするといいますかね。

——たとえば?

網野　後鳥羽が流されてから、後嵯峨という天皇が出てくる。この人は、鎌倉幕府の方式を王朝の制度に取り入れたりして、東とのバランスを取りながら政治をやろうとします。公家新制(23)という天皇が発する法律があって、後鳥羽以前にも出ていますが、後嵯峨以降の新制となると、鎌倉の新制に非常に近くなってくる。

堀田　鎌倉のほうで北条泰時のイニシアチブで作られた、貞永《じょうえい》式目(御成敗式目)というのがあるでしょう。あれは、かなりしっかりしたものですね。たとえば承久の乱のときに後鳥羽院方についてゴタゴタやった者でも、罪がおよぶのは三親等ぐらいまでで、あとは許すとかね。乱の収拾も兼ねているんだけど、相当に理性的で、それなりにデモ

(23)　もともと新制とは、天皇・院が新たに発布した法令を指していたが、鎌倉幕府が成立し、独自に法令を発布するようになると、公家新制と呼ばれ、武家新制(関東新制)と対置されるようになった。

クラティックでもある。

網野　式目を決めたときの評定衆《ひょうじょうしゅう》の起請文《きしょうもん》がありますが、前近代の合議制の規定としては最高のものだと、石母田正《いしもだしょう》さん(24)が評価しています。裁判の評定衆のとるべき姿勢を決めているんですが、じつに緊張感のあふれたもので、この評価もうなずけます。親疎や好悪にかかわらず、道理のあると思った自分の意見をいえというんですね。そうして自分の意見をいった上で、決まったらそれは全員の責任なので、それに従って何もいうな、と。

——評定衆は何人くらいいたんですか。

堀田　三〇人はいたんじゃないかな。そういうデモクラシーが行われたのは、ひとつには、政子という偉い女性の存在がある。

鎌倉というのは、血まみれの政権です。初期などはテロで殺して殺して、シェークスピアの悲劇でも見るようですよ。そんなのを見ていれば、まわりはみんな参ってしまう。ある程度意見を集めて、ある程度のデモクラシーというものをやらなければ、政権の維持なんてできません。政子は二代将軍の頼家を幽閉したり、全身血ダルマですが、それがわかっていた。

天皇の節目ということでいうと、後醍醐がもうひとつの区切り目ですね。

網野　多少、自説に固執することになりますが、私は後醍醐が最終的な節目だと思います。後嵯峨のあと、亀山・伏見は、まだ鎌倉に対して、負けるものかとがんばる。後《ご》宇多《うだ》も東に対抗心を燃やしています。しかし、彼らは家業の体系を突破できない。それを後醍醐はぶっ壊そうとするんですね。天皇専制体制の樹立にむかって突進するわけです。

それで宮廷は蘇生するかにみえるところまでいく。結局ダメになりましたが、この後醍醐の試みの決定的な失敗が、以後の天皇のありかたを決めた、と僕は思います。

税金や利息はもっと神聖なものだ

堀田　政子が出たからいうと、あの当時の女性というものも、面白いものですよ。鎌倉のなかばあたりでダメになったけれども、平安朝のばあいは、女の人に財産の相続権と譲渡権があった。その点では、フェミニズムの先進国だった。

定家なんか五〇歳になって、やっと従三位で公卿(25)になるんですが、この昇進の裏には姉の九条尼がじぶんの荘園をふたつ、ワイロとして使ったということがある。これは財産の管理権をもっていなければできないことです。そして、ワイロの贈り先というのが

(24)　本書対談2、注(6)参照。

(25)　議政官を構成する太政大臣・左大臣・右大臣・大納言・中納言・参議(四位も含む)、あるいは三位以上の朝官を指す。朝政の中枢を担った。

藤原兼子[26]、また女なんだ(笑)。

——定家が「権門の狂女」といって、日記で罵っていたひとだ(笑)。

網野　東の政子と西の兼子、このふたりについては、定家ならずとも、男としてはいいたいことが山ほどあるんじゃないですか(笑)。それはもうたいへんな権力を握っていたんだから。

堀田　二大権女ですね。ポルノクラシー。女権政治の時代。日本ではポルノクラシーを妻妾政治と訳すようだけど、あれは間違いだと思う。ポルノグラフィーじゃないんだ(笑)。むろん女性は権女だけでなく、文化担当者でもあったわけだけど、ともかく、女性の経済的な地位、保障はしっかりしていますす。

網野　とくに東より西の女性のほうは、自立的でしたね。きのう大学で西と東の話をしていたら、学生が「私、西に行きたいわ」(笑)。というのも、西では嫁姑の関係があまり生まれない。西の相続形態には、長男が全部親の財産を相続するのではなくて、長男が結婚すると、親は残りの子を連れて、べつのところへ移ってしまう。次の子が結婚すると、また移る。だから最後に末っ子が親を見るという相続の仕方[27]がありますね。

堀田　ベネチアでも、かつては嫁さんをもらうことができるのは、末っ子だけでしたしね。長男とか次男は結婚しちゃいけなかった。国土が狭くて、人口が増えると困る(笑)。カサノヴァもたしか次男だった。だからお女郎屋さんが、ものすごく盛んになっちゃったんだ。むかしむかしは、ベネチアの建物の半分は、お女郎屋さんだといわれていた。

もうひとつ、女性の財産管理権でいえば、天皇が自分の土地を女名義にするでしょう。あれはどういうものなんですかね。

網野　なぜ天皇家領が女院名義(28)になれるのかという問題を、歴史家はまだほんとに解

---

(26)　一一五五—一二二九。通称は卿局《きょうのつぼね》。刑部卿《ぎょうぶきょう》藤原範兼の娘として生まれ、後鳥羽天皇の乳母となったことから、後鳥羽院政では絶大な権力を握った。自分の養女を源実朝の妻にし、実朝暗殺後に自分の手元で育てた頼仁親王を次期鎌倉殿に推した。しかし承久の乱で後鳥羽院が隠岐に流されると、兼子もその勢力を失った。

(27)　北陸では老年となった父母が、財産を分割して長男に公的立場と「おもや」を渡し、その他の子供をつれて「あぜち(庵室)」となる慣行が見られる。網野は日本の王権に見られる二元性——上皇と天皇、北条政子と将軍頼家・実朝、北条氏の得宗と執権、太閤と関白、大御所と将軍などとの関連性を示唆している(網野「北陸の〝あぜち〟について」『家族のオートノミー』【著作集10】参照)。

(28)　女院とは天皇の母・皇后・皇女などで、女院号を宣下された者のこと。天皇家の所領(荘園)群が形成されるのは一一、二世紀で、鳥羽院の所領は、その皇后の美福門院が名義人となった。その後、八条院、春華門院に伝えられ、途中、治天の君の名義を挟むが、安嘉門院、室町院へと伝領された。

決していません。しかも名義人は独身の皇女にかぎるんです。独身で、ダンナをもっていないから子供は生まれない。だから子供に相続させられない。所領を守るだけということになる。南北朝以降は、こうしたことはなくなります。

――それもまた王権の性格が変わったことのしるしでしょうかね。

網野 だろうと思います。独身の皇女に所領を守らせたのは、女性のほうが神様に近い、という意識があったのかもしれない。古くから、女性には高利貸が多いんです。(29)高利貸の起源は、出挙《すいこ》なんですね。公出挙と私出挙があるんですが、いずれにせよ百姓は、初穂を支配者に貢納する。支配者はそれを種籾《たねもみ》として百姓に貸し出す。百姓は秋の収穫のとき、十把につき五把のお礼〔五把利《わり》〕をつけて返す。つまり五割の御礼。

――それが利息のはじまり……。

網野 ええ。ところで、初穂、種籾は、もともと神様に近い人でなければあつかえない性質のものなんです。豊穣・再生につながる神聖なものですから。それをあつかえる人には、どうも女性が多かった。高利貸は、この種籾を銭にして貸すところから起こるんです。

――十把につき五把の利子というのは、籾のときはともかく、銭になったら高いな。五割でしょ。そんなのサラ金でもないんじゃないか(笑)。

網野 だから高利貸(笑)。でも中世では平然と通用しています。おおもとに、神聖な種籾のイメージが横たわっていますから。

——そういうふうに中世は生きているわけだ。

堀田　中世はそう生きているけど、あまり今とちがわないよ。

網野　むしろ、われわれはもうちょっと中世的になったほうがいいんじゃないですか。少なくとも、銀行とか税務署には利息や税金は神聖な出自のものだ、そう簡単に取れるものではない、と意識してもらいたいもんです。

(司会・構成　倉本四郎)

---

(29)　皇室領は女院名義のもののほか、天皇家の御願寺《ごがんじ》である六勝寺や御所の持仏堂である長講堂など寺院名義のものがある。網野は「中世における女性の旅」(『中世の非人と遊女』【著作集11】参照)において、女性の無縁性を指摘しており、寺院と女性は無縁であるということで共通するとしている。

網野善彦最終講義

人類史の転換と歴史学

――神奈川大学大学院歴史民俗資料学研究科にて

一九九八年二月六日

●解題　この「最終講義」は、網野善彦が神奈川大学を退職するにあたって、大学院歴史民俗資料学研究科の学生の要望を受け、学生を対象に行われた。実際には学生だけでなく、修了生、聴講生、一部の教員も出席して、小さな講義室に三〇人ほどがひしめいたという。

歴史民俗資料学研究科は一九九三年に開設された。「歴史民俗資料学研究科設置趣意書」(『資料集　神奈川大学大学院歴史民俗資料学研究科一〇年の歩み』同研究科、二〇〇四年)によれば、資料学とは「文献史学・考古学・民俗学・民具学等をはじめ、自然科学の諸分野」など、「各分野の資料、諸学の研究の根底となるべき諸資料そのものについての精密な研究を深め、そのそれぞれの特質を明らかにし、資料批判の方法を確立することによって」、諸学を総合する学問であるとしている。この資料学への展望は、すでに一九八四年に書かれた網野善彦「「社会構成史的次元」と「民族史的次元」について」【著作集7】において見られる。

院生の皆さんと、ゼミはやっていましたが、講義らしい講義はやっていませんので一度くらいはやれと言われまして引き受けたわけですが、端的に言えば、歴史学の現状と資料学の展望という話をしたいと思っています。

皆さんも感じておられることと思いますが、学問全体、特に人文系の学問というものは大変大きな変わり目、転換期に直面しているように私は感じている。もちろん歴史学は例外でないどころか、敏感にそれに反応しているように感じます。もうたびたび同じことをあちこちで言っているのだけれども、自然と人間の関係が決定的に変わってきている、人間の社会全体が転換期に入りつつあることから、それは起こってきていると思うんです。今までは人間が自然のごく一部に姿を現わして、その後しだいに自然を開発して、確固とした力で自然を征服していく過程、自然との戦いに人間が勝利していく過程そのものに人間の社会の明るい未来を夢想してきた時代があった。開発をして、いろいろな力を獲得していけばいくほど世の中は良くなると考えていた時代、客観的に見てその時代は終りをつげたと思います。人類が原子力・原子爆弾を含めて自分を滅ぼしうる道を自分で見つけ出してしまった、一歩誤ると人類は頓死する危機すらあると思うんですね。ですから、長期的に考えて、人間自身が荒廃させてしまった自然と、どう調和を保ちながらこれから生きていくかという課題を、否応無しに人類全体が背負わざるをえなくなってきたという実情があるのではないか。

よく言うんですが、もう人類の青年時代というのは完全に終った、今や自らの内部に死の影を絶えず見なくてはならない壮年時代に、全体としてさしかかりつつあるのは確実だと思うんです。これは今まで人間が経験していない時代です。学問に大きな転換が訪れたというのは、こういう人類の課題の前に立たされなくてはならなかったからだと言えると思います。そういう中で歴史学もかなり大きな変化を遂げつつあることは間違いないと思うんですね。

これまでの近代史学は、マルクス主義だけではなくて、近代の歴史学の根本には、人類の進歩という基本的な理念があったと思う。ところがそれがそのままでは成り立たなくなってきていることが明白になってきた。もう一つ、これまでの歴史把握、歴史叙述の根本だった、国民史といいますか、あるいは国家史といったほうがいいのかもしれませんが、これまた、これまでの姿で維持できなくなってきているというのが現状ではないかと思うんです。

今の日本の歴史学界をみると、ある種の混迷もあるような気がするし、また、極度にテーマが細分化していきつつある。その中で何か新しいことを提言したりすることに躊躇と恐れがある。なぜそうなるのかというと、この転換自体が持っている難しさといいますか、全く今まで経験していない課題を前に置いているためにこういう事態が起こっていると思います。しかし、それだけにこういう状況から脱出するために、それぞれに新しい課題に正面切って取り組む必要があると私は思うんです。

岩波新書の『日本社会の歴史』下巻〔一九九七年【著作集16】〕の第一二章に、今考えていることをかなり思いきって書きました。批判もいろいろ出るだろうと思いますが、石井進さん〔本書対談1、注(28)参照〕が書評してくださって、あの三冊を読むんだったら下巻から読んだらよいだろうと言っておられます。そうしていただいてもいいかもしれません。今日お話しすることはあそこに書いたことの繰り返しになると思いますが、当面私たちが考える必要のありそうな課題について触れて、そして、なぜ今資料学というものが大切なのか、話してみたいと思います。

まずはじめに、国民史と国家史を根底から克服する必要が出てきている、という問題に触れてみたいと思います。これまでの歴史というのは基本的に、国民および国家を単位として叙述されてきました。「日本史」というのがだいたいそうですね。私も何の抵抗もなしに自然に高等学校で「日本史」を教えてきたわけですが、改めて考えると日本史という捉え方そのものに大変大きな問題があると最近気がつきはじめました。

敗戦後の時期、戦争中から戦後にかけての時代というのは、経験をした者でなければ解らないこともあるし、それを聞ける人がだんだん少なくなってしまっている。私たちの世代ぐらいまでしか経験していないことをもっと若い方々に伝える必要があるという印象を持っているんですけれども、敗戦後、すぐに「世界史」という概念が模索された時期があったんですね。上原専禄(1)さんという方の名前、皆さんはあまり知らないでしょう。一橋大学の教授でしたが、この神奈川大学にも関係があるんですよ。この大学の出発の頃に上原さんは学科をお持ちだったんです。『上原専禄著作集』(全二八巻、評論社)が出ていますが、上原さんのお嬢さんがお父さんに本当に傾倒しておられて、全部その編集をやっておられる。これの後書きを読むといろいろ上原さんのお人柄が偲ばれるところがあって興味深いです。その七巻は「民族の歴史的自覚」、八巻は「世界史像の新形

(1)　一八九九―一九七五。歴史学者。東京高等商業学校(のち東京商科大学を経て現・一橋大学)を卒業後、ウィーン大学へ留学、ドープシュのもとでドイツ中世史を学び、その厳格な史料批判の方法を習得した。帰国後は高岡高等商業学校(のちの富山大学)教授を経て、東京商科大学教授。戦後は同大学学長に就任した。一方で一九二八年の横浜専門学校(のちの神奈川大学)創立時より、講師として「商業政策」「経済史」の講座を持つ。神奈川大学昇格後は顧問に就任した。著書に『独逸中世史研究』(弘文堂)、『世界史像の新形成』(創文社)など。本書対談1の阿部謹也は上原のゼミ生である。

成」という巻になっています。この辺に敗戦後の上原さんの活動がかなりまとまっていると思います。敗戦後というのは世界的に独立、つまり欧米による植民地支配に対して、アジア、アフリカ、ラテンアメリカの諸国・諸民族の独立の動きが非常に活発になった。それを背景にして、日本史、東洋史、西洋史という枠を破って新しい世界史像を描き出したいという動きが歴史学全体にあって、それをリードしたのが上原さんだと思うんです。で、上原さんはそのときに東アジア世界、インド世界、イスラム世界、ヨーロッパ世界という、それぞれに独自な世界を形成している四つの世界を前提にしている。この中になぜか、この段階の限界だったかもしれないけれど、ラテンアメリカ世界とアフリカ世界が入っていないんです。

上原さんは、東アジアの儒教、インドの仏教、イスラム教、ヨーロッパのキリスト教という四つの世界を前提として独自の歩みを描き、それがやがてヨーロッパ資本主義の全世界への広がりの中で、ヨーロッパによって世界が統合され、支配される、その段階で世界史が初めて成立するんだと強調しておられるわけです。世界史という教科がありますが、これは敗戦後に初めてできたもので、この世界史という構想に、上原さんの影響は今でも及んでいると思いますね。あまり皆さんは意識しないとは思うけれども、かなり強い影響を与えていると思います。ちょっと面白いことは、上原さんが、人類の起源と終末を取り上げることをキリスト教的世界観だとして、人類の起源から描く必要はないと、人類史と世界史とを区別しておられることです。これは学説史的に見てかなり注目すべき問題があると思います。戦後のある時期の歴史学の在り方がよく現われている気がするんです。もちろん、上原さんは人類史という観点を否定しておられるのではないのですが、それ以上に、この時期は民族の形成、自覚ということが大変大きな課題だった。それを世界史の中にどう位置づけるかというのが大きなテーマになっていたと思うのです。皆さんにはまるでこういう感じというのはわからないだろうと思いますが、当時は大変真剣であったのです。

　前に、『列島の文化史』一〇号に「戦後歴史学の五十年」【著作集18】という話をしたことがあるんですが、とにかく民族の問題というのが非常に真剣に議論された時代でした。日本の場合、アメリカの占領下にあったわけですね。一九四五年から五五年にかけての時期、アメリカ帝国主義に対して民族の独立を獲得しなければならない、と本気で考えていたわけです。歴史学研究会が民族史とか民族文化といったテーマを取り上げて、喧《けん》喧囂囂《けんごうごう》をやった時期です。その中で現在の歴史学にも影響するいろんな動きが出てきています。例えば「民話の会」(2)というのがありました。これはどちらかというと左翼が作

(2)　木下順二の民話劇『夕鶴』の上演を契機に、一九五二年に木下、岡倉士朗、山本安英、松本新八郎、林基、吉沢和夫らが集まって発足。五八年一〇月～六〇年九月の二年間、機関誌『民話』を発行していた。

った会なんですけれど、宮本常一(3)さんとか吉沢和夫さんとか松本新八郎(4)とか林基《もとい》さんといった方々が、日本の民話について真剣に議論した。そこに木下順二さん、山本安英《やすえ》さんなどが出てきて、みんなで日本民族の文化をどう育てていくか真剣に議論した。あるいは狂言の野村万作兄弟、観世栄夫の三兄弟は能の若い世代で先を有望視されていた人たちですが、実際あの時代、アメリカニズムがとうとうと流れ込んでくる実態がある中で、民族的、伝統的な芸能をどうしたら維持していくことができるのか、本当に真剣に考えておりました。危機感が非常に強かったわけでありまして、その中で民族の問題を取り上げるのと同時に、一方でそれを超える世界史ということが一九五五年までの段階で本気になって議論されていたのであります。

ところが、五五年を越えますと、日本が高度成長期に入り、それにともなってこの状況が大きく変化してくるんですね、歴史学界の場合には、端的に言って、日本共産党の方針が大きく転換することと大きく係わりがあります。それまで民族の独立ということをスローガンに掲げた武装闘争まで考えていたわけですからね、当時の共産党は。私もその一端に引っかかっていました。山村に根拠地をもうけて毛沢東思想を根拠にして武装闘争を起こそうと本気になって考えていた山村工作隊に、私と同世代や、もっと若い世代が続々と入ってきました。栄養失調になったり体を壊してしまった人がずいぶんいたわけで、命を落としてしまった人も私は知っています。私はその督戦隊のような立場にいて、自分は何もやらなかった、それは私にとって運動の中から落ちこぼれる一つのきっかけになったわけですが、本気になってみんなやっていたわけです。

ところが、五五年を越えて共産党の方針が変わる、これは実態として日本経済が高度成長にどんどん入っていくということと大きく係わりがある。それに伴って、民族の問題を取り上げるということ自体も忌避、拒否する動きがはっきりと学界に現われてくるのですね。そういうことを取り上げると天皇をむしろ強くすることになると。だから民族についてはみんな口をつぐんで語らなくなる時代になった。これはその前の時期に日本共産党に従って民族、民族と言ったことがとんでもない結末を迎えた、そういう状況の中で、過去の政治と学問の結びつきを切り離したい、政治によって学問が振り回されるのを克服しなければいけないと。確かに、政治によって学問が動かされるのはとんでもないことです。しかし、民族の問題を取り上げること自体を拒否するという動きも出てきたわけです。

ですから、今考えるとちょっと皆さんもあきれるような状態が、その後続いてきたんですね。一つは、民俗学と歴史学とがその時点を境にしてとてつもなく仲が悪くなった。

（3）　本書対談2、注（16）参照。
（4）　本書対談2、注（7）参照。

それまでは仲がよかったんですよ。文化人類学、人類学とも同様です。日本文化論などというと、だいたい文化人類学や民俗学の方から出てきた議論なんですが、それ自体に歴史学界は拒否的だった。一九五五年から六〇年代を通じてそうでした。民俗学に対して歴史学の方は、民俗資料には年代がない、だから資料として取り上げる価値がないといい、かつ、「常民」という言い方からしても、言ってみれば民俗学というのは変わらない要素を考えるわけですね、変わるにしても政治の、古代・中世・近世・近代といった時代区分の変化とは違う次元〔本書対談4、注(7)参照〕の波長の変化を考えようとしているわけですけれども、そういう捉え方は「歴史性がない」という批判もありました。さらに、常民という捉え方は階級的な観点が脱落しているなどという批判もあって、歴史学は民俗学に対して非常に拒否的でした。

文化人類学に対しても同様で、あれは植民地主義から生まれた学問であると。これは半面嘘ではなくて、確かに『菊と刀』というのはアメリカが日本を占領するために日本人の心性を捉えようという目的でルース・ベネディクトが研究を行ったということはある。文化人類学には確かにそういう要素がつきまとっているんですが、しかし、敗戦後の時期になるとそういう段階を超えて学問として動き出している文化人類学に対しても、帝国主義の手先に関わる可能性のある学問だといって拒否する。少し極端に言いますと、そういう方向で議論が進みました。民俗学の方も、歴史学の在り方について、あの連中の言っていることは本当の人間の生活を捉えることになっていない、硬直化した公式主義だという批判があった。私は歴史学の主流から落ちこぼれていましたから、あまり係わりを持ちませんでしたが、そういう状況が学界中枢では二〇年あまりも続いたんじゃないかという感じがします。

その時期、歴史学界が何を問題にしたのかというと、要するに国家史・国民史の枠の中で、時代区分を巡る論争というのが論議の中心になっていたんです。それも、例えば国家史・国民史の枠の中で、時代の進歩の先端を担う先進地域・後進地域、中心と辺境、都と邑というようなことを考え、一方、その中で先端的な社会にはどういう社会構成があるんだろうかというようなことが議論の焦点になっていたと思うんですね。世界史的にみても、国家・国民そのものを先進国・後進国に分けるという見方、例えば、日本は中世においては東アジアの辺境であった、という捉え方で日本の存在を考えるといったことが当時盛んになされていたと思います。それがだいたい、一九七〇年から八〇年頃に極点まで行って行き詰まるわけですね。枠組みそのものに問題があったことにだんだん気づきはじめたような気がするんです。つまり、世界全体の動向は国民国家の枠を超えはじめている。今、また改めて国民国家を強調する動きも出ていますけれども、客観的に全人類の動きの中では、例えば、ヨーロッパの今の動向にしても、国民国家の枠を超えて世界が動きはじめているという動向があって、それに即して歴史学の中でも国境を超えた動きに注目しはじめるわけですね。

その状況で私は思うのですが――新しく意識的にやってきたわけではなくて、いろんなことをだんだん思いついて調べてきただけなんですけれども――例えば、「日本」という国の名前について、ほとんどの日本人がいつ決まったかを知らないことに気がついたんですね。これは短大で教えていたある時点で聞いてみたんですよ、日本っていつ決まったか知ってるかって。すると誰も知らない。皆さんは知っているでしょうか。実際そのくらいどっぷりと日本史の中につかっていて、日本というものを相対化することができなかったということに気がつきはじめる。だけど、七世紀の後半にだいたい決まって八世紀の初め頃から使われ出すことがわかっているわけだけれども、こんなことを持ち出すと今でも抵抗が結構強いですね。「弥生時代の日本人」という言い方はおかしい、「日本の縄文時代」はおかしい、とあるところで言ったら、国立歴史民俗博物館の館長の佐原真さん〔一九九七―二〇〇一年在任〕が、俺は日本人って言い続ける、と頑張ってますよ。結構ですけどね、別に強制する気はないけれど。人類学の方でも、「まことに気持ちはわかるが、困っちゃうんだな網野は。聖徳太子を日本人じゃないって言うけど、あれはもう日本人でいいと思うんだけれども」などと言われています。まだこういうふうに、国民国家の枠を超えきっているわけじゃないですから、残された問題は非常に多いんだけれども、ただ、それだけでは具合が悪いという意識はだんだん広がりつつあるような気はします。

これからの研究の一つの方法として、現在の国境にかかわらず歴史自体の中で形成されてきた地域とか海域に目を向ける方向が出てきていますね。地中海世界とか、倭寇世界とか日本海世界。これは海域によって考えるんですけれども、かなりこの方向は広がりつつある。川勝平太さんが海洋文明史観などと言っていますが、そういう方向が出てきたことも確かに大変結構なことだと思います。インド洋、カリブ海などでもこういう捉え方が現われつつあって、そこにこれまでの国家・国民とはちがう新しい社会のつながりを見い出そうという動きがあり、成果を上げつつある。

もう一つは、国民と国家の内部に異質な要素を見い出していくこと。これは私が「東と西」といったのもその一つの試みなんですけれども、日本列島の全域でかなり地域史研究が進行しつつある。これも、最近の新しい動向であると思います。北海道南部、東北北部を中心とした北海道・東北史研究会とか、中世東国史研究会とか、それぞれの地域史研究会が各地で生まれています。日本海沿海、太平洋沿海という捉え方も含めて、日本列島の社会を等質のものと考えないで、その地方の個性を考えるという意味の地域史が追求されているのは、やはり国家史、国民史の枠組みを超えようとする試みの一端であると思うんです。その中で国境を超えた社会との比較も可能になってくるし、必要になってくると思うんですね。

例えば、被差別部落の問題。アメリカで被差別部落の話をすると結構反応が強かったんですね、びっくりするくらい。東と西では被差別部落の在り方が違うという話、西の方の被差別部落の話をしましたら、若い在米韓国人の、たぶん韓国の国籍だと思うんですが、若い方が手を上げて、私たちのところと非常に似ておりますとはっきりおっしゃっていました。そういう経験が広島でもあって、被差別部落の話をしたら、やはり韓国の若い研究者が、私たちの社会の「ペクチョン」[5]（白丁）というのと似ているけれども、そう考えていいでしょうかと。これは昔は出てこない質問ですね、似ているなんてうっかり言うと日韓同祖論なんていうのに引き込まれる可能性があったりして、なかなか言いにくかった面があるけど、若い方々の新しい動きは始まっているという感じがしました。まだ難しいところは残っていると思うけれども、日本列島西部と朝鮮半島南部の社会を比較するということが、これからは大事になってくると思います。最近、大林太良[6]さんと話していたら、南九州の民具が東南アジアの民具とそっくりだと彼は言うんです。これはもう絶対に関係があるんだ、もっと本気で比較を考えなければならないと。そういう意味で、これまでの国家史、国民史という枠の中で考えられていたために見えなかった問題が、今のような、国境の枠を超えた地域史、あるいは一つの国家、国民の中の多様な地域史研究を進めることによって、国家と国民が相対化されていく方向がだんだん進みつつある。これは、これからもっともっと発展させる必要があるんじゃないかと思いますね。

もう一つは、進歩主義史観からの脱却ということになろうかと思います。これまでの歴史学の基本的な捉え方というのは、若い方はもうこういう段階からは最初から抜け出ているのかもしれないけれど、我々の時代で言えば、経済史の段階は狩猟漁撈採集段階から始まって、農耕牧畜の段階へ、本格的な産業革命を経て工業産業社会へ、という展

---

(5)　朝鮮半島における賤民。もとは才人《さいじん》・禾尺《かしゃく》と呼ばれていた。才人は仮面芝居を行う芸能民、禾尺は牛馬の解体や皮革の加工、柳器(柳細工)の製作などに従事していた職能民。また倭寇の主力を構成する人々のなかには、才人・禾尺が多かったという。「白丁」という語は、もともと中国の律令制の用語で平民を意味し、日本や朝鮮半島でも同様であった。しかし李朝の世宗が、賤民であった才人・禾尺を新白丁として戸籍に編入したことから、結果として彼らに対する差別を増幅させ、白丁の呼称は次第に才人・禾尺を指す言葉に変化した。甲午改革で身分解放されたものの、差別意識はなくならず、解放運動のため衡平社が結成された。

(6)　一九二九―二〇〇一。民族学者。東京大学経済学部卒業後、同大学東洋文化研究所助手。フランクフルト大学、ウィーン大学、ハーバード大学への留学を経て、東京大学教授、国立民族学博物館教授、東京女子大学教授、北海道立北方民族博物館初代館長など歴任。アジア各国の神話とその比較研究を行い、日本神話の構造や系統を分析した。著書に『日本神話の構造』(弘文堂)、『東と西　海と山』『海の道　海の民』(小学館)など。

開が常識でした。その中で、前近代では農業の発展、近代以降では工業の生産力発展こそが社会の進歩の原動力であるというふうに考えてきた。その上に立って原始・古代・中世・近世・近代という時代区分が、国家の中で、あるいは国民の中でされてきました。マルクス主義の立場に立つと、最初は原始社会、次はアジア的という段階を入れるかという議論がありまして、その次に奴隷制的社会、封建社会、資本主義社会、こういう発展段階が想定されてきたわけで、これが「世界史の基本法則(7)」とまで考えられてきた時期が敗戦直後にはあったわけですね。歴史学研究会の四九年大会はこれが大会の一つのテーマになっている。

この区分はヨーロッパ史に即して立てられた区分だということは、上原専禄さんがすでに早く指摘しておられまして、かなり様々な修正といいますか、条件がつけられて考えられてはいました。ただ率直に言って、この時代区分をどのように日本の社会に即して考えるか、一九七〇年代までは本気になって議論されてきたのは間違いないと思うんです。これは今だって続いていますよ。律令制の社会はアジア的な社会なのか奴隷制的な社会なのかとか、中世の社会は家父長的奴隷制の社会なのかそれとも封建社会なのか、近世社会について言うと典型的な純粋封建制の社会なのか絶対主義に傾斜した社会なのか、近代の天皇制は絶対主義なのか、明治以降の社会は資本主義なのかと。こういう議論が敗戦前から始まって、一九七〇年代までの歴史学界の動向はこれを前提として動いてきたといってもいい。皆さんはどういう感想を持たれるか、なにを馬鹿なことをやっていたんだというふうに見られるでしょうか。中世はそれでも、領主制論と非領主制論(8)というのがあったわけですね、領主を中心に考えるか、それとも領主のもとに支配されている百姓、普通に生きている農民を主体に考えるのか、かなり議論が具体化したところがあって、それなりの成果があったと思います。ただその場合にも大前提に今のような考え方があったわけで、このことについて気づかないまま議論がすっかり極点まで行って、停滞しはじめたというのが実情だったと思うんですね。

それが次第に変化し始めるのが七〇年代後半からであろうという感じはしています。八〇年代に入って明らかな変化が現われはじめてきた。こういう議論そのものがほとんどされなくなってきたんですね。今まで議論してきた人がどういうふうにこれを処理しているか、きちんとしておく必要がある問題がたくさんあると思います。今までの議論をほったらかしにしたまま新しい議論に移っていく傾向がなきにしもあらずなので、この辺の学説史的な流れを、一つ一つきちんと整理しながら進む必要があると私は思っているんですけれども。

---

(7)　本書対談1、注(12)参照。
(8)　本書対談4、注(4)参照。

とにかく大きな変化が現われたことは間違いないですね。それを社会史、民衆生活史と言ったりしてきたわけですけれども、これは、どう表現するかは別として、否応のない変化だと思うんです。歴史社会の担い手として、これまでもっぱら成年男子が疑いを持たれないまますべての中心に置かれて考えられてきたんですね。軍役の担い手は日本の場合完全に男でしょう、公的な政治の発言をしているのも男です。それから、農業の担い手も男、工業も男性だというわけで、別に男と女なんて問題にならず、歴史の発展を考える場合に、全く無反省のまま男だけを前提として考えてきたわけです、はっと考えてみると、人間の社会全体の中で半分を占めているのは女性、年齢の上でも老人と子供、身体障害者を含む被差別民、こういう存在を考えなくて、人間の社会全体を総体として捉えることができるのか。そういう反省が歴史学の中に起こってきたことは間違いない。これはもう日本だけの問題じゃないですね。世界的にみても女性史の研究はいたるところで、アメリカ、フランスでも非常に活発に動いていると思います。

老人の問題についても、これは私自身が隠居になりつつあるわけですが、隠居というのはいかなる意味を持っているのかとか、老人の問題は独自に議論される必要がありますよ。自分が老人になるとわかってくる。体が動かなくなるし耳も遠くなるし、そういう状態の中で老人にとって何ができるかということを考えると、過去にどういう位置づけを老人が社会の中でされていたかということには決して無関心でいられない。童《わらべ》、童《どう》形《ぎょう》の人々の研究も最近発展しつつあるし、被差別部落民についてもそうですね。

昔よくアナール派との関係がどうのこうのと私は言われたけど、これぐらい的外れの話はないんで、フランス語も読めないですし、アナール派の翻訳もほとんどされてなかったですから、私は全然読んでなかったんですよ。それで、ワーワー言われ出したんで、慌てて翻訳されはじめたのを読んで、なるほど面白いなあと思いましたけど。マルク・ブロック(9)などは読んだ覚えがありますし、それから、地理学の影響を受けた、リュシアン・フェーヴル(10)の『大地と人類の進化』などを読んだ覚えがあるんですが、おおよそアナールとは関係なしに、自分勝手にやっていただけです。社会史というのも、これは阿部謹也さんが言い出したんで、私は社会史などと言った覚えはないんです。結局、人間の生活全体、社会全体を捉えようとすれば、これまでの視野ではとうてい捉えられなかったいろんな諸要素を目に入れなければトータルに捉えられないということがわかって

(9)　本書対談1、注(4)参照。

(10)　Lucien Paul Victor Febvre　一八七八―一九五六。フランスの歴史学者。マルク・ブロックとともに『社会経済史年報(アナール)』を創刊。ブロックとともに、歴史を事件史から解放し、すべての事象を全体的に捉える「生きた歴史学」を提唱した。著書に『大地と人類の進化』(岩波文庫)、『ラブレーの宗教』(法政大学出版局)など。

きたというだけのことだと思います。

最近、私は「養蚕に狂ってる」って宮田登先生(11)にからかわれているんです。二、三年前に桑と養蚕の問題に気がついて調べはじめてみたら、とにかく百姓はみんな絹を着ているのがわかってきた。ものすごい大量の絹が古代から中世にかけて生産されていたこともわかってきた。何にびっくりしたかというと、だいたいそれを主として担ってきたのは女性だということなんですね。それをなぜ見落としてきたかといいますと、一つは調庸の負担者が男でしょう。だから調として出された織物に男の名が書いてある。当然これは男の生産だろうと思ってしまう。それと、遺物として出てくる織り機がかなり大きなもので、これは男しか動かせない。それから官庁に所属している専門の織り手というのはみんな男なんです。だから最近まで男しか絹を織っていないと思っていたんですね。ところが、はたと考えてみると、調庸を出したのは名目は男だけど女は生産していないという保証はないわけです。とにかく絹がたくさん生産されていたということを知った上で文献を見直すと、農業と養蚕というのがはっきりと区分されていることに気がついた。最近の『歴史と民俗』〔一四号所収「日本中世の桑と養蚕」【著作集9】〕に書いたのですが、農業の方はどうも「夫」なんですよね、「農夫」。蚕の方は「婦」と書いて「蚕《さん》婦《ぷ》」といった。近世になると、養蚕は「農間《のうま》稼ぎ」とされてしまうんだけど、中世では養蚕と農業ははっきり区別されているし、樹木についても、今は果樹農家などと言っていますが、中世では農業と全く別の扱いを受けていることがわかってくる。

脱線しましたけど、要するに、今までの常識で当然とされてきたことでも、ちょっと「本当かな」と考えてみると、これまでの歴史学が穴だらけであったことがよくわかってくるんです。年寄りの冷や水かなあ、という感じもしないではないのですが。今、山で焼かれる炭のことを少し調べていまして、それを最後に一つ論文にまとめようと思っているんですけど、やってみると、これも史料がたくさんあるんですね。どうして今まで誰もやらなかったかと思うくらい史料がたくさんありますよ。なぜそれに目が向かなかったかということをよほど反省する必要があります。

石母田正[12]さんが――『中世的世界の形成』(伊藤書店、のち岩波文庫)で大変な影響をみんなに与えているんですが――平安時代の末期の領主の譲状《ゆずりじょう》をきちんと引用しておられる。譲状には田畠、在家[13]、所従[14]、桑、苧《からむし》[15]、牛馬、量は書いてないのですが、これを引用されて石母田さんは、かくの如く平安時代末期の領主は中世の在地領主と同じように所

---

(11)　一九三六―二〇〇〇。民俗学者。東京教育大学卒業ののち、東京学芸大学助教授、筑波大学教授を経て、神奈川大学教授。都市民俗学の提唱者のひとりで、その確立を目指した。著書に『ミロク信仰の研究』(未来社)、『妖怪の民俗学』(岩波書店のち、ちくま学芸文庫)など。

(12)　本書対談2、注(6)参照。網野と親交が深く、二人の対談による共著も多い。

領の構成は田畠、在家、所従から成り立っている、とまとめておられます。桑などに全然触れていないのです。それ以来この問題については、誰も取り入れてないですよ。なぜ、こういうだけでなくて、我々の目が向かなかった、誰も取り入れてないですよ。なぜ、こんなことになったかというと、領主というのは、農民を支配する、封建領主というのはそういうものだという捉え方があって、牛とか桑とか苧も重要な要素なんですけど、それは一切落ちているのです。これと同じような落とし方を我々が史料を読みながら絶えずやってきたことは間違いないです。あちこちで紹介している新見荘《にいみのしょう》の史料、二十何メートルもある文書は、前半の十数メートル、半分以上が田畠だけです。そこから後に桑が出てきたり栗が出てきたりするのですが、こっちの方は誰も考えてない。そういう今までの成年男子中心というか、農業中心というやり方をちょっとはずれてみると、いかにやり残したことが多いかわかってくるわけですね。

私は農業を低く評価してるつもりは毛頭ないんですが、全体の中で、田んぼと畠、在家といったものを取り上げる必要がある。これ以外に栗もあるし、柿もあるし、漆もあるし、それから海の方では塩もある、漁業もあるし船もある。そういう全体の中で、位置づけていかなければいかんということを強調したいわけです。それでも、以前に比べると山野河海に関わりを持っている人、いろんな手工業に携わっている人に関心が非常に強まっています。

私は普通の百姓はいろんなことをやっていたんだと思うんです。すべての産業、生業、炭などもそうですよ。白炭《しらずみ》(16)という、今の備長炭ですね、これは白炭の作手《つくて》(17)という職人がちゃんといますが、普通の炭は百姓がやってます。炭焼きという職能民はないわけではないけど、普通の炭は百姓が作る。だから年貢に炭を出しているケースが多いようです。

(13) 神人や供御人のような非農業民に対する課税単位。非農業民は百姓のように田地をもたないため、家を単位に賦課される。ここで領主の譲状に在家が見えるのは、在家への徴税権を譲るということ。

(14) 本書対談3、注(23)参照。

(15) 麻の一種。また苧の茎の皮から採取する靭皮《じんぴ》繊維のことも指す。古代より、苧の靭皮繊維から糸や布が作られていた。中世後期には、三条西家が座役徴収権をもつ青苧座《あおそざ》が、苧の営業権を独占していた。

(16) 木炭の一種。カシやナラを石窯で九〇〇度から一四〇〇度の高熱で焼き、土、灰などに埋めて消火、冷却して作られる。低温で作られる黒炭と比較して火力は弱いが、火持ちが良い。また送風すると強い火力が得られる。

(17) 平安時代末期に供御人《くごにん》として再編されるようになった手工業者の呼称。荘園田畠の請料や請作《うけさく》地に対する耕作権なども「作手」というが、語源的には別とされている。白炭の作手については、『壬生家文書』建久七年(一一九六)八月十日連署起請文案(『鎌倉遺文』二巻、八六一号)に「白炭焼御作手十人長高橋延安」が見られる。

すべての生産について百姓的な技術というのがあって、その上に職能民の高度の技術があるというふうに最近は考えるようになっているんです。例えば、生糸がそうですよ。千年以上の伝統を持つ女性の生糸についての技術が広くあって、その上に近代以降のマニュファクチュアから本格的な工業制の、製糸工場が出てくる。製糸工場の女工さんの問題だけが今まで議論されていたのですが、生糸があれだけ大きな輸出産業になりえたというのは、女性の広い技術の蓄積がバックになければ起こりえなかったと思うんですね。あらゆる産業についてそういうことがいえる。漆、漆器の場合も、高度なすばらしい螺鈿《らでん》の技術を、中国から入ってきた技術も含めて、日本の社会は持っている。それを消化した背景に、百姓の作っているような雑多な漆器の生産が広範にあって、その上に初めてああいう高度な技術が育っていると考えていく必要が、どうもすべての面にあるような気がするんです。紙だってそうですよ。どこでも紙を作ってるんですね。その上に、檀紙《だんし》とか非常に高級な紙を作る職人がいるわけです。私が今まで間違っていたのは、百姓と職能民の関係を、どちらかというと職能民に重点を置いて考えすぎていたところがあることです。これからもっと、いろいろな分野についてやっていく必要がある、そういうことをこれから本格的に問題にしうるような状態が出てきたということが、一つ最近の大きな変化と考えることができると思います。つまり、近代は農業・工業だけに焦点を合わせてきたということに対する確実な反省が進んでいるということです。

それから、商業、流通、金融、情報伝達について、今までは、ただ物を動かすだけで、何も生産しない、社会の発展に本質的に寄与しない、という捉え方をされてきた。商業というのは社会に刺激を与える、古い社会を分解する機能を持っているものの、先に推し進めないという捉え方をしていたんではないかと思うのですが、これも最近大きく変わりつつあって、人と物の動きに関わる分野について研究が飛躍的に進行しつつある。これはまだやる余地があるんじゃないでしょうか。桜井英治さんの研究などは最近非常に注目されていますし、貨幣史がものすごく盛んになっています。これはやっぱり新しい動向で、この分野はまだこれからだと思うんですよ。よく宮田先生が言うんですが、商業用語というものをもっと調べたらいかがですかと。現在使われている商業用語の「飛ばし」だって中世からある言葉だと思うんです。全部だいたい在来語で処理されているんですよ。「取引」からはじまって「手形」「切手」「為替」、それから「株式」、株の取引の言葉など、とても在来語が多いですよ。「下げ渋る」とか、いろいろな言い方をしています。「市場」はもちろん、「談合」だってそうです。ああいう在来の言葉で全部処理されてきた。その言葉一つ一つの持っている意味を厳密に考えてきたかというと、ほとんど考えられてない。「飛ばし」から「飛行」という言葉があるのを思い出します。飛行機の飛行、所領が飛行する、飛ぶんですよ、本当に。鎌倉期ぐらいからこの言葉が出てくるんです。こういう飛ぶという感覚がどこか潜在的に近世に生き続けてきて、

「飛ばし」なんて言葉が飛び出してきたんじゃないかと思うんですね。だから今、欧米流のやり方が入ってきて自ずと摩擦を起こしているのだと思うのですが、これからどうなっていくか大問題です。

商業流通に関して商業民俗学というのがあるのかしら。商売では縁起を担ぎますよね、こういう天気の日には何をやっちゃいけないとか。商売のやり方を見ていたら昔流のやり方のところではいろんな縁起を担いでるはずで、それをいちいち調べたら面白い問題がいっぱい出てくるんじゃないかという気がします。

養蚕だってそうですよ。養蚕の方を民俗学が全然やってない。蚕が成長する過程でいろんな言葉があるんです。「ひきる」とかね、ピンとなっちゃう時があるでしょ、脱皮の時の。そういう蚕に即した独特の言葉がありましたが、全部なくなりますよ、間もなく。今調べておかないと、という感じがする。それぞれの産業部門でこういう要素があると思うんです。鉄についてはずいぶん最近いろいろな言葉がわかってきたと思うんですが、産業によってそれぞれそういう言葉があるはずです。農業については随分やられているんですが、柳田國男さんの民俗語彙の調査でも、そういう点でまだまだ落ちが非常に多いように思います。

これは一つには、人間の本来の在り方が定住・定着であるという常識的見方があったわけですね。だから非定住から定住へ、遍歴から定着へという、ある種の人間の進歩と考えられているところがある。ところが、その二つの生活形態というのは、多分人類の最初からそれぞれに大事な意味を持っていたということが、だんだんわかってきたんですね。縄文時代から定住していたことがわかってきた。しかも交易が非常に広い範囲で行われてきたこともわかってきた。私も今まで遍歴の方が少数派で定着の方が多数派だという意識がどこかあったんですね。『日本中世の非農業民と天皇』〔岩波書店【著作集7】〕を書いた時にはまだそういう意識がありました。どうもそうではないらしいという感じが最近特に強い。いつでも同じところにいただけで人間の生活が生き生きとするはずないんです。人間にとって本質的に定住と遍歴あるいは定着と移動というのは、進歩発展の段階ではなくて、それぞれに人間にとって重要な意味を持っている。

それを前提において考えてみると、所有の在り方について、ここで違った角度を入れてくる必要がどうしてもある。つまり、これまで田畠・屋敷に対する所有、私的所有こそ社会の発展の方向であろうという捉え方がされてきたわけです。実は今日ここにくる前、建設省で話をしてくれと言われて行ってきたんですよ。建設省というのはだいたい遺跡を破壊する役所ですから、はっきりいろんなこと言ってきた。何でも言ってくれって非常に謙虚でしてね。辛口の批評でもいいというので行ってきましたけど。役所の人が、土地に対する日本人の執着心、これが今後の建設問題を考える上で非常に大きな問題になっていると言い出しましてね。これまでの歴史学というのは結局この方向でしか考えてないんですよ。山野河海の所有について、これは白水智《しろうずさとし》さんが議論されている問題と関わるのですが、本来無主であることを本質としている山野河海、土地、自然に対する、普通の田畠に対する所有と違う関わり方、こう言うと何かまだ漠然としてますが。

「庭」ということを問題にしてみましょう。「場」という形で捉えられている、舞庭《まいば》とか乞庭《こつば》(18)とか、これは具体的に庭があるわけではなくて、ある種の縄張りなんですね。こういう庭《ば》に対する関わり方、これは遍歴し、動いている人の自然に対する関わり方から出てくる広い意味での所有の形態になるかもしれません。これは、これからの大きな課題になりうることだと思います。今こういうことが生きてるのはヤクザの世界ぐらいかもしれませんが、我々の日常の生活の中にも、こういう自然に対する関わり方というのは、決して消え去っているのではない、これに注目する必要があると感じます。とにかく人間に対する捉え方が非常に硬直していたところがあると思うのです。自分の場合で考えたって、定住・定着しているだけでは、とうてい生きている感じがしない、特に私は移動しないとしょうがないわけです。

自給自足から商品交換へ、という見方も同じです。人間というのはまず最初自分が食うだけ食って、余裕ができたら交換にまわすという見方、余剰生産物が初めて交換されるという捉え方ですね。人間、最初から自分のためだけで生きてますかねえ。最初から他者を意識して生きているに相違ないんですよ。だから縄文時代から交易が行われているという実態がはっきり現われてきたわけで、そういう人間そのものに対する捉え方をもっと生きたものにしないと、本当に歴史を生きたものとして捉えることができないだろうとつくづく思います。そういう方向でやることはいっぱいあるし、そのためには今までのようなやり方ができなくなっているのですね。

しばしば強調している通り、こういう分野の問題を考えるのに、当然文献史学だけではとうていダメなんです。民俗学とか考古学とか民具学とか文化人類学とか、日本文学、美術、建築史の研究と、非常に広い、いろんな分野と結びつかないと、これはもう絶対わからない世界です。さきほども養蚕の話をしましたが、蚕を女性がやっていることをはっきり証明できる史料は、『鎌倉遺文』三万五〇〇〇通のなかで四点(19)しかないのです。それぐらい文献史料が持っている限界というか、限られたものしか明らかにされていないと言えるんですね。子供の問題とか女性の問題、さきほどの庭《ば》、こういう問題について文献史料は極めて残りにくいですね、特に中世以前については。いろんな方法で追求

(18)　舞庭は、祇園社の御獅子十六座が各地に縄張りとして保持していた獅子舞を奉納する場のことであり、乞庭は、奈良坂や清水坂の非人たちが縄張りとして持っていた乞食《こつじき》を行う場のこと。本書対談2、注(17)参照。

(19)　網野善彦「日本中世の桑と養蚕」【著作集9】参照。

しないと絶対わからない問題になってくるわけです。

しかもそういう動きが出てきた。これまでの歴史学の枠組みや常識、拠り所が崩れつつあるんですよ。だいたい古代・中世・近世・近代、それに現代という日本史に即しての区分に、今まで学者はどこかに収まりをつけようと必死にやってきたところがあるのですが、こういう区分にかつての社会構成、封建社会とかを押しつけるやり方ではダメだと思いますね。ただ、この区分は日本国の制度を中心とした区分としては客観的な根拠を持っているんです。文書の体系が変わりますよね、古代から中世にかけて、中世から近世にかけても鮮やかに変わる。近代からだって変わってしまいますよね。だから、あくまでも日本国の制度に即していえば客観的根拠は持っている。だけど、例えばアイヌとか沖縄まで視野に入れると、この区分は通用しない。しかも、この区分はただちに世界に通用する区分ではないわけです。これまでは何とかしようと思っていたから、古代はアジア的といってみたり、中世を封建社会といってヨーロッパと比較して道を拓こうとしたりしてきたわけです。これも全く無駄な努力ではないのだけど、今までのようなやり方だけでは成り立ちえないことは間違いない。一種の閉塞状況になってきているところがあるんです。だから、この頃封建制とは何かという議論する人はいなくなった。私はこれからやろうかと思っているんですが、そういう意味でいうと、これまで普通に通用していた概念の根拠を、徹底的に洗い直してみる必要が出てきていると思うんです。

例えば奴隷について。奴隷とはいったい何なのか。具体的にやってみるといろんな形態の奴隷があることがわかってきて、単純に奴隷制度と言えないということがはっきりしてくるわけですね。百姓とは何かというのもそうです。封建制というのは何なんだろうかということも、本当にもう一度本気で考えてみたいと思っているんです。これは死ぬまでに絶対なんとかしたいものの一つです。なぜかと言うと、昔「封建制度とはなにか」【著作集別巻】という題の変な論文を書いてしまった。それに替わるのを何としても書いてからあの世に行きたいと思っていますから。できるかどうかわかりませんよ。命は明日にもなくなるかもしれませんけど、答えが出るかどうかは別として将来の仕事にしたいと思っているんです。

資本主義についてもいろいろ論議があるんだけれども、私は貨幣も商品も資本も、いわゆる原始社会から考えられていた、つまり、いずれも人間の本質と非常に深い関わりがあるもので、単純に資本主義の基盤というだけで考えられてはならない問題だという気がするんですね。市場というのは、ものを商品に換えるために、そこに投げ込まれないと商品にならない、神の手に委ねるわけですよ。それで初めてものを商品として交換できる。最初から資本主義というのは、アダム・スミスじゃないけれど神の手に委ねているところがあるんだと思うんです。だから、それを権力で統制しようとしてもできるはずがない。社会主義がそれをやろうとして見事に失敗した。かといって、神の手だと言っただけで済ましているわけにもいかないのですから、これは根本的に資本主義とは何かということを問い直す必要が出てくると思うんです。その際、こういう概念は成り立たないと思ったら、直ちに捨ててしまうことですね。新しく見えてきた人と人との関係、生産関係といってもいいし、社会関係、人間の関係といってもいいのだけれど、その意味を実際に生きているものに即して追究してみることだと思うんです。

　私が引っかかっているのは、例えば、日本の社会、学界の共通認識になっているかどうか自信がないんですけど、神人《じにん》とか供御人《くごにん》[20]というのは人間を超越したものに従属しているわけですね。神仏の奴婢《ぬひ》という言葉が史料に出てくる。だから、これはいわば主従関係の一変異、一変形ということもできるけれども、世俗の関係ではないわけですから、まるで違った関係を想定しなければならない。実際神人がある服装をして現われてくると皆おそれおののく。それくらいの権威を持っているわけです。こういう人間の在り方はヨーロッパとの比較ではわからないと思います、多分。修道院などは多少比較の可能性はありうると思いますが。アフリカとかラテンアメリカとか――ラテンアメリカについては私の長男が「神の奴隷」というのがあると教えてくれたんですが、インカには同じような隷属関係がありますね。こういう隷属関係について、世界の人類社会において、ある程度比較することは可能なはずです。今までの奴隷制、封建制、資本制という概念とは完全に違った枠組みの中で考えていくこと、これは可能だと。

それから、移動、遍歴する人間に対する支配の在り方。最近「海の領主」というのもある程度通用するようになってきました。道の領主とか海の領主とか言ってもかつては全然通用しなかった。今までは定着している農民を支配するのは封建領主という言い方をしてたわけですが、農民だって定着ばかりしているわけではない。実際さきほども言ったように動く要素を最初から持っているわけですから、本来それだけでは済まないはずなのは確かなんです。もともと動くことを本職にしている連中を支配するのはいったいどういうやり方なのか。つまり海賊というふうな言い方で日本の社会には出てくる海の領主、これは世界のあちこちにあるらしいですよ。東南アジアなどにも、やはりかなりこういうタイプの領主がいるようで、こういう人の支配の仕方というのは、今までの概念の中には入りきらない。佐藤進一先生が統治権的支配(21)という言い方でこういう問題に切り込んでおられることは確かなんですけど、それだけで処理しきれない問題が広が

(20)　本書対談1、注(7)(8)参照。

(21)　本書対談1、注(32)参照。網野は佐藤の概念を敷衍して使用しており、ここでも網野独特の使われ方がされている。網野の統治権的支配とは、東国の主従制とは異なり、西国において天皇や寺社がその聖性などを通じて供御人・神人を支配するあり方を指す。網野「中世都市論」『日本中世都市の世界』【著作集13】、「天皇の支配権と供御人・作手」『日本中世の非農業民と天皇』【著作集7】参照。

っていることは間違いないですね。

だから新しい概念を作り出す必要は明らかで、そのためには言葉そのものを作らなければならない。今までの言葉は、全部農業に関係してできている言葉です。農奴とか隷農とか領主とか農民とか。蚕を主としてやっている人を蚕民などと言っても誰も理解してくれない。しかし、蚕をやっている人間に対する支配の仕方は、田んぼを耕してきた人に対するのとは対処の仕方が違うはずですからね、当然それに即した用語が必要なはずです。

私は専攻テーマを書く時にあえて日本中世史でなくて、日本海民史と書いてるんですけど、これは海民という言葉を多少なりとも学界に定着させようという気分があって始めたんです。ある著名な先生が学生に、海民なんて言葉を使うことはやめたほうがいい、と言っておられたと、最近聞きました。まだ、そういう状況が学界に広くあるんですが、しかしやっぱり、海民という言葉を使わないと人間のいろんな生き方を捉えきれなくなってきているのは確かだと思うんです。適当かどうかはわかりませんが。そういう言葉を事実に即して意識的に作り出していく必要が絶対にこれからあると思うんですね。

そういう意味ではあなたがた、幸せだとよく言うんです。全く空白ですから。自分でよく考え抜いてある概念、言葉を作り出したら、それは一〇〇年間くらい使われるかもしれない。それぐらいやるべきことはたくさん残っている気がして仕方がないんです。新しい時代区分、人間の社会を理解するために必要な社会関係に即した概念とか範疇とか類型、さらに、それを基礎づける新しい用語、言葉。今までの学問の中に本当にないんですね。そういう言葉は作り出されてこなかった。それはこれから作り出される、作り出されなくてはならない。

人間と自然との関わり方[22]に注目して、日本列島の社会を通じて文明が初めて社会にある程度浸透していった六、七世紀、日本国の成立時期と、それから文明の社会へのさらに一層の浸透が始まった一四世紀、それから現代、二〇世紀。一つの目安として日本列島の社会の区分をしているわけですが、これももちろん一つの目安に過ぎないわけで、これから人間の社会がどう進んでいくかを見通すためにも、これまでにどういう道筋を人間の社会が辿ってきたかということを確定しなければならないわけです。それを進める中で、資料学というのは必要だと、今後非常に大切になってくると思うんです。

上原専禄さんを読みなおすとびっくりするのは、資料学という言葉を、一九五〇年代に「史料学」として言っておられるんですね。上原さんがこれを文書学と言わないで史

(22)　網野は「人間と自然の関わり方」の変化を、「民族史的次元の変化」と呼んでいる（本書対談4、注(7)参照）。

料学と言われている理由は何なのか必ずしもわかりませんけど、史料批判の学、というふうにも言われているんですね。これは現代にも通用することだと思いますが、繰り返し強調していることですが、いろんな学問が協力しなければならないわけですね。そうなると、学問はどの分野で協力し、自分の力が発揮できるかということを相互に確定する必要があるし、相手がどこをやってくれるかということをわかっている必要があるわけです。自分はここでやれる、これはできないと、範囲をきちんと整理するために資料学というのは必要だと私は思います。つまり自分の基礎になっている資料の特質をできるだけ深く捉えておくということ、その資料は人間の生活のどこかで生み出されたものですから、資料批判の方法を確立するということが大事だと思うんです。

文書や記録、文献史料についての資料学というのはある程度進行はしていて、例えば、古文書、少なくとも中世以前についてはそうとう程度学問的蓄積がある。佐藤先生の最近の『新版 古文書学入門』（法政大学出版局）をどの分野の方にも読んでもらえると大変いいんじゃないかと思いますね。今度新版を作られたのですが、驚いたことにいたるところに新しいことが書かれていて、前に読んだことがある人ももう一度買って読むことをお勧めしたいですね。文書については、様式とか機能とか用語について非常に厳密な研究を積み重ねて、これは近世・近代でもだんだんに進行しつつある。

ただ日記や記録については、私は発言の資格はないけれども、古記録学、日記学というのはまだ全くの未発展ですよ。本当はこれで一つ教科を作ってもいいくらいの意味を持っている。最近ようやく、例えば松薗斉さんが『日記の家』(吉川弘文館)という本を書かれて、いろんなことがわかってきているわけですけど、まだまだ未解明の部分が残っている分野だと思うんです。日記学、記録学などというのは日本ではまだ市民権を得てないですが、絶対に必要な分野です。

系譜伝承資料についても、五年間あまり面白くない演習をしてきたわけですが、やってみて、全然わからないだらけだということがわかってきました。系図とか由緒書とか偽文書についてやってみると、面白かったですね。私は勉強になりました。何を根拠にして、どういう動機でこれを作っているのか。それから、作者がどういう立場だったかということを考えながら読んでみると、いくらでも調べるべきことが残っていると思います。系図はある時点での、ある人の一種の歴史叙述だというふうにまとめておいたらいいと思っているんです。何の意味で自分がどこにいるか、ということを確認するために作りあげられてきたものですから。それなりに資料を使い、その当時の伝承を盛り込んで作られたものが系譜伝承資料です。それを分類して、それぞれの性格を追究するということは、とうていまだできていない。とにかくやることはまだまだこの分野でもあることは確かだと思います。

さきほども言いましたが、個々の資料の見落としをしないこと、目配りを利かせ、広く配りながら、自分にわからない問題をわからないと確認しながら勉強していくことはとても大事だと思いますね。当たり前のことと思って見過ごしてきた資料、読み過ごしてきた問題がどんなに大きな問題につながるか。牛馬についての研究なんて中世に関しては、ほとんどないですよ。苧や桑だって、ちょっと調べてみたら論文が一つ書けるという空白が残ってるわけですから。何となくわかったつもりで見落としていないで追究してみると、意外にいろんなことが出てくる。資料学ということのみならず、一番根本にあるのは、思い込みや知ったかぶりを絶対しないということが大事なんだろうと思うんです。

現代というのは大変難しい時代に入っているわけで、歴史を正確に知ることが大切になってきていることは間違いないと思うんですね。歴史教科書についての議論を最近ガタガタやってるのは、やっぱりそこに原因があるんだろうと思うんです。まあ、建設省が私を呼び出したりするような不思議な時代でして、明らかに経済界にも危機感が高まっています。

とにかく面白い問題がいっぱい出てきているんですから。歴史・人文系の学問を勉強するのにはこれほど面白い時代はないんじゃないかと思っています。だってこれまでのパラダイムが全部崩壊しているわけでしょう。用語の上でも、概念も、キーワードも、全部新しい発見が必要だし、それが可能な状況になっているわけです。だから、よく考え抜いて、新しい用語や概念までも思い切って作り出し、大胆に提出する、それによって一挙に学問に新しい局面を開くことも可能なんだと思うんです。まあ、前途洋洋たるもので、羨ましいというのが率直な感想です。

いつも言うんですが、私は内村鑑三の『後世への最大遺物』〈東京独立雑誌社、のち岩波文庫〉という本が大好きでして、神奈川大学に来てからも一、二度触れたことがあるんですけれど、内村という人は非常に不思議なことを言う人です。人間というのは生きたら必ず後世に遺物を残していかなければならない、少なくともこれで世の中を少しでも良くした、あるいは地球が少し良くなったというふうなことを残して死ななくてはならないと言いました。その上でお金を持ってるやつはお金を使ってそういう遺物を残すことができる。学問の能力を持っているものは学問によってそういう遺物を残すことができるだろうという言い方をしている。しかし、何よりも後世への最大の遺物というのは、彼流の表現で「勇ましい高尚たる生涯」という言い方をしている。要するに自分の生き方そのもの、真っ直ぐに生きるということが本当の意味で後世への最大遺物になるんだという意味のことを書いています。これが根本だと思いますね。その上で、しかも学問をするという幸せを与えられている皆さん方なんですから。しかも、こんなに面白い時代はないという幸せな時代に、私から見ると生きているように見える。ひとつへこたれることなく、ぜひそれぞれの研究を十分に結実させて、立派な成果を挙げられることを期待したいと思います。別に最後だから言うわけではありません。いつでもそう思っていますし、これからも、はっぱをかけることもあると思いますけれども、こんな正式な形で話すのは確かにおしまいなわけですから、少し堅い話をしました。

解題　世界史の中の日本史

山本幸司

『網野善彦対談セレクション2』に収録した全六編の対談相手は、阿部謹也、川田順造、山口昌男、二宮宏之、増田義郎、堀田善衞の諸氏である。これらの人々について、詳しくはそれぞれの対談冒頭に示した略伝に譲るが、生年だけ並べてみると、網野氏の一九二八年に対し、阿部謹也(一九三五年)、川田順造(一九三四年)、山口昌男(一九三一年)、二宮宏之(一九三二年)、増田義郎(一九二八年)、堀田善衞(一九一八年)となっており、堀田善衞氏を除けば、同年生まれの増田義郎氏を筆頭に、いずれも三〇年代初めから中頃、網野氏より少し年少だが、ほぼ同世代ということになる。

この人たちに共通して言えることは、皆、戦後日本に生き、多くが戦後日本の歴史学や政治運動との関わりを持ち、それについて何らかの思いがあるということである。そのような経験が然らしめるのかどうか、どの人も個別の論点を超えた大きな視点での歴史に関心がある人たちでもある。その関心は、あるときは歴史学そのもののあり方に対してであったり、あるいは文字資料以外の資料による歴史の存在であったり、あるいは天皇制や王権の問題であったり、歴史学と民俗学との関係であったりするが、期せずして自分自身の専門分野を超えた、同じような問題関心が支配しているようである。したがって本書の対談を読めば、論者による強調点や視点の相違はもちろん有るものの、それぞれに共通する論点を扱っており、時代感覚の共通性とでもいうべきものが感じ取れるのではないだろうか。

まず冒頭の1「中世に生きる人々」であるが、この対談は、一九七七年の三月に平凡社で行われた。網野・阿部対談は、その後、八一年二月、同年四月、八二年四月の三回行われたが、この三回の対談については、八二年六月に平凡社から刊行された『対談　中世の再発見——市・贈与・宴会』にまとめられたにもかかわらず、この最初の記念すべき対談のみは『月刊百科』に三回にわたって連載されたのみで、その後、特にまとめて刊行されることはなかった。それは一つには、その後、網野氏は『無縁・公界・楽』を、阿部氏は『中世を旅する人びと』『中世の窓から』などの著書を刊行する中で、それぞれがこの対談で触発された点について敷衍したからである。しかし、結果として、出版界における中世ブームあるいは社会史ブームといわれるような傾向を代表する、この二人による最初の対談が、一般には入手しにくいまま埋もれることともなってしまったため、その点に関する反省も含めて、『網野善彦対談集』(岩波書店、二〇一五年)では第一冊の冒頭に収録した経緯があった。

恐らく網野氏が西欧の社会史に対して本格的に関心を持つようになった大きな契機は、この対談にあったと推測される。それだけに対談内容もさることながら、阿部・網野という二人の研究者が出会ったことに、大きな歴史的意味があったということができるだろう。

しかしそれぞれ独自に、この対談で学んだことを敷衍したといっても、論点のすべてが消化されたわけではない。また「職と封」「供御人と遍歴職人」「未開から文明への転換」などの問題は、二人が個々に追究するだけでなく、討論も交えて比較史的にさらに深めてほしかったような気がする。特に「職」の問題は、一般にはあまり目を引くようなテーマではないが、最晩年に至るまで網野氏の最大テーマの一つだっただけに、折角この時点で取り上げられていながら、継続的に比較史的な観点で対比されることがなかったのは残念に思う。

これは後年の話になるが、『対談　中世の再発見』から何年か経って、平凡社では網野・阿部対談の続編を企画したが、種々の事情で実現しなかったという。その背後には、その後の両氏の関係の変化なども作用していたらしいが、もし実現していれば、この対談や『中世の再発見』によって指摘された点が、その後、それぞれどのように追究されたのかを知ることができて興味深かったのではないかと、いささか残念な気がする。

これも余談になるが、この対談が行われたのは、当時、麴町四番町にあった平凡社社屋の最上階にあった和室（茶室として使われることが多かった）であった。この時、担当編集者である私の他にも、対談を傍聴しようという編集者が何人もいたせいか、とりわけ網野氏が緊張して、なかなか対談が円滑に進みそうもない雰囲気だったので、編集長だった小林祥一郎が気を利かせて社内のどこからかワインを持ってきて、両氏に勧め、それでようやく話が軌道に乗ったという記憶がある。

2「歴史と空間の中の〝人間〟」の川田順造氏との対談では、無文字社会の研究者との対談であるだけに、天皇制と王権、夜の世界と昼の世界、声や音の世界の広がりなど、歴史家同士の対話とはまた異なった題材が取り上げられる。しかし分野を超えて共通するのは人間社会の多様性・異質性への鋭い感覚であり、そうした感覚がどのようにして培われたかを窺い知る上では、戦中から戦後への人生の中で、諸大家と出会い、学問に目覚めるという二人の学問形成の過程が、お互いに語られている点が興味深い。

その中で特に、網野氏が歴史学に関心を持つきっかけについて述べる際に、後年まで網野氏が折に触れて口にする、かつての自分の仕事に対する反省が、個人的な問題も含めて語られている点が注目される。一九五三年半ば頃の網野氏の〝転換〟あるいは〝回心〟とでも言えるような変化だが、「それまで私は、歴史は進歩し発展するものだと考えてきましたし、今だってそのこと自体を否定するつもりは毛頭ない」にもかかわらず、歴史の進歩という大きな観点から忘れ去られていく、細かな事象の持つ生命力やその源泉への着目が、やがて「進歩」それ自体への問題提起へとつながる契機となったことが語られている。

3「歴史の想像力」の山口昌男氏との対談は、もともと山口氏が東大で日本史専攻から出発し、石井進氏など共通の知人もいることから、いわば旧知の人間同士の対談として、他人行儀なところを感じさせない。それは二人の口調などに表れているが、一方で対談の筆記としては長すぎる発言もあって、あるいは対談後の加筆修正がかなりあるのかと思わせる。

内容は黒田俊雄氏の論文を皮切りに、石母田正氏の歴史学の射程、マルクス主義歴史学の方法論が持つ問題性など、広い範囲に及ぶが、中心は山口氏の専攻がアフリカの人類学であることから、王権論から見た天皇制の問題にある。ただ山口氏が日本史研究にも詳しいので、専門分野は違っても、議論はかなり細部にも及んでいて、単に大きなテーマを抽象的に論じるのではなく、具体性を伴った読み応えのある対談となっている。

4「歴史叙述と方法――歴史学の新しい可能性をめぐって」は、フランス近世史の二宮宏之氏との対談である。当然、具体的な話題は日本史と西洋史とりわけフランス史との比較に及んでおり、ドイツ史が専門である阿部氏との対談と比べてみるのも一興である。しかし二宮氏は阿部氏と並んで、西洋史における社会史の中心的研究者であり、社会史についての方法的・理論的な発言も多いので、対談では個別的な話題から広がって、いわゆる歴史ブームの底流にある、不透明な時代状況の中でのアイデンティティの探求や、異文化への関心、現代批判といった歴史学そのもののあり方を巡る話題が多い。対談の表題からいって、むしろそちらの方が本題だったのだろう。

その中で、網野氏が「社会史という言葉は自分からはほとんどこれまで使ってこなかったのです。ただ二宮さんがおっしゃった通り、六〇年代にさまざまな形で行われていた模索、歴史学の「停滞」のなかで模索されてきた動きが、七〇年代に入っていろいろな形で表面化した。それがいまも多様な形をとりながら、全体として歴史学の潮流の一つに確実になりつつあるという言い方はできると思います」と発言しているのは、「社会史」に対する網野氏の一貫した立場の表明であり、改めて確認しておきたい点でもある。

5「海で結ばれた歴史と文化――「大航海時代叢書」エクストラ・シリーズ発刊の機に」は、網野氏とは同学で学生時代から旧知の仲である、ラテンアメリカ史の増田義郎氏との対談である。

話題の中心はインカの王権と天皇制の比較にある。相互の社会における海産物の持つ文化的意味、あるいは徴税システムのあり方などについて比較する中で、海と山の交流が果たす文化的役割など、文化の形成過程についての新しい見方が語られる。

6「中世「黄金郷《ジパング》の人智」」は、作家でヨーロッパ文化にも詳しい堀田善衞氏との対談。雑誌『SAPIO』(小学館)に創刊号から四回にわたり連載された。各回のタイトルは、1「ミカド後醍醐の時代、日本は国際国家だった」、2「国境なき時代の「天皇と遊女」」、3「情報収集を狙った「勅撰集」」、4「家業としての天皇と女性権力者」となっている。

堀田氏は、人間のおかしさ・奇怪さに近づくために資料を使うのが歴史学だと喝破する。その言葉通りなのか、興の赴くまま藤原定家の日記から聖テレジア、さらには黄金郷ジパングの話へと奔放に語る堀田氏のペースに、網野氏も合わせる形で、話題は次々と変化する。紅白歌合戦を天皇主催にすべきだと主張するかと思えば、北条政子の話からベネチアの女郎屋へと飛び、高利貸の話で終わるという、いささかとめどなく拡散しているように見える対談だが、中心は天皇と日本文化の問題に自ずと収斂しているようにも見える。

最後に、対談集の枠から外れるが、一九九八年に神奈川大学大学院の歴史民俗資料学研究科で行った「最終講義　人類史の転換と歴史学」の筆録を収録した。若い院生を相手に、歴史学への思いを託すつもりで行われた講義の雰囲気を味わっていただければと思う。最終講義といっても、大学院生だけを対象とする小規模な講義であったため、講義の調子もそれほど改まったものではない。

本セレクションに収録した対談は、多くが戦後史を共に体験した世代が相手であり、専門が異なっても、お互いに分かり合ってしまう点も多かった。しかしこの講義では、戦後日本自体がすでに歴史の対象となっている若い世代を聞き手としているために、戦後から高度成長に至る時期の歴史学内部の情勢が、かなり細部にも立ち入って述べられている点が特徴的である。上原専禄氏の業績に触れながら語られる、戦後歴史学における世界史像の問題や、それと関連する民族の問題、歴史学の民俗学や文化人類学に対する態度に示されてきた歴史学の偏狭性、アナール学派との触れ合い、あるいは「社会史」の概念についての見解など、どれも網野氏の歴史観の根底に関わる主題を、分かりやすく展開している。その点では、他の対談の補完的な意味を持っているということもできるだろう。

最後に、セレクション全体に共通して、ほとんどの対談相手が網野氏とほぼ同年代か、その前後の人々であるが、それは原拠した『網野善彦対談集』(全五冊)の構成による。その理由は一つには、これらの人々は、網野氏と生きてきた時代の経験や学問的課題を共有する存在で、網野氏の学問が生まれ育ってきた時代背景を知る上では、こうした人々との交流を知ることが大事だと考えたからである。またもう一つ、これらの対談者の多くは、かつて歴史学や考古学・民俗学その他の分野で時代を主導する立場であったにもかかわらず、現在では専門研究者を除いて読まれなくなっており、この人々の研究についても再認識する一つのきっかけになればという思いもあった。

本セレクションでも、こうした立場を継承して編成したことをお断りしておきたい。しかしその反面、より若い世代との対談などは、あえて外さざるを得なかったものが多い。残念だが、興味のある方は、『網野善彦対談集』および本セレクションに収録されていない対談を多く収める、『網野善彦対談集「日本」をめぐって』(講談社、のちに洋泉社MC新書)によって、その闕を埋めることができよう。

『網野善彦対談セレクション』(全二冊)は、二〇一五年一月―六月に岩波書店より刊行された『網野善彦対談集』(全五冊)収録の対談・鼎談をもとに新たに編成された、岩波現代文庫のためのオリジナル版である。初出・底本についての情報は、各対談の冒頭ページに示した。

網野善彦対談セレクション　2 世界史の中の日本史

2024年3月15日　第1刷発行

編　者　山本幸司《やまもとこうじ》

発行者　坂本政謙

発行所　株式会社 岩波書店
〒101-8002 東京都千代田区一ツ橋 2-5-5
案内 03-5210-4000　営業部 03-5210-4111
https://www.iwanami.co.jp/

印刷・精興社　製本・中永製本

ISBN 978-4-00-600473-6　　Printed in Japan

岩波現代文庫創刊二〇年に際して

二一世紀が始まってからすでに二〇年が経とうとしています。この間のグローバル化の急激な進行は世界のあり方を大きく変えました。世界規模で経済や情報の結びつきが強まるとともに、国境を越えた人の移動は日常の光景となり、今やどこに住んでいても、私たちの暮らしは世界中の様々な出来事と無関係ではいられません。しかし、グローバル化の中で否応なくもたらされる「他者」との出会いや交流は、新たな文化や価値観だけではなく、摩擦や衝突、そしてしばしば憎悪までをも生み出しています。グローバル化にともなう副作用は、その恩恵を遥かにこえていると言わざるを得ません。

今私たちに求められているのは、国内、国外にかかわらず、異なる歴史や経験、文化を持つ「他者」と向き合い、よりよい関係を結び直してゆくための想像力、構想力ではないでしょうか。

新世紀の到来を目前にした二〇〇〇年一月に創刊された岩波現代文庫は、この二〇年を通して、哲学や歴史、経済、自然科学から、小説やエッセイ、ルポルタージュにいたるまで幅広いジャンルの書目を刊行してきました。一〇〇〇点を超える書目には、人類が直面してきた様々な課題と、試行錯誤の営みが刻まれています。読書を通した過去の「他者」との出会いから得られる知識や経験は、私たちがよりよい社会を作り上げてゆくために大きな示唆を与えてくれるはずです。

一冊の本が世界を変える大きな力を持つことを信じ、岩波現代文庫はこれからもさらなるラインナップの充実をめざしてゆきます。

（二〇二〇年一月）

岩波現代文庫［学術］

G414
『キング』の時代
―国民大衆雑誌の公共性―
佐藤卓己

伝説的雑誌『キング』――この国民大衆誌を分析し、「雑誌王」と「講談社文化」が果した役割を解き明かした雄編がついに文庫化。〈解説〉與那覇潤

G415
近代家族の成立と終焉 新版
上野千鶴子

ファミリィ・アイデンティティの視点から家族の現実を浮き彫りにし、家族が家族であるための条件を追究した名著、待望の文庫化。「戦後批評の正嫡 江藤淳」他を新たに収録。

G416
兵士たちの戦後史
―戦後日本社会を支えた人びと―
吉田裕

戦友会に集う者、黙して往時を語らない者……戦後日本の政治文化を支えた人びとの意識のありようを「兵士たちの戦後」の中にさぐる。〈解説〉大串潤児

G417
貨幣システムの世界史
黒田明伸

貨幣の価値は一定であるという我々の常識に反する、貨幣の価値が多元的であるという事例は、歴史上、事欠かない。謎に満ちた貨幣現象を根本から問い直す。

G418
公正としての正義 再説
ジョン・ロールズ
エリン・ケリー編
田中成明
亀本洋
平井亮輔 訳

『正義論』で有名な著者が自らの理論的到達点を、批判にも応えつつ簡潔に示した好著。文庫版には「訳者解説」を付す。

2024.3

G419
新編 つぶやきの政治思想
李 静和
秘められた悲しみにまなざしを向け、声にならないつぶやきに耳を澄ます。記憶と忘却、証言と沈黙、ともに生きることをめぐるエッセイ集。鵜飼哲・金石範・崎山多美の応答も。

G420-421
ロールズ 政治哲学史講義（Ⅰ・Ⅱ）
ジョン・ロールズ
サミュエル・フリーマン編
齋藤純一ほか訳
ロールズがハーバードで行ってきた「近代政治哲学」講座の講義録。リベラリズムの伝統をつくった八人の理論家について論じる。

G422
企業中心社会を超えて
―現代日本を〈ジェンダー〉で読む―
大沢真理
長時間労働、過労死、福祉の貧困……。大企業中心の社会が作り出す歪みと痛みをジェンダーの視点から捉え直した先駆的著作。

G423
増補「戦争経験」の戦後史
―語られた体験／証言／記憶―
成田龍一
社会状況に応じて変容してゆく戦争についての語り。その変遷を通して、戦後日本社会の特質を浮き彫りにする。〈解説〉平野啓一郎

G424
定本 酒呑童子の誕生
―もうひとつの日本文化―
髙橋昌明
酒呑童子は都に疫病をはやらすケガレた疫鬼だった――緻密な考証と大胆な推論によって物語の成り立ちを解き明かす。〈解説〉永井路子

G425
岡本太郎の見た日本
赤坂憲雄

東北、沖縄、そして韓国へ。旅する太郎が見出した日本とは。その道行きを鮮やかに読み解き、思想家としての本質に迫る。

G426
政治と複数性
―民主的な公共性にむけて―
齋藤純一

「余計者」を見棄てようとする脱‐実在化の暴力に抗し、一人ひとりの現われを保障する。開かれた社会統合の可能性を探究する書。

G427
増補 エル・チチョンの怒り
―メキシコ近代とインディオの村―
清水透

メキシコ南端のインディオの村に生きる人びとにとって、国家とは、近代とは何だったのか。近現代メキシコの激動をマヤの末裔たちの視点に寄り添いながら描き出す。

G428
哲おじさんと学くん
―世の中では隠されているいちばん大切なことについて―
永井均

自分は今、なぜこの世に存在しているのか？友だちや先生にわかってもらえない学くんの疑問に哲おじさんが答え、哲学的議論へと発展していく、対話形式の哲学入門。

G429
マインド・タイム
―脳と意識の時間―
ベンジャミン・リベット
下條信輔
安納令奈 訳

実験に裏づけられた驚愕の発見を提示し、脳と心や意識をめぐる深い洞察を展開する。脳神経科学の歴史に残る研究をまとめた一冊。〈解説〉下條信輔

G430
被差別部落認識の歴史
―異化と同化の間―
黒川みどり

差別する側、差別を受ける側の双方は部落差別をどのように認識してきたのか――明治から現代に至る軌跡をたどった初めての通史。

G431
文化としての科学／技術
村上陽一郎

近現代に大きく変貌した科学／技術。その質的な変遷を科学史の泰斗がわかりやすく解説、望ましい科学研究や教育のあり方を提言する。

G432
方法としての史学史
―歴史論集1―
成田龍一

歴史学は「なにを」「いかに」論じてきたのか。史学史的な視点から、歴史学のアイデンティティを確認し、可能性を問い直す。現代文庫オリジナル版。〈解説〉戸邉秀明

G433
〈戦後知〉を歴史化する
―歴史論集2―
成田龍一

〈戦後知〉を体現する文学・思想の読解を通じて、歴史学を専門知の閉域から解き放つ試み。現代文庫オリジナル版。〈解説〉戸邉秀明

G434
危機の時代の歴史学のために
―歴史論集3―
成田龍一

時代の危機に立ち向かいながら、自己変革を続ける歴史学。その社会との関係を改めて問い直す「歴史批評」を集成する。〈解説〉戸邉秀明

岩波現代文庫［学術］

G435
宗教と科学の接点
河合隼雄

「たましい」「死」「意識」など、近代科学から取り残されてきた、人間が生きていくために大切な問題を心理療法の視点から考察する。〈解説〉河合俊雄

G436
増補 軍隊と地域
―郷土部隊と民衆意識のゆくえ―
荒川章二

一八八〇年代から敗戦までの静岡を舞台に、矛盾を孕みつつ地域に根づいていった軍が、民衆生活を破壊するに至る過程を描き出す。

G437
歴史が後ずさりするとき
―熱い戦争とメディア―
ウンベルト・エーコ
リッカルド・アマデイ訳

歴史があたかも進歩をやめて後ずさりしはじめたかに見える二十一世紀初めの政治・社会の現実を鋭く批判した稀代の知識人の発言集。

G438
増補 女が学者になるとき
―インドネシア研究奮闘記―
倉沢愛子

インドネシア研究の第一人者として知られる著者の原点とも言える日々を綴った半生記。「補章　女は学者をやめられない」を収録。

G439
完本 中国再考
―領域・民族・文化―
葛兆光
辻康吾監訳
永田小絵訳

「中国」とは一体何か？　複雑な歴史がもたらした国家アイデンティティの特殊性と基本構造を考察し、現代の国際問題を考えるための視座を提供する。

岩波現代文庫［学術］

G440
私が進化生物学者になった理由
長谷川眞理子

ドリトル先生の大好きな少女がいかにして進化生物学者になったのか。通説の誤りに気づき、独自の道を切り拓いた人生の歩みを語る。巻末に参考文献一覧付き。

G441
愛について
―アイデンティティと欲望の政治学―
竹村和子

物語を攪乱し、語りえぬものに声を与える。精緻な理論でフェミニズム批評をリードしつづけた著者の代表作、待望の文庫化。〈解説〉新田啓子

G442
宝塚
―変容を続ける「日本モダニズム」―
川崎賢子

百年の歴史を誇る宝塚歌劇団。その魅力を掘り下げ、宝塚の新世紀を展望する。底本を大幅に増補・改訂した宝塚論の決定版。

G443
新版 ナショナリズムの狭間から
―「慰安婦」問題とフェミニズムの課題―
山下英愛

性差別的な社会構造における女性人権問題として、現代の性暴力被害につづく側面を持つ「慰安婦」問題理解の手がかりとなる一冊。

G444
夢・神話・物語と日本人
―エラノス会議講演録―
河合隼雄
河合俊雄訳

河合隼雄が、日本の夢・神話・物語などをもとに日本人の心性を解き明かした講演の記録。著者の代表作に結実する思想のエッセンスが凝縮した一冊。〈解説〉河合俊雄

G445-446
ねじ曲げられた桜（上・下）
―美意識と軍国主義―
大貫恵美子

桜の意味の変遷と学徒特攻隊員の日記分析を通して、日本国家と国民の間に起きた「相互誤認」を証明する。〈解説〉佐藤卓己

G447
正義への責任
アイリス・マリオン・ヤング
岡野八代
池田直子 訳

自助努力が強要される政治の下で、人びとが正義を求めてつながり合う可能性を問う。ヌスバウムによる序文も収録。〈解説〉土屋和代

G448-449
ヨーロッパ覇権以前（上・下）
―もうひとつの世界システム―
J・L・アブー＝ルゴド
佐藤次高ほか訳

近代成立のはるか前、ユーラシア世界は既に一つのシステムをつくりあげていた。豊かな筆致で描き出されるグローバル・ヒストリー。

G450
政治思想史と理論のあいだ
―「他者」をめぐる対話―
小野紀明

政治思想史と政治的規範理論、融合し相克する二者を「他者」を軸に架橋させ、理論の全体像に迫る、政治哲学の画期的な解説書。

G451
平等と効率の福祉革命
―新しい女性の役割―
G・エスピン＝アンデルセン
大沢真理監訳

キャリアを追求する女性と、性別分業に留まる女性との間で広がる格差。福祉国家論の第一人者による、二極化の転換に向けた提言。

岩波現代文庫［学術］

G452
草の根のファシズム
―日本民衆の戦争体験―
吉見義明

戦争を引き起こしたファシズムは民衆が支えていた――従来の戦争観を大きく転換させた名著、待望の文庫化。〈解説〉加藤陽子

G453
日本仏教の社会倫理
―正法を生きる―
島薗進

日本仏教に本来豊かに備わっていた、サッダルマ（正法）を世に現す生き方の系譜を再発見し、新しい日本仏教史像を提示する。

G454
万民の法
ジョン・ロールズ
中山竜一訳

「公正としての正義」の構想を世界に広げ、平和と正義に満ちた国際社会はいかにして実現可能かを追究したロールズ最晩年の主著。

G455
原子・原子核・原子力
―わたしが講義で伝えたかったこと―
山本義隆

原子・原子核について基礎から学び、原子力への理解を深めるための物理入門。予備校での講演に基づきやさしく解説。

G456
ヴァイマル憲法とヒトラー
―戦後民主主義からファシズムへ―
池田浩士

史上最も「民主的」なヴァイマル憲法下で、ヒトラーが合法的に政権を獲得し得たのはなぜなのか。書き下ろしの「後章」を付す。

G457
現代《いま》を生きる日本史
須田努
清水克行

縄文時代から現代までを、ユニークな題材と最新研究を踏まえた平明な叙述で鮮やかに描く。大学の教養科目の講義から生まれた斬新な日本通史。

G458
小国
—歴史にみる理念と現実—
百瀬宏

大国中心の権力政治を、小国はどのように生き抜いてきたのか。近代以降の小国の実態と変容を辿った出色の国際関係史。

G459
〈共生〉から考える
—倫理学集中講義—
川本隆史

「共生」という言葉に込められたモチーフを現代社会の様々な問題群から考える。やわらかな語り口の講義形式で、倫理学の教科書としても最適。「精選ブックガイド」を付す。

G460
〈個〉の誕生
—キリスト教教理をつくった人びと—
坂口ふみ

「かけがえのなさ」を指し示す新たな存在論が古代末から中世初期の東地中海世界の激動のうちで形成された次第を、哲学・宗教・歴史を横断して描き出す。〈解説〉山本芳久

G461
満蒙開拓団
—国策の虜囚—
加藤聖文

満洲事変を契機とする農業移民は、陸軍主導の強力な国策となり、今なお続く悲劇をもたらした。計画から終局までを辿る初の通史。

2024.3

岩波現代文庫［学術］

G462
排除の現象学
赤坂憲雄

いじめ、ホームレス殺害、宗教集団への批判――八十年代の事件の数々から、異人が見出され生贄とされる、共同体の暴力を読み解く。時を超えて現代社会に切実に響く、傑作評論。

G463
越境する民
近代大阪の朝鮮人史
杉原達

暮しの中で朝鮮人と出会った日本人の外国人認識はどのように形成されたのか。その後の研究に大きな影響を与えた「地域からの世界史」。

G464
越境を生きる
ベネディクト・アンダーソン回想録
ベネディクト・アンダーソン
加藤剛訳

『想像の共同体』の著者が、自身の研究と人生を振り返り、学問的・文化的枠組にとらわれず自由に生き、学ぶことの大切さを説く。

G465
我々はどのような生き物なのか
―言語と政治をめぐる二講演―
ノーム・チョムスキー
福井直樹
辻子美保子 編訳

政治活動家チョムスキーの土台に科学者としての人間観があることを初めて明確に示した二〇一四年来日時の講演とインタビュー。

G466
ヴァーチャル日本語 役割語の謎
金水敏

現実には存在しなくても、いかにもそれらしく感じる言葉づかい「役割語」。誰がいつ作ったのか。なぜみんなが知っているのか。何のためにあるのか。〈解説〉田中ゆかり

2024.3

岩波現代文庫[学術]

G467
コレモ日本語アルカ？
―異人のことばが生まれるとき―
金水　敏

ピジンとして生まれた〈アルヨことば〉は役割語となり、それがまとう中国人イメージを変容させつつ生き延びてきた。〈解説〉内田慶市

G468
東北学／忘れられた東北
赤坂憲雄

驚きと喜びに満ちた野辺歩きから、「いくつもの東北」が姿を現し、日本文化像の転換を迫る。「東北学」という方法のマニフェストともなった著作の、増補決定版。

G469
増補 昭和天皇の戦争
―「昭和天皇実録」に残されたこと・消されたこと―
山田　朗

平和主義者とされる昭和天皇が全軍を統帥する大元帥であったことを「実録」を読み解きながら明らかにする。〈解説〉古川隆久

G470
帝国の構造
―中心・周辺・亜周辺―
柄谷行人

『世界史の構造』では十分に展開できなかった「帝国」の問題を、独自の「交換様式」の観点から解き明かす、柄谷国家論の集大成。佐藤優氏との対談を併載。

G471
日本軍の治安戦
―日中戦争の実相―
笠原十九司

治安戦(三光作戦)の発端・展開・変容の過程を丹念に辿り、加害の論理と被害の記憶からその実相を浮彫りにする。〈解説〉齋藤一晴

2024. 3

G472
網野善彦対談セレクション
1 日本史を読み直す
山本幸司編

日本史像の変革に挑み、「日本」とは何かを問い続けた網野善彦。多彩な分野の第一人者たちと交わした闊達な議論の記録を、没後二〇年を機に改めてセレクト。(全二冊)

G473
網野善彦対談セレクション
2 世界史の中の日本史
山本幸司編

戦後日本の知を導いてきた諸氏と語り合った、歴史と人間をめぐる読み応えのある対談六篇。若い世代に贈られた最終講義「人類史の転換と歴史学」を併せ収める。

2024. 3